Guttentagsche Sammlung
Nr. 182 Deutscher Reichsgesetze Nr. 182
Kommentare und erläuterte Textausgaben

Devisennotrecht

Textausgabe
mit Einleitung, Verweisungen und Sachregister
sowie
Literaturverzeichnis und systematischer Übersicht
über die einschlägige Rechtsprechung

Bearbeitet von

Dr. Fritz Schultze
Amts- und Landrichter in Berlin

Berlin und Leipzig 1932

Walter de Gruyter & Co.

vormals G. J. Göschen'sche Verlagshandlung — J. Guttentag, Verlagsbuchhandlung — Georg Reimer — Karl J. Trübner — Veit & Comp.

Abgeschlossen nach dem Stande
vom 24. Juli 1932

Archiv-Nr. 211182

Vorwort.

Die Neuregelung des Devisenrechts ist abgeschlossen. Das Notrecht hat in der DevisVO. und DurchfVO. vom 23. Mai 1932 eine Zusammenfassung und Neuordnung erfahren, die Richtl. sind in der VO. zur Devisenbewirtschaftung vom 23. Juni 1932 in vielfacher Hinsicht abgeändert und ergänzt worden. Dem sich bei dieser Sachlage, zumal bei der großen Bedeutung der Devisenvorschriften für das gesamte Rechts- und Wirtschaftsleben, ergebenden dringenden Bedürfnis nach einer Wiedergabe der sämtlichen neuen devisenrechtlichen Bestimmungen trägt die vorliegende Textausgabe Rechnung. Im Anschluß an die DevisVO., DurchfVO. und Richtl. und die ergänzenden Bestimmungen betr. den deutsch-ungarischen Clearing-Verkehr sind auch die alte DevisVO. vom 1. August 1932 nebst den ErgänzungsVO.en und allen DurchfVO.en, deren Bestimmungen ja nur neu gefaßt sind, und zwar nach dem Stande vom 23. Mai 1932, abgedruckt. Hierbei ist die genaue Wiedergabe auch der sämtlichen früheren Fassungen einzelner, später abgeänderter Vorschriften erfolgt, weil ich es oft als mißlich empfunden habe, daß bei der Beurteilung zeitlich weiter zurückliegender Rechtsvorgänge die jeweils gültig gewesenen früheren Bestimmungen gefehlt haben. In der DevisVO. und DurchfVO. ist im übrigen auf die entsprechenden alten Bestimmungen und umgekehrt verwiesen. Sachliche Änderungen der Richtl. sind im Druck hervorgehoben. Die Voranstellung eines Verzeichnisses der devisenrechtlichen Literatur und einer systematischen Übersicht über die bisherige Rechtsprechung zum Devisenrecht schließlich ist mir als eine zweckmäßige Ergänzung der Ausgabe erschienen.

Berlin-Schmargendorf, den 24. Juli 1932.

Schultze.

Inhaltsübersicht.

Gesetzestexte:

Seite

Abkürzungsverzeichnis.

(Zitierweise: Maas-Magnus.)

AG.	Amtsgericht.
BankArch.	Bank-Archiv.
BayNotV.	Mitteilungen des Bayrischen Notar-Vereins.
Beschl.	Beschluß.
BGB.	Bürgerliches Gesetzbuch.
DevisVO.	Verordnung über die Devisenbewirtschaftung vom 23. Mai 1932 (RGBl. I 231, berichtigt 272).
DevisVO. a. F. .	Verordnung des Reichspräsidenten über die Devisenbewirtschaftung vom 1. August 1931 (RGBl. I 421).
DevisVOAbändVO.	I, II: Verordnungen des Reichspräsidenten: I zur Abänderung der Verordnung über die Devisenbewirtschaftung vom 1. August 1931 (RGBl. I 421) und über die beschleunigte Aburteilung von Zuwiderhandlungen gegen diese Verordnung durch Schnellgerichte vom 17. November 1931 (RGBl. I 679) und II über die Devisenbewirtschaftung vom 15. April 1932 (RGBl. I 177).
DGVollzZ.	Deutsche Gerichtsvollzieherzeitung.
DJZ.	Deutsche Juristenzeitung.
DNotV.	Zeitschrift des Deutschen Notarvereins.
DRZ.	Deutsche Richterzeitung.
DStZ.	Deutsche Steuer-Zeitung.

DurchfVO. .... Durchführungsverordnung zur Verordnung über die Devisenbewirtschaftung vom 23. Mai 1932 (RGBl. I 238, berichtigt 272).

DurchfVO. a. F. I—XII: Durchführungsverordnungen I bis XII zur Verordnung des Reichspräsidenten über die Devisenbewirtschaftung vom 1. August 1931, und zwar: I vom 12. August 1931 (RGBl. I 437), II vom 20. August 1931 (RGBl. I 453), III vom 29. August 1931 (RGBl. I 461, berichtigt 488), IV vom 4. September 1931 (RGBl. I 477), V vom 24. September 1931 (RGBl. I 523), VI vom 2. Oktober 1931 (RGBl. I 533, berichtigt 580), VII vom 10. November 1931 (RGBl. I 673), VIII vom 17. November 1931 (RGBl. I 682), IX vom 7. Dezember 1931 (RGBl. I 749), X vom 18. Februar 1932 (RGBl. I 79), XI vom 14. April 1932 (RGBl. I 178), XII vom 20. Mai 1932 (RGBl. I 230).

HGB. .... Handelsgesetzbuch.

JMBl. .... Justizministerialblatt.

JR. .... Juristische Rundschau.

JurBlätter ..... Juristische Blätter.

JW. .... Juristische Wochenschrift.

KapitalSteuerFluchtVO.: Verordnung des Reichspräsidenten gegen die Kapital- und Steuerflucht vom 18. Juli 1931 (RGBl. I 373).

KG. .... Kammergericht.

LG. .... Landgericht.

RG. .... Reichsgericht.

RGBl. I, II ... Reichsgesetzblatt, Teil I und II.

RGSt. .... Reichsgerichtsentscheidungen in Strafsachen.

RGZ. .... Reichsgerichtsentscheidungen in Zivilsachen.

Richtl.	Verordnung zur Devisenbewirtschaftung (Richtlinien für die Devisenbewirtschaftung) vom 23. Juni 1932 (RGBl. I 317, berichtigt 346, Reichsanzeiger Nr. 147).
Richtl. a. F.	Richtlinien für die Devisenbewirtschaftung (vom 24. August 1931 — Reichsanzeiger Nr. 197 —, ergänzt vom 2. Oktober 1931 — Reichsanzeiger Nr. 230 —) in der Fassung vom 29. Dezember 1931 (Reichsanzeiger Nr. 303).
RPräs.	Reichspräsident.
RReg.	Reichsregierung.
RWM.	Reichswirtschaftsminister.
StrPO.	Strafprozeßordnung.
Urt.	Urteil.
VO.	Verordnung.
ZK.	Zivilkammer.
ZivSen.	Zivilsenat.
ZPO.	Zivilprozeßordnung.
ZwVerstG.	Zwangsversteigerungsgesetz.

Einleitung.

Die neuere Devisengesetzgebung (Motive s. unten S. XVI) hat eingesetzt mit der VO. des RPräs. vom 15. Juli 1931 (RGBl. I 365). Auf Grund der darin erteilten Ermächtigung, Vorschriften über den Verkehr mit ausländischen Zahlungsmitteln und Forderungen in ausländischer Währung in Anlehnung an die Devisenordnung vom 8. November 1924 (RGBl. I 730) und über die Veröffentlichung von Kursen von Wertpapieren und Metallen zu erlassen, sind die VO.en der RReg. über den Verkehr mit ausländischen Zahlungsmitteln vom 15. Juli 1931 (RGBl. I 366) und über die Veröffentlichung von Kursen vom 15. und 16. Juli 1931 (RGBl. I 368, 369) ergangen. Fast gleichzeitig ist durch die KapitalSteuerFluchtVO. des RPräs. vom 18. Juli 1931 (RGBl. I 373) der Kapital- und Steuerflucht entgegengetreten und die Erfassung der Devisen ermöglicht worden. Zu der VO. sind am 21., 25. und 28. Juli 1931 DurchfVO.en (I: RGBl. I 387, II: RGBl. I 396, III: RGBl. I 412) erlassen worden. Fast die sämtlichen Vorschriften sind, soweit sie devisenrechtlichen Inhalts gewesen sind, alsbald wieder aufgehoben worden, und zwar durch § 23 DevisVO. a. F. (vgl. unten S. 26), bzw. die III. VO. über die Veröffentlichung von Kursen vom 9. September 1931 (RGBl. I 491).

Denn es ist schon kurze Zeit darauf das gesamte Devisenrecht durch die DevisVO. a. F. vom 1. August 1931 einheitlich und neu geregelt worden. Zu der VO. sind die in der Inhaltsübersicht bereits näher angeführten (oben S. VIII) 2 AbändVO.en des RPräs. und 12 DurchfVO.en sowie die Richtl. des RWM. vom 24. August, ergänzt vom 2. Oktober und neu gefaßt vom 29. Dezember 1931, erlassen worden. Die DurchfVO.en haben fast allgemein wichtige materielle Erweiterungen des Devisenrechts gebracht.

Auf Grund des Art. III DevisVOAbändVO. II des RPräs. vom 15. April 1932 ist die infolge der Unübersichtlichkeit der Bestimmungen notwendig gewordene Kodifikation des Devisenrechts in der DevisVO. vom 23. Mai 1932 und der DurchfVO. vom gleichen Tage erfolgt. Im Anschluß hieran sind auch die Richtl. neu gefaßt und mit wichtigen Abänderungen und Ergänzungen als VO. zur Devisenbewirtschaftung vom 23. Juni 1932 neu veröffentlicht worden. Sie stellen Verwaltungsvorschriften, teilweise aber auch Rechtsverordnungen dar (s. unten S. XVII).

Wichtige Ergänzungen der Devisenvorschriften bilden: 1. die Abmachungen und Bestimmungen betr. den deutsch-ungarischen Clearing-Verkehr (unten S. 107 ff.), 2. die VO. des RPräs. über die Anmeldung von Zahlungsverpflichtungen gegenüber dem Ausland vom 27. Juli 1931 (RGBl. I 403) nebst den DurchfVO.en hierzu: I vom 27. Juli 1931 (RGBl. I 403) und II vom 30. März 1932 (RGBl. I 172) und Bekanntmachung vom 31. März 1932 (Reichsanzeiger Nr. 75) sowie die VO. über die Bildung eines Ausschusses für Auslandsschulden vom 26. Januar 1932 (s. unten S. 38), und 3. das Stillhalterecht: a) „Basler Stillhalteabkommen" nebst Bekanntmachung des RWM. über das Inkrafttreten vom 18. September 1931 (RGBl. I 509) und den VO.en zur Sicherstellung der Durchführung: des RPräs. vom 9. September 1931 (RGBl. I 489) und der RReg.: II vom 18. September 1931 (RGBl. I 509) und III vom 13. November 1931 (RGBl. I 680), b) „Deutsches Kreditabkommen von 1932" (Reichsanzeiger Nr. 41) nebst der VO. des RPräs. vom 27. Februar 1932 (RGBl. I 85) und den DurchfVO.en der RReg.: I vom 27. Februar 1932 (RGBl. I 86), II vom 17. Mai 1932 (RGBl. I 229), c) „Kreditabkommen für deutsche öffentliche Schuldner von 1932" (Reichsanzeiger Nr. 106) nebst VO.en hierzu: des RPräs. vom 24. Mai 1932 (RGBl. I 246) und der RReg. vom 25. Mai 1932 (RGBl. I 247). Die IV. VO. über die Veröffentlichung von Kursen vom 3. Oktober 1931 (RGBl. I 570) ist durch die V. VO. hierzu vom 11. April 1932 (RGBl. I 179) aufgehoben worden.

Inhaltliche Übersicht über das Devisenrecht. Die DevisVO. regelt im Anschluß an die Freistellung der Reichsbank und der Deutschen Golddiskontbank von den Devisenvorschriften und die Behandlung einschlägiger Stillhaltefragen (§ 1) sowie die Mitteilung von Definitionen (§ 2) in § 3 das Devisenmonopol und die Devisenbanken. Es folgen die Beschränkungen und Verbote für den Rechtsverkehr — und zwar für Devisen in § 4, bestimmte Wertpapiere in §§ 5—9, Gold in § 10, Termingeschäfte in § 11, für die Versendung und Verbringung von Zahlungsmitteln, Wertpapieren und Edelmetallen ins Ausland in § 12, Kredite an Ausländer in § 13 Abs. 1 und für Leistungen an Ausländer und die Verfügung über bestimmte Forderungen in § 13 Abs. 2, 3, §§ 14—20 — nebst den Freigrenzenvorschriften (§ 21). §§ 22—26 betreffen verfahrensrechtliche Fragen, insbesondere auch des ordentlichen Prozesses (§§ 23, 24) und der Zwangsvollstreckung (§§ 25, 26). § 29 regelt die Folge von Verstößen gegen die Devisenbestimmungen und deren Heilung. Im Anschluß an Kursvorschriften (§§ 27, 28, 30) und bestimmte Anzeige- und Auskunftspflichten (§§ 31, 32) bringen §§ 33, 34 die Ermächtigung zum Erlaß von Anordnungen über eine Anzeige-, Anbietungs- und Verkaufspflicht hinsichtlich Devisen und bestimmter ausländischer Wertpapiere sowie die etwaige Freistellung von dieser Pflicht. In §§ 36—41 sind Strafvorschriften enthalten. § 35 behandelt die Devisenbewirtschaftungsstellen und ihr Verfahren. Die Vorschrift sieht ferner den Erlaß der Richtl. durch den RWM. vor. Durch § 42 ist die RReg. zum Erlaß von DurchfVO.en und Verwaltungsvorschriften ermächtigt. Die DurchfVO. enthält die auf Grund der Ermächtigung der §§ 33, 34 DevisVO. von der RReg. erlassenen Bestimmungen, insbesondere auch die betr. die Überwachung des Warenexports. Die Richtl. sind untergeteilt in: I. Allgemeine Richtl., II. solche für die Auslegung und Anwendung einzelner Vorschriften der DevisVO. und DurchfVO., III. Richtl. für besondere Gruppen von Geschäften und IV. Schlußbestimmungen.

Literaturverzeichnis.

(Die mit einem Stern (*) bezeichneten Arbeiten berücksichtigen bereits die gesamte Devisenrechtskodifikation.)

Ball, Die Notverordnungen. In DJZ. 1931 Sp. 1059 ff.

Ball-Heilfron, Notrecht. In DStZ. 1931, 308 ff.

Behrbohm-Sudau, Rechtsgrundlagen der deutschen Devisenzwangswirtschaft. Berlin 1931.

Behrbohm-Sudau, Devisen- und Goldbewirtschaftung in Deutschland. Berlin 1931.

Behrbohm-Sudau, Richtlinien für die Devisenbewirtschaftung in Deutschland (a. F.). Berlin 1932.

Behrbohm-Sudau, Die deutsche Devisengesetzgebung nebst Kommentar. Berlin 1932.

Bernard, Verkehr mit Devisen (VO. des Reichspräsidenten vom 15. Juli 1931 — RGBl. I 365 —, VO. über den Verkehr mit ausländischen Zahlungsmitteln vom 15. Juli 1931 — RGBl. I 366 —, KapitalSteuerFlucht-VO.). In JW. 1931, 2058 ff.

Bernard, Devisenbewirtschaftung (DevisVO. a. F.). In JW. 1931, 2277 ff.

Bernard, Devisenbewirtschaftung II (DurchfVO. a. F. I, II, Richtl. vom 24. August 1931). In JW. 1931, 2421 ff.

Bernard, Die Verordnungen über das Deutsche Kreditabkommen von 1932. In JW. 1932, 977 ff.

Beutner, Das Stillhalteabkommen (Basler St.). In JW. 1931, 2665 ff.

Blau, Rechtsfragen der Devisenbewirtschaftung. In Zentralblatt für Handelsrecht 1932, 235 ff.

Blau, Die Kodifikation des Devisenrechts. In DStZ. 1932, 240 ff.

Böttcher, Devisen-Wegweiser. (2. Aufl.) Stuttgart 1932.

Buschke, Devisennotrecht und Zivilprozeß. In DRZ. 1932, 48 f.

Buschke, Grundstücksverkehr und Devisenbewirtschaftung. In Mitteilungen der Industrie- und Handelskammer zu Berlin 1932, 355 ff.

Calé-Prinz, Die Verordnung gegen Kapital- und Steuerflucht vom 18. Juli 1931. Leipzig 1931.

Caro, Devisenbewirtschaftung und Notare. In DNotV. 1931, 569 ff. und 703 ff.; 1932, 78 ff., 210 ff. und 418 ff.

*Elsholz, Devisenrechtliche Verfügungsbeschränkungen. In DJZ. 1932 Sp. 925 f.

Flad, Das deutsch-ungarische Clearing-Abkommen vom 13. April 1932. In JW. 1932, 1628 ff.

Goldbaum, Währungsnotrecht. Berlin 1931. II. Teil Berlin 1932.

Grübel, Die Bedeutung der Genehmigung im Devisenrecht. In JW. 1932, 1956.

Guckenheimer, Der Einfluß der Vorschriften über die Devisenbewirtschaftung auf das Zwangsversteigerungsverfahren. In JW. 1932, 986 ff., 1956 f.

Hagemann, Die Notverordnungen. In DJZ. 1931 Sp. 1056 ff.

Hartenstein, Devisenbewirtschaftung III (DevisVO.-AbändVO. I, DurchfVO. a. F. III—VIII, Richtl. Ergänzung vom 2. Oktober 1931). In JW. 1931, 3593 ff.

Hartenstein, Devisenbewirtschaftung IV (Durchf.-VO. a. F. IX, Richtl. in der neuen Fassung vom 29. Dezember 1931). In JW. 1932, 315 ff.

*Hartenstein, Devisenbewirtschaftung V (DurchfVO. a. F. X—XII, DevisVO., DurchfVO., Richtl.). In JW. 1932, 1993 ff.

Hartenstein, Bedarf die Übertragung der Forderung gegen den Ersteher auf einen ausländischen Berechtigten gemäß § 118 ZwVerstG. der Genehmigung auf Grund der Devisenverordnungen? In JW. 1932, 325.

Hartenstein, Die Bedeutung der Genehmigung im Devisenrecht. In JW. 1932, 985 f.

Hartenstein, Der Einfluß der Vorschriften über die Devisenbewirtschaftung auf das Zwangsversteigerungsverfahren. In JW. 1932, 1957.

Hofmann, Welchen Einfluß haben die Verordnungen über Devisenbewirtschaftung im Verfahren nach §§ 118, 128 ZwVerstG.? In JW. 1931, 3599.

Hofmann, Zwangsvollstreckung und Devisenverordnungen. In JR. 1932, 45 f.

Hofmann, Der Einfluß der Verordnungen über Devisenbewirtschaftung im Zwangsversteigerungs- und Zwangsverwaltungsverfahren. In DJZ. 1932 Sp. 351 ff.

Jaffa, Devisennotrecht. (2. Aufl.) Berlin 1932.

Karger, von, Wirtschaftsnot und Notgesetzgebung. In DJZ. 1931 Sp. 977 ff., 1048 ff., 1149 ff., 1230 ff., 1288 ff., 1487 ff.

Kaufmann, Eine Zweifelsfrage aus dem Notrecht. In DJZ. 1931 Sp. 1167.

Kerschagl, Devisenbewirtschaftung. Ein Abriß ihrer ökonomischen Probleme. Berlin 1932.

Kerschagl, Außereuropäische Devisengesetzgebung. In JurBlätter 1932, 263 f.

Kerschagl, Die Devisengesetzgebung und Devisenbewirtschaftung in Südost-Europa. In Zeitschrift für Ostrecht 1932, 321 ff.

Koppe, Das neue Notrecht. Berlin 1931/32.

Lassen, Kann die Genehmigung im Sinne des § 6 der Devisenverordnung vom 1. August 1931 auch nachträglich erteilt werden? In JR. 1932, 152 ff.

Lenhoff, Probleme des Devisenrechts. Wien 1932.

Lion, Die Verordnung gegen die Kapital- und Steuerflucht. In JW. 1931, 2060 ff.

Meyer, Verordnung des Reichspräsidenten gegen die Kapital- und Steuerflucht vom 18. Juli 1931. In JW. 1931, 2065 ff.

*Müller, Die Wirkung der devisenrechtlichen Vorschriften auf den Zivilprozeß und das Grundbuchrecht. In JW. 1932, 1997 ff.

Pick, Devisenvorschriften der europäischen Länder. Wien 1932.

Pröhl, Das Devisennotrecht in der Praxis. Berlin 1932.

Reiwald, Das Devisennotrecht und seine Anwendung. Berlin 1931.

Sachs, Devisenbewirtschaftung nach dem Stand vom 17. Mai 1932. (Tabellarisch dargestellt.) In JW. 1932, 1615 f.

Schuchmann, Bedarf die Übertragung der Forderung gegen den Ersteher auf einen ausländischen Berechtigten gemäß § 118 ZwVerstG. der Genehmigung auf Grund der Devisenverordnungen? In JW. 1932, 324 f.

Schultze, Devisenbewirtschaftung und Gerichtsvollzieherwesen. In DGVollzZ. 1932, 81 ff., 99 ff.

Schultze, Nachträgliche Heilung von Devisenverstößen. In Recht und Leben 1932 Nr. 21.

*Schultze, Devisenbewirtschaftung und Zwangsvollstreckung. In JW. 1932, 2001 ff.

*Schweitzer-Jaffé, Der Einfluß des Devisenrechts auf die wichtigsten Grundstücksgeschäfte. In Grundeigentum 1932, 646 ff.

*Seiffert, Führer durch das neue Devisenrecht. Berlin 1932.

Simon, Das Basler Stillhalteabkommen. In BankArch. 30, 506 ff.

Simon, Das neue Stillhalteabkommen. In BankArch. 31, 180 ff., 201 ff., 229 ff.

Stulz, Das „Berliner Stillhalteabkommen". In JW. 1932, 441 ff.

Szkolny, Zur Auslegung der Devisenverordnungen. In JW. 1931, 3598 und 1932, 322 f., 1956.

Thiele, Die Auslegung der Devisenverordnung. In Recht und Leben 1932 Nr. 4.

*Thiele, Zur Auslegung der Devisenverordnung. Die neuen Richtlinien des Reichswirtschaftsministeriums. In Recht und Leben 1932 Nr. 28.

Thiele-Elsholz, Die devisenrechtlichen Bestimmungen über Ausländerforderungen und das Kreditverbot gegenüber Ausländern. Berlin 1932.

Thiersch, Die Devisengesetzgebung des Auslandes. In JW. 1932, 1631 ff.

Weinberg, Das Devisennotrecht. Berlin 1932.

Widder, Ungarisches Devisenrecht. In JW. 1932, 1636.

Wiesinger, Devisenbewirtschaftung und Zwangsversteigerung. In BayrNotZ. 1932, 203 ff.

*Zentralstelle für Außenhandel, Das Devisenrecht der Welt. Berlin 1932.

Übersicht über die Rechtsprechung.

Die mit einem Stern (*) versehenen Entscheidungen sind rechtskräftig, bezw. sonst endgültig oder unangefochten geblieben.

A. Devisengesetzgebung.

I. Motive.

Die Devisengesetzgebung verfolgt das Ziel, der Kapital- und Steuerflucht zu begegnen, Sparsamkeit bei der Bewirtschaftung des Devisenvorrats zu sichern und einer Gefährdung der deutschen Währung durch Umwandlung von inländischen Zahlungsmitteln in Fremdwährung entgegenzutreten. Sie steht ferner ersichtlich auch in engem Zusammenhang mit den mit ausländischen Gläubigern über die Prolongation ihrer kurzfristigen Kredite geführten Stillhalteverhandlungen. Es soll verhütet werden, daß Außenseiter eine vorzeitige und weitergehende Befriedigung oder Sicherung erhalten als die verhandlungsbereiten Auslandsgläubiger und dadurch die Verhandlungen stören.

KG., 13. ZivSen., Urt. vom 7. April 1932 — 13 U 428. 32* — in JW. 1932, 2044. KG., 8. ZivSen., Beschl. vom 26. April 1932 — 8 W 4512. 32* — in JW. 1932, 1976. KG., 12. ZivSen., Beschl. vom 4. Mai 1932 — 12 W 3807. 32* — in JW. 1932, 1981.

II. Rechtliche Wirksamkeit.

1. Die Delegation des § 22 DevisVO. a. F. (jetzt § 42 DevisVO.) erscheint zulässig. Nach anerkannter Lehre ist allerdings die Befugnis aus Art. 48 Abs. 2 der Reichsverfassung als solche nicht übertragbar. Aber die weitere Ausgestaltung der in ihren allgemeinen Richtlinien feststehenden Maßnahmen darf der RPräs. der RReg. überlassen (RGSt. 56, 165). Und darüber geht die Delegation nicht hinaus.

KG., 13. ZivSen., Urt. vom 7. April 1932 — 13 U 428. 32* — in JW. 1932, 2043.

2. Die auf Grund dieser Delegation erlassenen Durchführungsvorschriften sind mit Rücksicht auf die mit dem Devisennotrecht hinsichtlich der Stillhalteverhandlungen verfolgten gesetzgeberischen Zwecke (s. oben A I) auch insoweit rechtswirksam, als sie die Durchführung der Stillhalteabkommen sichern sollen. Aus diesem Grunde ist § 2 Abs. 2 DurchfVO. a. F. I in der Fassung des § 11 DurchfVO. a. F. VI (vgl. hierzu jetzt § 14 DevisVO.) als gültig anzuerkennen.

KG., 13. ZivSen., Urt. vom 7. April 1932 — 13 U 428. 32* — in JW. 1932, 2043 f.

3. Soweit einzelne Vorschriften der Richtl. etwa über die Beschränkungen der DevisVO. oder der DurchfVO.en hinaus weitere Beschränkungen des Rechtsverkehrs enthalten, entbehren sie als über die in § 17 DevisVO. a. F. (jetzt § 35 DevisVO.) für den Inhalt der Richtl. erteilte Ermächtigung hinausgehend der rechtlichen Wirksamkeit.

KG., 1. ZivSen., Beschl. vom 31. März 1932 — 1 X 169. 32* — in JW. 1932, 1757. LG. I Berlin, 9. ZK., Beschl. vom 16. April 1932 — 209 T 2912. 32* — in JW. 1932, 2049.

III. Rechtliche Natur der Richtl.

1. Die Richtl. sind, soweit sie Ausnahmen von der durch die DevisVO. und die DurchfVO.en angeordneten Genehmigungspflicht vorsehen, nicht wie sonst lediglich Verwaltungsvorschriften. Sie wenden sich insofern vielmehr rechtssatzmäßig an die Bürger und haben insoweit den Charakter von Rechtsverordnungen.

So für die Bestimmung Richtl. a. F. II Ziff. 30 Satz 1 (vgl. jetzt Richtl. II Ziff. 42): KG., 13. ZivSen., Urt. vom 7. April 1932 — 13 U 428. 32* — in JW. 1932, 2044.

2. Zur Frage der rechtlichen Wirksamkeit der Richtl. im Einzelfall vgl. ferner auch oben A II 3 und unten B II 3.

IV. Einzelvorschriften.

1. Zu § 2 Abs. 2 DurchfVO. a. F. I in der Fassung des § 11 DurchfVO. a. F. VI (vgl. jetzt § 14 DevisVO.) s. oben A II 2.

2. Zu Richtl. a. F. II Ziff. 22 (jetzt Richtl. II 32) vgl. oben A II 3 und unten B II 3.

3. Zu Richtl. a. F. II Ziff. 30 Satz 1 (vgl. jetzt Richtl. II Ziff. 42) s. oben A III 1.

B. Bürgerliches Recht.

I. Allgemeines.

1. Zahlungsart.

Nach der herrschenden deutschen Geldrechtslehre geht der Inhalt der Geldschuld auf Bargeldübereignung. Die Überweisung hat sich allerdings in weitem Ausmaß als ordentliche Erfüllungsart durchgesetzt. Aber dem Gläubiger wird nicht das Recht zuerkannt, eine bestimmte Zahlungsweise vom Schuldner zu verlangen. Dies gilt auch für das Wechselrecht. Soweit indes die Bargeldüberweisung zum Schutze des Geld- und Kreditwesens im Wege der Notgesetzgebung verboten ist, muß eine Ausnahme von dem Grundsatz zugelassen werden. Der Gläubiger kann hier die im einzelnen Falle gestattete Zahlungsweise fordern.

KG., 13. ZivSen., Urt. vom 7. April 1932 — 13 U 428. 32* — in JW. 1932, 2043 f.

2. Allgemeine materiell-rechtliche Bedeutung der Beschränkungen des Devisenrechts.

Die Frage ist durch die Rechtsprechung noch nicht geklärt.

Sie ist zu §§ 6 Ziff. 3 DevisVO. a. F., 2 DurchfVO. a. F. I in der Fassung des § 11 DurchfVO. a. F. VI (vgl. jetzt §§ 13 Abs. 3, 14 DevisVO.) erörtert vom KG. in dem Urt. des 13. ZivSen. vom 7. April 1932 — 13 U 428. 32* — (JW. 1932, 2044). Das KG. bezeichnet darin die Auffassung, daß die Leistung durch Bargeldübereignung unmöglich sei, als unzutreffend, und führt aus, daß, sofern dem Verbot in § 2 Abs. 1 DurchfVO. a. F. I überhaupt eine zivilrechtliche Wirkung beizumessen sei, nur eine Veränderung der Fälligkeit, die Annahme einer Hinausschiebung des Zahlungstermins auf ungewisse Zeit in Frage komme, daß aber auch die Auffassung möglich sei, daß die Wirkungen des Verbots lediglich auf prozessualem Gebiet lägen. Es läßt die Entscheidung dieser Fragen offen und kommt zu dem Ergebnis, einer Klage auf eine genehmigungsbedürftige Zahlung müsse bei Fehlen der Devisengenehmigung in jedem Falle der Erfolg versagt bleiben. Bezüglich der näheren Begründung vgl. noch unten C II 1 a.

Das RG. hat in dem Urt. des IV. ZivSen. vom 21. April 1932 — IV 432. 31* —, mitgeteilt (ohne Gründe) DNotV. 1932, 407 (vgl. dazu auch unten C II 1 a), die Frage nicht erörtert, ist aber offensichtlich davon ausgegangen, daß die Verfügungsbeschränkung des § 6 Ziff. 3 DevisVO. a. F. (jetzt § 13 Abs. 3 DevisVO.) den Zahlungsanspruch und seine Geltendmachung in materieller Hinsicht unberührt läßt.

3. Begriff der Verfügung im Sinne der Devisengesetzgesetzgebung.

Der Verfügungsbegriff des Währungsnotrechts muß mangels entgegenstehender Vorschriften in der allgemeinen Bedeutung des bürgerlichen Rechts verstanden werden. Unter den nach der Devisengesetzgebung genehmigungsbedürftigen „Verfügungen" bzw. „Verfügungen im Wege der Zwangsvollstreckung" sind deshalb alle die Rechtsakte zu verstehen, durch die unmittelbar, d. h. mit sogen. dinglicher Wirkung auf ein Recht eingewirkt, es also geändert, aufgehoben oder übertragen wird.

RG., IV. ZivSen., Urt. vom 21. April 1932 — IV 432. 31* —, mitgeteilt (ohne Gründe) DNotV. 1932, 407. KG., 12. ZivSen., Beschl. vom 24. Februar 1932 — 12 W 13271. 31* — in JW. 1932, 1982, und vom 4. Mai 1932 — 12 W 3807. 32* — in JW. 1932, 1981. LG. I Berlin, 9. ZK., Beschl. vom 16. April 1932 — 209 T 2912. 32* — in JW. 1932, 2049, und vom 23. April 1932 — 209 T 682. 32* — in JW. 1932, 2048.

Hinsichtlich einzelner Verfügungen vgl. noch unten B II 1, 4, C II 1 a, 2 a, 3 b ee, gg, 3 c, III 2, 3.

4. Heilung von Devisenverstößen durch nachträgliche Genehmigung.

Die für Rechtsgeschäfte durch §§ 1, 12 DurchfVO. a. F. XII (§§ 29 DevisVO., 22 DurchfVO.) jetzt positiv geregelte, mit Rücksicht auf die Behandlung in der Zwischenzeit begründeter Rechte Dritter jedoch noch nicht gegenstandslose Streitfrage ist auch in der Rechtsprechung verschieden beantwortet worden. Die Heilung ist für Rechtsgeschäfte abgelehnt worden vom LG. I Berlin, 1. ZK., Beschl. vom 9. Dezember 1931 — 16 T 11489. 31* —, vom 6. Januar 1932 — 16 T 11579. 31* — (JW. 1932, 1027) und vom 13. Februar 1932 — 201 T 1488. 32* — (DNotV. 1932, 244), dagegen, und zwar mit rückwirkender Kraft, angenommen worden vom KG., 12. ZivSen., Beschl. vom 4. Mai 1932 — 12 W 3807. 32* — (JW. 1932, 1981) und LG. I Berlin, 13. Kammer für Handelssachen, Urt. vom 19. April 1932 — 313/57 O 313. 31 —.

Vgl. ferner hierzu auch unten C II 3 d.

II. Einzelfragen.

1. Die **Erfüllung** stellt sich mit Rücksicht auf ihre schuldtilgende Wirkung (§ 362 BGB.) als Verfügung im Sinne des Devisennotrechts dar.

So beispielsweise: KG., 13. ZivSen., Urt. vom 7. April 1932 — 13 U 428. 32* — in JW. 1932, 2043. KG., 12. ZivSen., Beschl. vom 4. Mai 1932 — 12 W 3807. 31* — in JW. 1932, 1981. LG. I Berlin, 9. ZK., Beschl. vom 16. April 1932 — 209 T 2912. 32* — in JW. 1932, 2049.

2. Der **Begriff der Krediteinräumung** im Sinne des § 6 Nr. 1 DevisVO. a. F. (jetzt § 13 Abs. 1 DevisVO.) ist entsprechend dem mit dem Verbot der Einräumung von RM- oder GM-Krediten an Ausländer in erster Linie verfolgten Zweck der Verhinderung einer sich unter diesem Deckmantel vollziehenden Kapitalflucht ein wirtschaftlicher. Er umfaßt mangels einer Beschränkung auf reine Bankkredite und im Hinblick auf den gekennzeichneten Zweck der genannten Vorschrift auch den Hypothekenkredit. Von der Einräumung eines Kredits, auch eines Hypothekenkredits, kann jedoch dann keine Rede sein, wenn die zu bestellende Hypothek nur bestimmt ist, an die Stelle

einer anderen Hypothek zu treten, und wirtschaftlich nichts anderes als eine genehmigungsfreie Verlängerung des alten Kredits vorliegt.

KG., 1. ZivSen., Beschl. vom 23. Juni 1932 — 1 X 309. 32* —. LG. I Berlin, 1. ZK., Beschl. vom 27. Januar 1932 — 201 T 174. 32* — in JW. 1932, 760 f. In der KG.-Entscheidung ist ferner ausgeführt, daß sich bei der Krediteinräumung durch Hingabe eines Darlehns erst die Auszahlung der Darlehnsvaluta an den Darlehnsnehmer wirtschaftlich als Kreditgewährung darstelle, während das bloße Darlehnsversprechen die Krediteinräumung lediglich vorbereite, und daß infolgedessen jede vor der Auszahlung erteilte Devisengenehmigung als vorherige Genehmigung zu beurteilen sei.

3. Nach dem Zweck und Sinn der Devisengesetzgebung sind auch die **dinglichen Ansprüche (Hypothekenansprüche, Grund- und Rentenschulden)** Forderungen im Sinne des § 6 Ziff. 3 DevisVO. a. F. (jetzt § 13 Abs. 3 DevisVO.). Die Bestimmung der Richtl. a. F. II Ziff. 22 (jetzt Richtl. II 32) hat somit nur den Charakter einer die bereits bestehende Rechtslage klarstellenden und gültigen Verwaltungsvorschrift.

KG., 1. ZivSen., Beschl. vom 31. März 1932 — 1 X 169. 32* — in JW. 1932, 1757. LG. I Berlin, 9. ZK., Beschl. vom 16. April 1932 — 209 T 2912. 32* — in JW. 1932, 2049.

4. Die **Aufgabe der Hypothek** im Wege einseitiger Erklärung des Berechtigten gemäß § 875 BGB. stellt sich als die Verfügung über das Recht dar und ist deshalb in den Fällen des § 6 Ziff. 3 DevisVO. a. F. (jetzt § 13 Abs. 3 DevisVO.) genehmigungspflichtig.

KG., 1. ZivSen., Beschl. vom 31. März 1932 — 1 X 169. 32* — in JW. 1932, 1757.

5. § 6 Ziff. 2 DevisVO. a. F. ist auf die Bestellung eines **Nießbrauchrechts** entsprechend anzuwenden.

LG. I Berlin, 1. ZK., Beschl. vom 6. Januar 1932 — 16 T 11579. 31 — in JW. 1932, 1027*. (Vgl. hierzu jetzt § 3 Ziff. 1 DurchfVO. a. F. X und § 13 Abs. 2 DevisVO.)

6. Bei Versagung der Devisengenehmigung zur Zahlung an die im Auslande ansässige Hypothekengläubigerin ist die Voraussetzung der **Hinterlegungsbefugnis** nach § 372 BGB. gegeben und kann das Ablösungsrecht der §§ 1150,

268 BGB. deshalb durch Hinterlegung gemäß §§ 372, 378 BGB. ausgeübt werden.

RG., V. ZivSen., Urt. vom 4. Mai 1932 — V 41. 32* — mitgeteilt (ohne Gründe) DNotV. 1932, 407.

C. Verfahrensrecht.

I. Verfahren der Devisenbewirtschaftungsstellen.

Der Devisengenehmigungsbescheid kann nach den maßgeblichen Grundsätzen des Verwaltungsrechts (RG. 106, 145) widerrufen werden.

KG., 13. ZivSen., Urt. vom 7. April 1932 — 13 U 428. 32* — in JW. 1932, 2043.

II. Zivilprozeß.

1. Allgemeines.

a) Allgemeine prozessuale Bedeutung der Devisenrechtsbeschränkungen.

Die Frage ist wie die entsprechende der materiellen Bedeutung durch die Rechtsprechung noch nicht geklärt. Vgl. zunächst die Bem. hierzu oben B I 2.

Das RG., IV. ZivSen., hat in der dort bereits erwähnten Entscheidung vom 21. April 1932 — IV 432. 31* — (DNotV. 1932, 407) die Frage der materiellen und prozessualen Auswirkungen des Devisenrechts nicht näher erörtert, vielmehr lediglich hervorgehoben, daß die Klageerhebung und Prozeßführung keine Verfügung über die Forderung enthielten und daher nicht nach § 6 Ziff. 3 DevisVO. a. F. (jetzt § 13 Abs. 3 DevisVO.) genehmigungsbedürftig seien, und im Zusammenhang hiermit darauf hingewiesen, daß für den Prozeß nur durch § 8 DurchfVO. a. F. VII (jetzt § 23 DevisVO.) die Aussetzungsmöglichkeit vorgesehen sei. Der Senat hat sich auf den Standpunkt gestellt, daß es zur erfolgreichen Einklagung des Anspruchs auf eine genehmigungsbedürftige Leistung der Genehmigung nicht bedarf, die Genehmigung vielmehr erst der Vollstreckung vorausgehen muß. Ebenso LG. III Berlin, 2. ZK., Beschl. vom 17. Mai 1932 — 2 T 3846. 32* —.

Die gegenteilige Auffassung wird vom **KG.**, 13. ZivSen., in der oben zu B I 2 ebenfalls schon näher mitgeteilten Entscheidung vom 7. April 1932 — 13 U 428. 32* — (JW. 1932, 2043 f.) vertreten. Das KG. erachtet im Anschluß an seine Ausführungen über die materielle oder prozessuale Bedeutung der Beschränkungen für ausschlaggebend, daß die andere Ansicht zu dem Ergebnis führen würde, daß der Zivilrichter den Schuldner zur Vornahme einer mit Strafe bedrohten Erfüllungshandlung verurteilen müßte, und hält eine gegenteilige Meinung auch als mit § 8 DurchfVO. a. F. VII (jetzt § 23 DevisVO.) unvereinbar. In dieser Bestimmung über die Aussetzung komme zum Ausdruck, daß die Versagung der Genehmigung schon im Prozeßverfahren als — materielles oder prozessuales — Hindernis für eine Verurteilung des Schuldners behandelt werden solle. Im Sinne der Auffassung des KG. auch Richtl. II Ziff. 69 Abs. 1 und ferner, und zwar sogar für den Fall des Anerkenntnisurteils: LG. I Berlin, 7. Kammer für Handelssachen, Urt. vom 12. Mai 1932 — 307 O 137. 32* —. Vgl. dazu unten C II 2 d.

b) Zur Frage der Bindung der Gerichte an die Entscheidungen der Devisenbewirtschaftungsstellen.

Die Auslegung und Anwendung der Gesetze, nach denen bürgerlich-rechtliche Streitigkeiten zu entscheiden sind, ist Sache der zuständigen Gerichte, soweit nicht etwa ausdrücklich vorgeschrieben ist, daß die Entscheidung einer Verwaltungsbehörde für die Gerichte bindend sein soll. Da dies durch die Devisengesetzgebung bezüglich der Frage, ob die Genehmigung erforderlich ist, nicht geschehen ist, sind die Gerichte an die diesbezüglichen Entscheidungen der Devisenstellen nicht gebunden, haben sie die Frage vielmehr selbständig zu prüfen.

KG., 8. ZivSen., Beschl. vom 26. April 1932 — 8 W 4512. 32* — in JW. 1932, 1975. Vgl. ferner AG. Charlottenburg, Beschl. vom 2. Mai 1932 — 36 M 1278. 32* — in JW. 1932, 1986 f. sowie auch KG., 1. ZivSen., Beschl. vom 31. März 1932 — 1 X 169. 32* — in JW. 1932, 1756 f.

In der Rechtsprechung wird teilweise jedoch, praktisch gesehen, eine gewisse Ausnahme zugelassen. Die Vollstreckungsbeschwerdekammern der LG. I und III Berlin vertreten die Auffassung, daß, sofern die Devisenbewirtschaftungsstelle nach Prüfung des Sachverhalts im einzelnen Falle erklärt hat, daß es zur Vollstreckung der Devisengenehmigung nicht bedürfe, die Durchführung der Vollstreckung auch ohne die Genehmigung zulässig sei. Gestützt wird die Ansicht darauf, daß in diesen Tatbeständen den dem Devisennotrecht zugrunde liegenden gesetzgeberischen Zwecken Genüge geschehen sei und vom gegenteiligen Standpunkt aus die erfolgreiche Rechtsverfolgung erschwert werde, im Einzelfalle ja sogar praktisch unmöglich gemacht werden könne.

LG. I Berlin, Beschl. vom 22. Februar 1932 — 209 T 1459. 32* — in JW. 1932, 2048 f. und vom 29. Februar 1932 — 209 T 1094. 32* —. LG. III Berlin, 2. ZK., Beschl. vom 17. Mai 1932 — 2 T 3782. 32*, 2 T 3797. 32*, 2 T 3846. 32* —.

2. Hauptprozeß.

a) Klageerhebung und Prozeßführung

enthalten keine Verfügung und **sind deshalb als solche in keinem Falle genehmigungsbedürftig.**

Vgl. oben C II 1 a. So ferner KG., 12. ZivSen., Beschl. vom 24. Februar 1932 — 12 W 13271. 32* — in JW. 1932, 1982.

b) Zur Behandlung der **Freigrenzen** vgl. die Entscheidungen unten zu C II 3 b bb.

c) Aussetzung.

Für eine Aussetzung gemäß § 23 DevisVO. (früher § 8 DurchfVO. a. F. VII) ist **nur Raum, wenn überhaupt eine Verurteilung in Frage kommt.** Andernfalls hätte die Aussetzung keinen Sinn.

KG., 19. ZivSen., Urt. vom 9. Juni 1932 — 19 U 1612. 32* —.

Die Bestimmung kommt ferner bei Vollstreckungsgegenklagen nicht zur Anwendung. Sie gilt nur für Leistungsklagen, und eine entsprechende Anwendung erscheint mit Rücksicht auf ihren Charakter als Ausnahmevorschrift nicht angebracht.

KG., 15. ZivSen., Urt. vom 19. Dezember 1931 — 15 U 7975. 31* — in JW. 1932, 600.

d) Auch **bei prozessualem Anerkenntnis** (§ 307 ZPO.) einer den Devisenbeschränkungen unterliegenden Forderung darf nur bei dem von Amts wegen zu prüfenden Vorliegen der Devisengenehmigung zur Zahlung verurteilt werden.

So unter Berufung auf den öffentlich-rechtlichen Charakter der Devisenvorschriften und die Entscheidung des RG. in JW. 1926, 2740: LG. I Berlin, 7. Kammer für Handelssachen, Urt. vom 12. Mai 1932 — 307 O 137. 32* —.

3. Zwangsvollstreckung.

a) Bedeutung und Geltendmachung der devisenrechtlichen Vollstreckungsbeschränkungen im allgemeinen.

aa) **Das Vorliegen der Devisengenehmigung** (§§ 12 DurchfVO. a. F. VI, 10 DurchfVO. a. F. VII, jetzt §§ 25, 26 DevisVO.) bildet **eine von Amts wegen zu beachtende Voraussetzung für die Zulässigkeit der Vollstreckung** und ist nicht etwa nur auf Einwendungen des Schuldners hin zu beachten.

AG. Charlottenburg, Beschl. vom 17. März 1932 — 36 M 1837. 32* —. Diese Auffassung liegt ferner auch den Beschl. des LG. I Berlin, 9. ZK, vom 22. Februar, 16. April und 27. April 1932 — 209 T 1459. 32*, 209 T 2912. 32*, 209 T 905. 32* — (JW. 1932, 2048 f.) offensichtlich zugrunde.

bb) **Ihr Fehlen hat die Unzulässigkeit der Vollstreckungsmaßnahme zur Folge** und ist grundsätzlich **mit der Erinnerung aus § 766 ZPO.** geltend zu machen.

KG., 8. ZivSen., Beschl. vom 26. April 1932 — 8 W 4512. 32* — in JW. 1932, 1975. Vgl. aber ferner auch KG., 15. ZivSen., Urt. vom 19. Dezember 1931 — 15 U 7975. 31* — in JW. 1932, 600.

b) Vollstreckung in das bewegliche Vermögen.

aa) Der **Zustellung der Devisengenehmigung** vor oder bei Einleitung der Vollstreckung **bedarf es** mangels einer diese vorschreibenden besonderen Bestimmung **nicht.**

LG. I Berlin, 9. ZK., Beschl. vom 27. April 1932 — 209 T 905. 32* —.

bb) **Freigrenzen** (§§ 11 DevisVO. a. F., jetzt 21 DevisVO.). Auch wenn sich die Vollstreckungsforderung auf weniger als 200 RM beläuft, darf, sofern die Beschränkungen des Devisenrechts an sich Platz greifen können, erst vollstreckt werden, wenn die Genehmigung der Devisenbewirtschaftungsstelle oder eine Bescheinigung derselben vorliegt, daß die Voraussetzungen der Freigrenze gegeben sind. Denn nur diese Stelle vermag festzustellen, ob und inwieweit ein Schuldner die genehmigungsfreie Summe erschöpft hat.

AG. Charlottenburg, Beschl. vom 14. März 1932 — 36 M 2002. 32* —, 4. April 1932 — 36 M 10528. 31* — und 2. Mai 1932 — 36 M 1278. 32* — in JW. 1932, 1986 f. In diesem Sinne auch die zu C II 1 b angeführten Beschlüsse des LG. III Berlin.

cc) Auch die Vollstreckung **dinglicher Ansprüche** unterliegt den Beschränkungen des § 6 Ziff. 3 DevisVO. a. F. (jetzt § 13 Abs. 3 DevisVO.).

LG. I Berlin, 9. ZK., Beschl. vom 16. April 1932 — 209 T 2912. 32* — in JW. 1932, 2049. Vgl. ferner auch oben B II 3.

dd) Das Vorliegen der Genehmigung bleibt auch dann Voraussetzung auch der Vollstreckung, wenn der beizutreibende Betrag an einen **inländischen Bevollmächtigten** des ausländischen Gläubigers und zur Verwendung im Inland abgeführt werden soll.

AG. Charlottenburg, Beschl. vom 17. März 1932 — 36 M 1837. 32* — und vom 4. April 1932 — 36 M 13669. 31* —.

ee) Die **Pfändung und Überweisung** von durch § 6 Ziff. 3 DevisVO. a. F. (jetzt § 13 Abs. 3 DevisVO.) betroffenen Forderungen setzt als Verfügung darüber gemäß § 12 DurchfVO. a. F. VI (jetzt § 26 DevisVO.) die Genehmigung voraus.

KG., 12. ZivSen., Beschl. vom 4. Mai 1932 — 12 W 3807. 32* — in JW. 1932, 1981.

ff) Nach § 10 DurchfVO. a. F. VII (jetzt § 25 DevisVO.) ist auch das **Offenbarungseidsverfahren** wegen solcher Ansprüche, auf die nur mit Genehmigung der Devisenbewirtschaftungsstelle geleistet werden darf, nur zulässig, wenn die Genehmigung erteilt ist.

So in unmittelbarer Anwendung der Bestimmung: LG. I Berlin, 9. ZK., Beschl. vom 29. Februar 1932 — 209 T 1460. 32* — und AG. Charlottenburg, Beschl. vom 2. Mai 1932 — 36 M 1278. 32* —. Ferner mit besonderer Begründung: KG., 8. ZivSen.,

Beschl. vom 26. April 1932 — 8 W 4512. 32* — in JW. 1932. 1975 f.

gg) Zur Frage der Auswirkungen der Devisenbeschränkungen auf das **Verteilungsverfahren** (§§ 872 ff. ZPO.) vgl. LG. I Berlin, 9. ZK., Beschl. vom 23. April 1932 — 209 T 682. 32* — in JW. 1932, 2048.

c) Zwangsversteigerung und Zwangsverwaltung.

Die Einleitung der Immobiliarvollstreckung durch einen ausländischen Forderungsberechtigten, insbesondere der Antrag auf Anordnung der Zwangsversteigerung oder Zwangsverwaltung, setzen, sofern die Leistung auf den zur Vollstreckung stehenden Anspruch der Devisengenehmigung bedarf, die Genehmigung voraus. Sie enthalten zwar keine Verfügung über die Forderung selbst. Die Genehmigungspflicht folgt deshalb, was für die Zeit bis zum Erlaß der DurchfVO. a. F. VII erheblich ist, nicht aus § 12 DurchfVO. a. F. VI (jetzt § 26 DevisVO.) in Verbindung mit den verfügungsbeschränkenden Devisenvorschriften. Sie ergibt sich jedoch aus § 10 DurchfVO. a. F. VII (jetzt § 25 DevisVO.). Seit Erlaß dieser Vorschrift bedarf auch die Fortsetzung einer wirksam eingeleiteten Immobiliarvollstreckung der Genehmigung.

KG., 12. ZivSen., Beschl. vom 24. Februar 1932 — 12 W 13271. 31* — in JW. 1932, 1982 f., und vom 4. Mai 1932 — 12 W 3807. 32* — in JW. 1932, 1981. Vgl. jedoch auch AG. Dresden, Beschl. vom 19. November 1931 — 3 Z a 122. 31* — in JW. 1931, 3609.

d) Speziell die Heilung unter Verletzung der Devisenvorschriften vorgenommener Vollstreckungsakte durch nachträgliche Genehmigung.

aa) Vollstreckung in das bewegliche Vermögen. Beschl. des LG. I Berlin, 9. ZK., vom 27. April 1932 — 209 T 905. 32* — in JW. 1932, 2048: „Die Kammer trägt kein Bedenken, diese ihre Praxis — über die Annahme der Heilbarkeit von Mängeln in den wesentlichen Vollstreckungsvoraussetzungen durch nachträgliche Behebung der Anstände — auf die Fälle der fehlenden Genehmigung der Devisenbewirtschaftungsstelle entsprechend anzuwenden. Die Pfandverstrickung besteht selbst bei Unwirksamkeit der Pfändung auch hier, und die allgemeinen Erwägungen, die zur Rechtfertigung der herrschenden Ansicht über die Heilbarkeit von Mängeln in den wesentlichen Voraussetzungen der Zwangsvollstreckung führen, treffen auch hier in der gleichen Weise zu." Die Rangfrage ist in der Entscheidung offen gelassen. Die Heilung wird jedoch in der entsprechend angewandten Praxis in Übereinstimmung mit der Rechtsprechung des Reichsgerichts (RG. in RGZ. 20, 433; 25, 368; 125, 286 und bei Gruchot, Beiträge zur Erläuterung des Deutschen Rechts 28, 845) nur mit Wirkung von der nachträglichen Beseitigung des Mangels ab angenommen. So auch LG. II Berlin, 14. ZK., Beschl. vom 3. Mai 1932 — 25 T 1036. 32* —.

bb) Vollstreckung in das unbewegliche Vermögen. Das KG., 12. ZivSen., Beschl. vom 4. Mai 1932 — 12 W 3807. 32* — (JW. 1932, 1981) nimmt mit näherer Begründung die Heilung durch nachträgliche Genehmigung, und zwar mit rückwirkender Kraft an. Die Genehmigung müsse jedoch spätestens bis zur Erteilung des Zuschlags beigebracht sein, da andernfalls gemäß § 83 Nr. 6 ZwVerstG. der Zuschlag zu versagen sei und ein einmal erwachsener Versagungsgrund nicht nachträglich geheilt werden könne.

III. Grundbuchrecht.

1. Bezüglich der Bedeutung des Devisenrechts für **dingliche Ansprüche** vgl. zunächst oben B II 3 und C II 3 b cc.

2. Hypothekenbestellung.

a) Die Hypothekenbestellung, d. h. die Bewilligung einer RM- oder GM-Hypothek an eine im Auslande ansässige Person ist eine Krediteinräumung im Sinne des § 6 Ziff. 1 DevisVO. a. F. (§ 13 Abs. 1 DevisVO.) und daher genehmigungsbedürftig, nicht dagegen die Hypothekenprolongation.

LG. I Berlin, 1. ZK., Beschl. vom 27. Januar 1932 — 201 T 174. 32* — in JW. 1932, 760 f.

Vgl. aber auch jetzt Richtl. II Ziff. 28 c.

Siehe hierzu ferner oben B II 2 und die dort angeführte Entscheidung des KG., 1. ZivSen., Beschl. vom 23. Juni 1932 — 1 X 309. 32* —. Der Beschluß läßt offen, ob bei der Darlehnshypothek das Darlehnsgeschäft oder die Hypothekenbestellung genehmigungspflichtig ist. Im Anschluß hieran wird für die Hypothekenbestellung ausgeführt:

b) In jedem der beiden Fälle sei die etwaige Genehmigungspflicht für das Grundbuchamt von Bedeutung und von Amts wegen zu beachten.

Denn einmal dürfe der Grundbuchrichter dem Eintragungsantrag nicht stattgeben, wenn ihm bekannt sei, daß die zu sichernde Forderung nicht bestünde und auch künftig nicht entstehen könne. Andererseits liege bei Genehmigungsbedürftigkeit der Hypothekenbestellung insoweit eine gesetzliche Beschränkung der Befugnis des Grundstückseigentümers zur Verfügung über das Grundstück vor, indem die rechtliche Wirksamkeit der auf die Begründung einer Hypothek am Grundstück gerichteten materiell-rechtlichen (§ 873 BGB.) und formell-rechtlichen (§ 19 der Grundbuchordnung) Erklärungen des Eigentümers von der Erteilung der behördlichen Genehmigung abhängig sei. Diese Beschränkung sei auch vom Grundbuchrichter von Amts wegen zu beachten, weil nur die Bewilligung eines zu wirksamer Verfügung über das Grundstück berechtigten Eigentümers die Eintragung der Hypothek zu rechtfertigen vermöge. Die Verfügungsberechtigung des Grundstückseigentümers werde in dem gedachten Falle erst durch die wirksame Erteilung der Devisengenehmigung hergestellt, und eine im Hinblick auf die Beschränkung des Eigentums unwirksame Eintragungsbewilligung könne durch nachfolgende Erteilung der Genehmigung in entsprechender Anwendung des § 185 Abs. 2 Satz 1 BGB. wirksam werden.

c) Bei der Hypothekenbestellung sei jede im Zeitpunkt der Entscheidung über den Einstellungsantrag vorliegende Genehmigung eine vorherige Genehmigung.

Denn unter dem genehmigungsbedürftigen „Geschäft“ im Sinne des § 12 DevisVO. a. F. (jetzt § 29 DevisVO.) sei der Gesamttatbestand des darnach in Betracht kommenden Geschäfts, bei der Bestellung einer Hypothek deshalb die Gesamtheit der zur Begründung der Hypothek erforderlichen Rechtsvorgänge, also einschließlich der Eintragung der Hypothek in das Grundbuch (§ 873 BGB.), zu verstehen. Vgl. auch oben B II 2.

3. Hypothekenlöschung.

Die Löschungsbewilligung bedarf zu ihrer Wirksamkeit der Devisengenehmigung für die Leistung. Sie hat zwar als solche, wenn man davon absieht, daß sie regelmäßig zugleich die Aufgabeerklärung enthält (s. oben B II 4), keine sachliche Wirkung, sondern lediglich verfahrensrechtliche Bedeutung, ist selbst keine Verfügung und wird deshalb durch § 6 Ziff. 3 DevisVO. a. F. (jetzt § 13 Abs. 3 DevisVO.) nicht betroffen. Dennoch ist die Genehmigung nötig. Denn berechtigt zur Erteilung der Löschungsbewilligung ist nur der sachlich zur Verfügung über das Recht Befugte. Ist aber die Verfügungsmacht des Rechtsinhabers durch das Erfordernis einer Genehmigung eingeschränkt, so ist auch die Bewilligung nur dann voll wirksam, wenn die Genehmigung zu der Verfügung erteilt ist. Deshalb muß sie dem Grundbuchrichter nachgewiesen werden.
Die Löschung der Hypothek erfordert dagegen nicht neben einer bereits erteilten Genehmigung zur Erfüllung der gesicherten Forderung auch noch eine solche zur Aufgabe des dinglichen Hypothekenrechts. Etwas anderes gilt nur dann, wenn eine Verfügung über die Forderung nicht getroffen oder nicht genehmigt ist.

KG., 1. ZivSen., Beschl. vom 31. März 1932 — 1 X. 169. 32* — in JW. 1932, 1756 f. Vgl. aber auch LG. I München, Beschl. v. 3. Nov. 1931 — I 1340. 31* — in BayNotV. 1931, 342 f.

D. Strafrecht.

I. Zu §§ 7, 18 Abs. 1 Ziff. 3, Abs. 3 (urspr. 2) DevisVO. a. F. vgl. auch (inzwischen überholt: DevisVOÄndVO. II) Oberlandesgericht Karlsruhe, Strafsenat, Urt. vom 10. März 1932 — S M 34. 32 — in JW. 1932, 1025 f.

II. Ein Scheck ist Zahlungsmittel nur, wenn er begeben ist. Nur die Mitnahme eines begebenen Schecks ins Ausland ist daher gemäß §§ 7 DevisVO. a. F., 18 Ziff. 3 DevisVO. a. F. (jetzt §§ 10, 36 Ziff. 3 DevisVO.) strafbar.

Oberlandesgericht Karlsruhe, Strafsenat, Urt. vom 14. April 1932 — S M 53. 32 — in DRZ. 1932 Sp. 376.

A.

Verordnung über die Devisenbewirtschaftung.

Vom 23. Mai 1932
(RGBl. I S. 231, berichtigt S. 272).

Bekanntmachung der Neufassung der Verordnung über die Devisenbewirtschaftung. Vom 23. Mai 1932.

Auf Grund von Artikel III der Verordnung des Reichspräsidenten über die Devisenbewirtschaftung vom 15. April 1932 (Reichsgesetzbl. I S. 177) wird nachstehend die Verordnung über die Devisenbewirtschaftung und die Durchführungsverordnung hierzu in neuer Fassung bekanntgemacht.

Berlin, den 23. Mai 1932.

Der Reichswirtschaftsminister.
Mit Wahrnehmung der Geschäfte beauftragt:
Dr. Trendelenburg.
Staatssekretär.

Verordnung über die Devisenbewirtschaftung.

Vom 23. Mai 1932.

§ 1.

Freistellung der Reichsbank und der Deutschen Golddiskontbank. Stillhalteabkommen.

(1) Die Beschränkungen und Verbote dieser Verordnung gelten nicht für die Reichsbank und die Deutsche Golddiskontbank.

(2) Die Durchführung von Vereinbarungen, die von Gruppen ausländischer Gläubiger und inländischer Schuldner mit Zustimmung der Reichsbank über die Behandlung der zwischen den Mitgliedern dieser Gruppen bestehenden Verbindlichkeiten getroffen werden, wird von der Reichsbank oder von Stellen, die sie bestimmt, überwacht. Soweit zur Erfüllung von Verbindlichkeiten, die Gegenstand einer solchen Vereinbarung sind, eine Handlung erforderlich ist, die nach dieser Verordnung oder einer zu ihrer Durchführung erlassenen Verordnung einer Genehmigung bedarf, ist für die Erteilung der Genehmigung statt der Stelle für Devisenbewirtschaftung die Reichsbank zuständig.

(3) Die Vorschriften des Abs. 2 gelten entsprechend

a) für solche Rechtsbeziehungen zwischen inländischen Banken und ihren inländischen Schuldnern, die mit Verbindlichkeiten im Zusammenhang stehen, die den Gegenstand eines Abkommens der in Abs. 2 genannten Art bilden;

b) für solche Rechtsbeziehungen zwischen ausländischen Gläubigern und inländischen Schuldnern, die den Gegenstand eines Abkommens der im Abs. 2 genannten Art bilden, wenn und solange der beteiligte ausländische Gläubiger seine Zustimmung zu dem Abkommen nicht erklärt hat.

Anm.: Zu Abs. 1 vgl. DevisVO. a. F. § 1 Abs. 1; zu Abs. 2: DevisVO. a. F. § 1 Abs. 2 i. d. F. d. DevisVOÄbändVO. I Art. 1 Ziff. 1; zu Abs. 3: DurchfVO. a. F. V § 1. Zu Abs. 2, 3 vgl. insbes. auch Richtl. I 6.

§ 2.

Definitionen.

(1) Zahlungsmittel im Sinne dieser Verordnung sind Geldsorten (Münzgeld, Papiergeld, Banknoten und dergleichen), Auszahlungen, Anweisungen, Schecks und Wechsel.

(2) Forderungen in ausländischer Währung im Sinne dieser Verordnung sind Forderungen, bei denen der Gläubiger Anspruch auf Zahlung in effektiver ausländischer Währung hat. Als Forderungen in ausländischer Währung gelten nicht ausländische Wertpapiere sowie Forderungen in ausländischer Währung aus Versicherungsverträgen, die vor dem 15. Juli 1931 abgeschlossen worden sind.

(3) Ausländische Wertpapiere im Sinne dieser Verordnung sind Wertpapiere, die von einem Ausländer (Abs. 6) ausgestellt sind.

(4) Gold im Sinne dieser Verordnung sind außer Kurs gesetzte Goldmünzen, Feingold und legiertes Gold, roh oder als Halbfabrikat.

(5) Edelmetalle im Sinne dieser Verordnung sind Silber, Platin und Platinmetalle in den im Handel mit solchen Metallen üblichen Formen.

(6) Ausländer im Sinne dieser Verordnung sind Personen, die im Ausland, Saarländer sind Personen, die im Saargebiet, Inländer sind Personen, die im

Inland mit Ausnahme des Saargebiets ihren Wohnsitz oder gewöhnlichen Aufenthalt, Sitz oder Ort der Leitung haben.

(7) In den folgenden Vorschriften dieser Verordnung und in den Durchführungsverordnungen ist, soweit sich aus Wortlaut oder Inhalt einer Vorschrift nichts anderes ergibt, unter Genehmigung eine schriftliche Genehmigung der Stelle für Devisenbewirtschaftung (§ 35) zu verstehen.

Anm.: Zu Abs. 1, 2, 3, 5 vgl. DevisVO. a. F. § 8; zu Abs. 4: DurchfVO. a. F. VI § 1; zu Abs. 6: Richtl. a. F. I 2. Zu § 2 vgl. insbes. auch Richtl. II 1—3.

§ 3.

Devisenmonopol, Devisenbanken.

(1) Ausländische Zahlungsmittel und Forderungen in ausländischer Währung dürfen gegen inländische Zahlungsmittel nur von der Reichsbank oder durch ihre Vermittlung erworben und nur an die Reichsbank oder durch ihre Vermittlung veräußert werden.

(2) Der Erwerb bedarf der Genehmigung. Die Genehmigung ist zu erteilen, soweit die ausländischen Zahlungsmittel oder Forderungen in ausländischer Währung bestimmt sind zur Zahlung von Zinsen und regelmäßigen Tilgungsbeträgen für langfristige Anleihen.

(3) Die Reichsbank kann anderen Kreditinstituten das Recht verleihen, ausländische Zahlungsmittel oder Forderungen in ausländischer Währung für Rechnung der Reichsbank oder für eigene Rechnung zu erwerben oder zu veräußern (Devisenbanken). Abs. 2 gilt entsprechend, wenn von einer Devisenbank oder durch Vermittlung einer solchen erworben wird, es sei denn,

daß der Erwerber eine Devisenbank ist und innerhalb des ihm von der Reichsbank verliehenen Rechts handelt.

(4) Die Reichsbank kann von der Vorschrift des Abs. 1 Ausnahmen zulassen.

Anm.: Zu Abs. 1—3 vgl. DevisVO. a. F. § 2 Abs. 1—3; zu Abs. 4: DurchfVO. a. F. III § 9.

Zu § 3 vgl. insbes. Richtl. II 4, 5.

Hinsichtlich der Erteilung der Befugnis gemäß Abs. 3, insbesondere der Bestimmung der Devisenbanken und der Zulassung von Ausnahmen gemäß Abs. 4 vgl. die auf Grund der gleichartigen Bestimmungen des § 1 der VO. über den Verkehr mit ausländischen Zahlungsmitteln vom 15. Juli 1931 (RGBl. I 366) (s. Einleitung) ergangenen und nach §§ 23 DevisVO. a. F., 43 DevisVO. noch geltenden Bekanntmachungen des Reichsbankdirektoriums vom 18. Juli 1931 und 6. Oktober 1931, abgedruckt unten zu § 43.

§ 4.

Verfügung über Devisen.

Über ausländische Zahlungsmittel oder Forderungen in ausländischer Währung, die anders als nach § 3 erworben worden sind, darf nur mit Genehmigung verfügt werden, es sei denn, daß die Werte an die Reichsbank oder eine Devisenbank veräußert werden.

Anm.: Vgl. DevisVO. a. F. § 3 und insbes. auch Richtl. II 6—16.

Erwerb und Verfügung über Wertpapiere.

§ 5.

Der entgeltliche Erwerb ausländischer Wertpapiere, die nicht an einer deutschen Börse zum Handel zugelassen sind, bedarf der Genehmigung. Die Verfügung über solche Wertpapiere bedarf der Genehmigung, es sei denn, daß sie an die Reichsbank oder eine Devisenbank veräußert werden.

Anm.: Vgl. DevisVO. a. F. § 4 und insbes. auch Richtl. II 17—21.

§ 6.

(1) Der entgeltliche Erwerb inländischer Wertpapiere, die ausschließlich oder wahlweise auf eine ausländische Währung lauten und nicht an einer deutschen Börse zum Handel zugelassen sind, bedarf der Genehmigung. Die Verfügung über solche Wertpapiere bedarf der Genehmigung, es sei denn, daß sie an die Reichsbank oder an eine Devisenbank veräußert werden.

(2) Die Genehmigung zum Erwerb solcher Wertpapiere und zur Verfügung über solche Wertpapiere ist dem Schuldner einer Anleihe zu erteilen, soweit die Wertpapiere zur planmäßigen Tilgung der Anleihe bestimmt sind.

Anm.: Vgl. DurchfVO. a. F. VII § 2 und insbes. auch Richtl. II 17—21.

§ 7.

Ausländische Wertpapiere, die an einer deutschen Börse zum Handel zugelassen sind, darf ein Inländer nur mit Genehmigung entgeltlich von einem Ausländer oder Saarländer erwerben. Dies gilt auch dann, wenn mehrere Personen, von denen ein Teil Ausländer oder Saarländer, ein Teil Inländer sind, solche Wertpapiere für gemeinsame Rechnung erwerben (Meta-, Konsortial- und ähnliche Geschäfte).

Anm.: Vgl. DurchfVO. a. F. VII § 3.

§ 8.

Den an einer deutschen Börse zum Handel zugelassenen Wertpapieren stehen im Sinne dieser Verordnung die Wertpapiere gleich, die in den Tätigkeitsbereich eines Ausschusses der Ständigen Kommission für Angelegenheiten des Handels in amtlich nicht notierten Werten beim Centralverband des Deutschen Bank- und Bankiergewerbes einbezogen sind. Diese Gleichstellung gilt nicht für den Anwendungsbereich des § 6.

Anm.: Vgl. DurchfVO. a. F. VII § 4.

§ 9.

Dem Erwerb von Wertpapieren im Sinne dieser Verordnung steht gleich der Erwerb eines Anspruchs auf Übereignung von Wertpapieren, insbesondere durch Gutschrift auf Stückekonto.

Anm.: Vgl. DurchfVO. a. F. VII § 5.

§ 10.

Erwerb und Verfügung über Gold.

Der Erwerb von Gold und die Verfügung über Gold bedürfen der Genehmigung.

Anm.: Vgl. DurchfVO. a. F. VI § 10 Satz 2 sowie insbes. auch Richtl. III 15—16.

§ 11.

Termingeschäfte über Devisen, Gold und Edelmetalle.

(1) Termingeschäfte über ausländische Zahlungsmittel oder Forderungen in ausländischer Währung gegen inländische Zahlungsmittel sind verboten, es sei denn, daß sie durch Vermittlung der Reichsbank oder einer von ihr bestimmten Stelle oder mit Genehmigung der Stelle für Devisenbewirtschaftung mit der Reichsbank oder einer Devisenbank abgeschlossen werden.

(2) Termingeschäfte über Gold oder Edelmetall gegen inländische Zahlungsmittel sind verboten.

Anm.: Vgl. DevisVO. a. F. § 5 in Verbindung mit DurchfVO a. F. IX § 1; ferner DurchfVO. a. F. II § 1. Zu § 11 vgl. weiter insbes. auch Richtl. II 22.

§ 12.

Versendung und Überbringung von Zahlungsmitteln, Wertpapieren und Edelmetallen ins Ausland.

Zahlungsmittel, Wertpapiere, Gold und Edelmetalle dürfen nur mit Genehmigung ins Ausland oder ins Saargebiet oder aus dem Inland in die badischen Zollausschlußgebiete versandt oder überbracht werden.

Anm.: Vgl. DevisVO. a. F. § 7, DurchfVO. a. F. I § 3 Abs. 1, DurchfVO. a. F. VI § 10 sowie insbes. auch Richtl. II 23—27.

Beschränkungen für Kredite und Leistungen an Ausländer und für die Verfügung über bestimmte Forderungen.

§ 13.

(1) Kredite, die auf Reichsmark oder Goldmark lauten, dürfen Ausländern oder Saarländern nur mit Genehmigung eingeräumt werden.

(2) Forderungen, die auf Reichsmark oder Goldmark lauten, dürfen nur mit Genehmigung auf Konten übertragen werden, die im Ausland oder im Saargebiet geführt werden, oder an Ausländer oder Saarländer abgetreten werden; über solche Forderungen darf nur mit Genehmigung in anderer Weise zugunsten eines Ausländers oder Saarländers verfügt werden.

(3) Die Verfügung über eine auf Reichsmark oder Goldmark lautende Forderung, die zugunsten eines Ausländers oder Saarländers vor dem 16. Juli 1931 entstanden ist, bedarf der Genehmigung. Dasselbe gilt

für die auf Reichsmark oder Goldmark lautenden Forderungen einer Person, die nach dem 3. August 1931 Ausländer oder Saarländer geworden ist.

Anm.: Zu Abs. 1 vgl. DevisVO. a. F. § 6 Ziff. 1; zu Abs. 2: DevisVO. a. F. § 6 Ziff. 2 in Verbindung mit DurchfVO. a. F. X § 3 Ziff. 1; zu Abs. 3: DevisVO. a. F. § 6 Ziff. 3 in Verbindung mit DurchfVO. a. F. I § 1 und X § 3 Ziff. 2 in Verbindung mit DevisVO. § 2 Abs. 6.
Zu § 13 vgl. ferner insbes. auch Richtl. II 28—40.

§ 14.

(1) Nur mit Genehmigung darf ein Inländer inländische Zahlungsmittel oder Gold einem Ausländer oder Saarländer oder zugunsten eines solchen einem Inländer im Inland aushändigen.

(2) Nur mit Genehmigung dürfen auf einem bei einem inländischen Kreditinstitut geführten Konto eines Ausländers oder Saarländers Reichsmarkbeträge gutgeschrieben werden, die aus Bareinzahlungen, Überweisungen oder sonstigen Vergütungen eines Inländers stammen. Als Kreditinstitute im Sinne dieser Vorschrift gelten auch die Postscheckämter.

Anm.: Vgl. DurchfVO. a. F. I § 2, VI § 11, XII § 3 sowie insbes. auch Richtl. II 41—44.

§ 15.

(1) Nur mit Genehmigung darf ein Inländer Wertpapiere in das Depot eines Ausländers oder Saarländers bei einer Person einlegen, die gewerbsmäßig Wertpapiere verwahrt oder den Handel mit Wertpapieren betreibt oder vermittelt. Die Genehmigung ist nicht erforderlich, wenn eine solche Person in das bei ihr für einen Ausländer oder Saarländer geführte Depot Wertpapiere einlegt, die in Ausführung eines

von dem Ausländer oder Saarländer erteilten Auftrags angeschafft worden sind.

(2) Nur mit Genehmigung darf im Auftrag eines Ausländers oder Saarländers eine inländische Einlösungsstelle Zinsscheine oder Gewinnanteilscheine einlösen oder ein inländisches Kreditinstitut Zinsscheine oder Gewinnanteilscheine zur Einlösung bringen, es sei denn, daß der Auftraggeber die ausdrückliche Versicherung (Affidavit) abgibt, daß die Zinsscheine oder Gewinnanteilscheine nicht einem Inländer gehören oder daß er sie nicht von einem Inländer zum Zwecke der Einziehung erworben hat.

Anm.: Zu Abs. 1 vgl. DurchfVO. a. F. V § 2 Abs. 1; zu Abs. 2: DurchfVO. a. F. V § 2 Abs. 2 in Verbindung mit DurchfVO. a. F. X § 9.

Zu § 15 vgl. ferner insbes. auch Richtl. II 45—46.

§ 16.

Nur mit Genehmigung darf eine Person, die gewerbsmäßig Wertpapiere verwahrt oder den Handel mit Wertpapieren betreibt oder vermittelt, Wertpapiere aus dem Depot eines Ausländers oder Saarländers im Inland aushändigen oder in das Depot eines Inländers umlegen. Die Genehmigung ist nicht erforderlich, wenn die Wertpapiere an eine Devisenbank zugunsten eines Ausländers oder Saarländers ausgehändigt werden. Sie ist ferner nicht erforderlich, wenn die Wertpapiere in Ausführung eines von dem Ausländer oder Saarländer erteilten Verkaufsauftrags ausgehändigt oder umgelegt werden und mit dem Erlös nach § 18 verfahren wird.

Anm.: Vgl. DurchfVO. a. F. XI § 1 in Verbindung mit DurchfVO. a. F. XII § 10 sowie insbes. auch Richtl. II 47.

§ 17.

Die Verfügung über eine auf Reichsmark oder Goldmark lautende Forderung gegen ein inländisches Kreditinstitut, die zugunsten eines Ausländers oder Saarländers nach dem 19. Februar 1932

a) infolge der Einreichung inländischer Zahlungsmittel durch einen Ausländer oder Saarländer im Inland oder

b) infolge der Einsendung von Reichsmarknoten aus dem Ausland oder dem Saargebiet

entstanden ist, bedarf der Genehmigung.

Anm.: Vgl. DurchfVO. a. F. X § 2 sowie insbes. auch Richtl. II 48—52.

§ 18.

(1) Die Verfügung über eine auf Reichsmark oder Goldmark lautende Forderung, die zugunsten eines Ausländers oder Saarländers nach dem 11. November 1931 durch die Veräußerung von Wertpapieren oder dadurch entstanden ist, daß Wertpapiere rückzahlbar geworden sind, bedarf der Genehmigung. Die Genehmigung ist nicht erforderlich, wenn die Forderung zum Ankauf inländischer, auf Reichsmark, Goldmark oder einen Sachwert lautender Wertpapiere verwendet wird.

(2) Nur mit Genehmigung darf ein Inländer Wertpapiere von einem Ausländer oder Saarländer in Zahlung nehmen.

(3) Für die Vorschriften der Abs. 1 und 2 stehen Reichsschuldbuchforderungen Wertpapieren gleich.

Anm.: Vgl. DurchfVO. a. F. VII § 1 in Verbindung mit DurchfVO. a. F. XII § 6 und X § 10 sowie ferner insbes. auch Richtl. II 53—58.

§ 19.

(1) Die Verfügung über eine auf Reichsmark oder Goldmark lautende Forderung, die zugunsten eines Ausländers oder Saarländers nach dem 19. Februar 1932 durch die Veräußerung von inländischen Vermögensanlagen, insbesondere von Grundstücken, oder von Gegenständen, die zu einer Erbschaft gehören, entstanden ist, bedarf der Genehmigung.

(2) Das gleiche gilt für Zahlungsmittel, die einem Ausländer oder Saarländer nach dem 19. Februar 1932 durch Erbschaft anfallen.

Anm.: Vgl. DurchfVO. a. F. X § 1 und insbes. auch Richtl. II 53—58.

§ 20.

Die Verfügung über eine auf Reichsmark oder Goldmark lautende Forderung, die zugunsten eines Ausländers oder Saarländers nach dem 3. August 1931 entstanden ist, bedarf der Genehmigung, wenn sich die Stelle für Devisenbewirtschaftung bei der Entstehung der Forderung eine solche Genehmigung vorbehalten hat (Sperrkonto).

Anm.: Vgl. DurchfVO. a. F. X § 1 und insbes. auch Richtl. II 53—58.

§ 21.

Freigrenzen.

(1) Die Beschränkungen der § 3 Abs. 2 Satz 1, §§ 4 bis 9, 12 bis 17 gelten nicht, soweit die Zahlungsmittel, Forderungen, Wertpapiere oder die Kredite im Einzelfall dem Wert nach nicht den Betrag von zweihundert Reichsmark übersteigen (Freigrenze). Gleichartige Tatbestände, die sich innerhalb eines Kalendermonats in Ansehung einer Person ergeben, die den

Beschränkungen unterworfen ist, gelten dabei als ein Einzelfall.

(2) Die Freigrenze gilt nicht

a) für Leistungen der Versicherungsnehmer aus Versicherungsverträgen in fremder Währung, die nach dem 19. Februar 1932 abgeschlossen worden sind. Als Abschluß gilt auch die Umstellung einer Reichsmark- oder Goldmarkversicherung auf fremde Währung;

b) für Verfügungen über Forderungen eines Ausländers oder Saarländers in in- oder ausländischer Währung, die vor dem 16. Juli 1931 entstanden sind.

(3) Im Rahmen der Freigrenze können volljährige Personen ausländische Zahlungsmittel gegen Vorweisung ihres amtlichen Reisepasses erwerben. In diesem hat die Reichsbankanstalt, die Devisenbank, die Wechselstube oder Bahnhofswechselstube (II der Bekanntmachung des Reichsbankdirektoriums vom 18. Juli 1931 — Deutscher Reichsanzeiger Nr. 166 —), von denen die Zahlungsmittel erworben werden, den Gegenwert in Reichsmark unter Angabe des Tages einzutragen.

(4) Für den Verkehr in Grenzgebieten kann der Reichswirtschaftsminister erleichternde Bestimmungen erlassen.

Anm.: Vgl. DevisVO. a. F. § 11 sowie folgende Bestimmungen der DurchfVO. a. F.: III § 10, VI § 9, X § 12, XI § 2. Zu § 21 vgl. weiter Richtl. II 59—66 u. die Anm. zu § 43.

§ 22.

Legitimation auch des Gläubigers zur Nachsuchung der Devisengenehmigung.

Soweit ein Schuldner seine Leistung nach den Vorschriften dieser Verordnung oder einer Durchführungsverordnung nicht ohne Genehmigung bewirken darf, ist auch der Gläubiger berechtigt, die Erteilung der zur Leistung des Schuldners erforderlichen Genehmigung zu beantragen.

Anm.: Vgl. DurchfVO a. F. VII § 7 und insbes. auch Richtl. II 67—68.

§ 23.

Aussetzung von Prozessen.

(1) Wird auf eine genehmigungsbedürftige Leistung (§ 22) geklagt, so ist das Verfahren auf Antrag einer Partei auszusetzen, bis die Entscheidung der Stelle für Devisenbewirtschaftung ergangen ist.

(2) Dasselbe gilt für die Klage auf Erlassung eines Vollstreckungsurteils im Sinne von §§ 722, 723 der Zivilprozeßordnung.

(3) Der Antrag kann zu Protokoll der Geschäftsstelle gestellt werden. Die Entscheidung über die Aussetzung kann ohne vorherige mündliche Verhandlung ergehen.

Anm.: Vgl. DurchfVO. a. F. VII § 8 und insbes. auch Richtl. II 69, 70.

§ 24.

Beschränkung des Erlasses von Vollstreckbarkeitsbeschlüssen.

Ist der Schuldner auf Grund eines Schiedsspruchs oder eines vor einem Schiedsgericht abgeschlossenen Vergleichs zu einer genehmigungsbedürftigen Leistung (§ 22) verpflichtet, so kann der Vollstreckbarkeitsbeschluß nach §§ 1042, 1044 a der Zivilprozeßordnung erst ergehen, wenn die erforderliche Genehmigung erteilt ist.

Anm.: Vgl. DurchfVO. a. F. VII § 9 und insbes. auch Richtl. II 69.

Beschränkungen der Zwangsvollstreckung.

§ 25.

Mit Rücksicht auf den zur Vollstreckung stehenden Anspruch.

Ist zur Leistung des Schuldners eine Genehmigung (§ 22) erforderlich, so ist die Zwangsvollstreckung nur zulässig, wenn die Genehmigung erteilt ist.

Anm.: Vgl. DurchfVO. a. F. VII § 10 und insbes. auch Richtl. II 69—73.

§ 26.

Mit Rücksicht auf den Gegenstand der Vollstreckung.

Als Erwerb im Sinne dieser Verordnung gilt auch der Erwerb im Wege der Zwangsvollstreckung. Als Verfügung im Sinne dieser Verordnung gilt auch die Verfügung im Wege der Zwangsvollstreckung oder der Arrestvollziehung.

Anm.: Vgl. DurchfVO. a. F. VI § 12 und insbes. auch Richtl. II 69—73.

Kursvorschriften für Devisengeschäfte.

§ 27.

Bei amtlicher Notierung.

(1) Ausländische Zahlungsmittel und Forderungen in ausländischer Währung, für die eine amtliche Notierung an der Berliner Börse erfolgt, dürfen gegen inländische Zahlungsmittel zu keinem höheren als dem letztbekannten, amtlich an der Berliner Börse notierten Briefkurs erworben oder veräußert werden.

(2) Der Kurs für Auszahlungen ist auch für Geschäfte in Geldsorten maßgebend, wenn für die Geldsorten kein besonderer amtlicher Kurs notiert wird. Wird ein besonderer Kurs notiert, so gilt er nur für Geschäfte in Geldsorten.

Anm.: Vgl. DevisVO. a. F. § 9.

§ 28.

Bei Fehlen amtlicher Notierung.

(1) Ausländische Zahlungsmittel und Forderungen in ausländischer Währung, für die eine amtliche Notierung an der Berliner Börse nicht vorliegt, dürfen gegen inländische Zahlungsmittel zu keinem höheren als dem letztbekannten, von einem Ausschuß der Berliner Bedingungsgemeinschaft für den Wertpapierverkehr als Briefkurs ermittelten und in der Presse veröffentlichten Preise erworben oder veräußert werden.

(2) Ausländische Zahlungsmittel und Forderungen in ausländischer Währung, für die weder eine amtliche Notierung an der Berliner Börse erfolgt noch gemäß Abs. 1 Preise ermittelt und veröffentlicht werden, dürfen gegen inländische Zahlungsmittel zu keinem höheren als einem Preise erworben oder veräußert werden, der auf der Grundlage einerseits eines letztbekannten ausländischen Briefkurses dieses Zahlungsmittels und andererseits des letztbekannten, amtlich an der Berliner Börse notierten oder gemäß Abs. 1 ermittelten Briefkurses der Währung des ausländischen Börsenplatzes errechnet ist.

Anm.: Vgl. DevisVO. a. F. § 10.

§ 29.

Nichtigkeit gegen die Devisenvorschriften verstoßender Geschäfte. Rückwirkende Heilung durch nachträgliche Genehmigung.

Geschäfte, die gegen eine der Vorschriften der §§ 4 bis 9, 11 bis 21, 27, 28 verstoßen, sind nichtig. Sie sind vom Zeitpunkt ihrer Vornahme an wirksam, wenn die erforderliche Genehmigung nachträglich erteilt wird. Die Nichtigkeit kann nicht zum Nachteil von Personen geltend gemacht werden, die

a) den die Nichtigkeit begründenden Sachverhalt beim Abschluß des Geschäfts nicht kannten oder

b) im Ausland ansässig sind, es sei denn, daß sie die Nichtigkeit des Geschäfts kannten.

Anm.: Vgl. DevisVO. a. F. § 12 in Verbindung mit DurchfVO. a. F. I § 4 und XII § 1.

Zu § 29 vgl. auch DurchfVO. § 22 und DurchfVO. a. F. XII § 12.

§ 30.

Devisenkursveröffentlichungen.

Als inländische Kurse ausländischer Zahlungsmittel dürfen nur die amtlichen Notierungen der Berliner Börse oder ihnen gleichgestellte Preise (§ 28 Abs. 1) veröffentlicht werden.

Anm.: Vgl. DevisVO. a. F. § 13.

§ 31.

Pflicht zur Anzeige der Anlieferung und Auslieferung von Wertpapieren.

Wer gewerbsmäßig Wertpapiere verwahrt oder den Handel mit Wertpapieren betreibt oder vermittelt, ist verpflichtet, Wertpapiere, die ihm von Personen angeliefert werden, die nicht Devisenbanken sind, oder die er an solche Personen ausliefert, unter Angabe der Nummern der Stücke, des Namens und der Anschrift des Einlieferers oder Empfängers spätestens binnen einer Woche der örtlich zuständigen Stelle für Devisenbewirtschaftung anzuzeigen. Er hat sich die Gewißheit der Richtigkeit der die Person des Einlieferers oder Empfängers betreffenden Angaben zu verschaffen.

Anm.: Vgl. DevisVOÄndVO. II Art. II Abs. 1 und insbes. auch Richtl. II 74—76.

§ 32.

Auskunftspflicht.

(1) Der Reichswirtschaftsminister, die Stellen für Devisenbewirtschaftung und die Reichsbank können von jedermann Auskünfte verlangen, die sich auf Geschäfte oder Handlungen beziehen, die nach dieser Verordnung oder einer Durchführungsverordnung verboten oder Beschränkungen unterworfen sind. Dabei kann auch die Vorlage der Bücher und sonstigen Belege verlangt werden.

(2) Der Reichswirtschaftsminister kann anordnen, daß ihm, den Stellen für Devisenbewirtschaftung oder der Reichsbank gegenüber die Richtigkeit einer Auskunft nach Abs. 1 eidesstattlich versichert wird.

(3) Die Verordnung über Auskunftspflicht vom 13. Juli 1923 (Reichsgesetzbl. I S. 723) bleibt unberührt.

Anm.: Vgl. DevisVO. a. F. § 14 in Verbindung mit DurchfVO. a. F. III § 11.

Zu Abs. 2: Der RWM. hat (vgl. Bekanntmachung vom 27. November 1931 — Reichsanzeiger Nr. 278 —) bereits auf Grund des § 11 DurchfVO. a. F. III das Reichsbankdirektorium ermächtigt, zu verlangen, daß diesem oder den Reichsbankanstalten gegenüber derartige eidesstattliche Versicherungen abgegeben werden.

§ 33.

Ermächtigung zum Erlaß von Anordnungen über eine Anzeige-, Anbietungs- und Verkaufspflicht hinsichtlich Devisen und bestimmter ausländischer Wertpapiere.

(1) Die Reichsregierung kann anordnen, daß ausländische Zahlungsmittel, Forderungen in ausländischer Währung und nach dem 12. Juli 1931 erworbene, an

einer deutschen Börse zum Handel nicht zugelassene ausländische Wertpapiere innerhalb einer von ihr zu bestimmenden Frist angemeldet oder der Reichsbank zu deren Geschäftsbedingungen angeboten und auf Verlangen verkauft und übertragen werden. § 3 Abs. 3 Satz 1 gilt entsprechend.

(2) Die Reichsregierung kann bei der Anordnung den Kreis der hiervon Betroffenen nach ihrem Ermessen bestimmen. Pflichten, die dem Eigentümer eines anzumeldenden oder anzubietenden Gegenstandes obliegen, sind in gleicher Weise von dem zu erfüllen, der den Gegenstand als ihm gehörig besitzt oder der durch einen Treuhänder, durch eine Erwerbsgesellschaft oder in sonstiger Weise die Verfügungsmacht über den Gegenstand ausübt. Wer nach den Vorschriften der Reichsabgabenordnung, besonders nach den §§ 103 ff., die Pflichten eines Steuerpflichtigen zu erfüllen hat, ist auch verpflichtet, die Pflichten des Steuerpflichtigen zu erfüllen, die sich aus der Anordnung der Reichsregierung ergeben. Die Reichsregierung kann im übrigen die von der Anordnung betroffenen Werte nach Währungen, Mindestwert des Einzelbesitzes oder anderen ihr zweckmäßig erscheinenden Merkmalen kennzeichnen.

Anm.: Vgl. DevisVO. a. F. § 15 und die Vorbem. vor DurchfVO. Art. I sowie die Vorschriften dieses Artikels selbst.

§ 34.

Freistellung von der Anbietungspflicht (§ 33) und Belassung der Werte für volkswirtschaftlich gerechtfertigte Zwecke.

Hat die Reichsregierung angeordnet, daß Werte der Reichsbank anzubieten seien (§ 33), so kann ein Pflichtiger, welcher der Werte zu volkswirtschaftlich gerechtfertigten Zwecken bedarf, unter schriftlicher Darlegung seiner Gründe die Entscheidung der Reichsbank anrufen. Soweit diese die Zwecke als volkswirtschaftlich gerechtfertigt anerkennt, entfällt die Pflicht zur Anbietung; andernfalls sind die Werte unverzüglich anzubieten.

Anm.: Vgl. Anm. zu § 33 sowie DevisVO. a. F. § 16.

§ 35.

Devisenbewirtschaftungsstellen. Richtlinien für ihre Maßnahmen und Entscheidungen. Zuständigkeit.

(1) Stellen für Devisenbewirtschaftung sind die Landesfinanzämter. Sie treffen ihre Maßnahmen und Entscheidungen nach Richtlinien, die der Reichswirtschaftsminister im Einvernehmen mit dem Reichsminister der Finanzen und dem Reichsminister für Ernährung und Landwirtschaft aufstellt. In diesen Richtlinien können Ausnahmen von den Vorschriften dieser Verordnung vorgesehen und kann den Stellen für Devisenbewirtschaftung das Recht verliehen werden, solche Ausnahmen zuzulassen.

(2) Zuständig ist jeweils die Stelle für Devisenbewirtschaftung, in deren Bezirk derjenige, der eine Entscheidung nachsucht, seinen Wohnsitz, gewöhnlichen Aufenthalt, Sitz oder Ort der Leitung hat. Ergibt sich hiernach nicht die Zuständigkeit einer Stelle, so ist das Landesfinanzamt Berlin zuständig. Der Reichswirtschaftsminister kann im Einvernehmen mit dem Reichsminister der Finanzen die örtliche Zuständigkeit der Stellen für Devisenbewirtschaftung abweichend regeln.

Anm.: Zu Abs. 1, 2 Satz 1, 2 vgl. DevisVO. a. F. § 17; zu Abs. 2 Satz 3: DurchfVO. § 22 und DurchfVO. a. F. XII §§ 2, 12.

Strafbestimmungen.

§ 36.

(1) Mit Gefängnis oder in besonders schweren Fällen mit Zuchthaus bis zu zehn Jahren sowie mit Geldstrafe bis zum Zehnfachen des Wertes der Zahlungsmittel, der Forderungen, der Wertpapiere, des Goldes oder der Edelmetalle, auf die sich die strafbare Handlung bezieht, wird bestraft, wer vorsätzlich

1. dem § 3 zuwider ausländische Zahlungsmittel oder Forderungen in ausländischer Währung gegen inländische Zahlungsmittel erwirbt oder veräußert;
2. dem § 3 zuwider den Erwerb oder die Veräußerung von ausländischen Zahlungsmitteln oder Forderungen in ausländischer Währung gegen inländische Zahlungsmittel vermittelt;
3. einer der Vorschriften der §§ 4 bis 10, 12 bis 20 zuwiderhandelt;
4. ausländische Zahlungsmittel oder Forderungen in ausländischer Währung gegen inländische Zahlungsmittel zu einem höheren als dem nach den §§ 27, 28 zugelassenen Preise veräußert oder erwirbt oder einen solchen Erwerb vermittelt;
5. Termingeschäfte über ausländische Zahlungsmittel oder Forderungen in ausländischer Währung oder über Gold oder Edelmetalle gegen inländische Zahlungsmittel der Vorschrift des § 11 zuwider abschließt oder vermittelt;
6. einer Anordnung, die von der Reichsregierung nach § 33 erlassen ist, nicht, nicht rechtzeitig oder nicht ordnungsmäßig nachkommt;
7. unrichtige oder unvollständige Angaben tatsächlicher Art macht oder benutzt, um für sich oder einen anderen eine Genehmigung zu erschleichen, die

nach dieser Verordnung oder einer Durchführungs-verordnung erforderlich ist.

(2) Der Versuch ist strafbar.

(3) Wird eine der Handlungen fahrlässig begangen, tritt nur die Geldstrafe ein. An Stelle einer Geldstrafe tritt bei Nichtbeitreibbarkeit Gefängnis.

(4) Mit der im Abs. 1 bezeichneten Strafe wird ferner bestraft, wer vorsätzlich zu einer im Abs. 1 mit Strafe bedrohten Handlung auffordert, anreizt oder sich erbietet.

(5) Neben der Strafe können die Werte, auf die sich die strafbare Handlung bezieht, zugunsten des Reichs eingezogen werden, auch wenn sie dem Täter oder einem Teilnehmer nicht gehören. Ist die Einziehung eines solchen Wertes nicht ausführbar, so kann auf Einziehung eines entsprechenden Geldbetrages erkannt werden; das Gericht kann dies auch nachträglich durch Beschluß anordnen. Die Einziehung unterbleibt, wenn der von der Einziehung Betroffene nachweist, daß er von der Straftat weder Kenntnis hatte noch haben konnte, und er von der Straftat auch keinen Vorteil gehabt hat. Der Feststellung des Wertes ausländischer Zahlungsmittel und von Forderungen in ausländischer Währung ist der nach den Vorschriften dieser Verordnung errechnete mittlere Kurswert im Zeitpunkt der verbotenen Handlung zugrunde zu legen.

(6) Kann keine bestimmte Person verfolgt oder verurteilt werden, so kann auf die Einziehung selbständig erkannt werden.

(7) Zur Sicherung der Geldstrafe oder der Einziehung kann das Vermögen des Beschuldigten ganz oder teilweise beschlagnahmt werden.

Anm.: Vgl. DevisVO. a. F. § 18 in Verbindung mit DevisVO.-AbändVO. I Art. 1 und DevisVOAbändVO. II Art. I.

§ 37.

Mit Geldstrafe wird bestraft, wer vorsätzlich oder fahrlässig

1. Kurse ausländischer Zahlungsmittel veröffentlicht, die nach § 30 nicht veröffentlicht werden dürfen;
2. der Vorschrift des § 31 zuwiderhandelt;
3. die vom Reichswirtschaftsminister, einer Stelle für Devisenbewirtschaftung oder der Reichsbank erforderten Auskünfte nicht, nicht in der bestimmten Frist, unvollständig oder unrichtig erstattet oder die Bücher oder sonstigen Belege nicht, nicht in der bestimmten Frist oder unvollständig vorlegt;
4. die von der Stelle für Devisenbewirtschaftung gemachten Auflagen oder die ihr gegenüber übernommenen Verpflichtungen nicht, nicht in der bestimmten Frist oder nicht ordnungsmäßig erfüllt.

Anm.: Vgl. DevisVO. a. F. § 19 in Verbindung mit DevisVO.-AbändVO. II Art. I Ziff. 4 und Art. II Abs. 2.

§ 38.

In den Fällen der §§ 36 und 37 finden die Vorschriften der §§ 416, 417 der Reichsabgabenordnung entsprechende Anwendung.

Anm.: Vgl. DevisVO. a. F. § 20.

§ 39.

(1) Wird im Betrieb eines Unternehmens eine nach § 36 strafbare Handlung begangen, so kann gegen den Inhaber oder Leiter, unbeschadet ihrer strafrechtlichen Verantwortlichkeit, eine Ordnungsstrafe bis zu 300 000 Reichsmark festgesetzt werden, sofern sie nicht nachweisen, daß sie die im Verkehr erforderliche

Sorgfalt zur Verhütung der strafbaren Handlung angewandt haben.

(2) Die Ordnungsstrafe wird auf Antrag einer Stelle für Devisenbewirtschaftung vom Reichswirtschaftsgericht festgesetzt. Die Festsetzung ist unanfechtbar.

Anm.: Vgl. DevisVO. a. F. § 20 a, eingefügt durch DevisVO.-AbändVO. I Art. 1 Ziff. 3.

§ 40.

Wegen einer Zuwiderhandlung gegen die Vorschriften dieser Verordnung oder einer Durchführungsverordnung kann ein Deutscher auch dann bestraft und verfolgt werden, wenn er die Tat im Ausland begangen hat.

Anm.: Vgl. DevisVO. a. F. § 20 b, eingefügt durch DevisVO.-AbändVO. II Art. I Ziff. 5.

§ 41.

Zur Aburteilung der Zuwiderhandlungen gegen diese Verordnung und die Durchführungsverordnungen findet das Schnellverfahren nach § 212 der Strafprozeßordnung auch dann statt, wenn der Beschuldigte sich weder freiwillig stellt noch infolge einer vorläufigen Festnahme dem Gericht vorgeführt wird.

Anm.: Vgl. DevisVOAbändVO. I Art. 2.

§ 42.

Ermächtigung zum Erlaß von Durchführungsverordnungen und allgemeinen Verwaltungsvorschriften.

Die Reichsregierung ist ermächtigt, die zur Durchführung dieser Verordnung erforderlichen Rechtsverordnungen und allgemeinen Verwaltungsvorschriften zu erlassen. Sie kann, soweit sie es zur Erreichung der Zwecke dieser Verordnung für erforderlich hält, auch weitere Vorschriften über die Beschränkungen und Verbote erlassen. Sie kann ferner anordnen, daß und in welchem Umfang bei Zuwiderhandlungen gegen die von ihr erlassenen Bestimmungen die in den §§ 36 bis 39 angedrohten Strafen und sonstigen Maßnahmen Anwendung finden.

Anm.: Vgl. DevisVO. a. F. § 22.

§ 43.

In Ansehung der sich aus dem ersten Aufruf ausländischer Zahlungsmittel usw. ergebenden Verpflichtungen bleiben die Durchführungsverordnungen zur Verordnung des Reichspräsidenten gegen die Kapital- und Steuerflucht vom 18. Juli 1931 (Reichsgesetzbl. I S. 373) unberührt. Unberührt bleiben ferner die Bestimmungen, welche die Reichsbank gemäß § 1 Abs. 1 Satz 2, Abs. 2 der Verordnung über den Verkehr mit ausländischen Zahlungsmitteln vom 15. Juli 1931 (Reichsgesetzbl. I S. 366) getroffen hat.

Anm.: Vgl. DevisVO. a. F. § 23 Satz 3, 4.

Zu Satz 2 vgl. die letzte Anm. zu § 3. Die Bekanntmachung des Reichsbankdirektoriums vom 18. Juli 1931 (Reichsanzeiger Nr. 166 vom 20. Juli 1931) lautet, wobei zu bemerken ist, daß § 1 Abs. 1 Satz 2 der VO. vom 15. Juli 1931 dem § 2 Abs. 3 Satz 1 DevisVO. a. F. und jetzt dem § 3 Abs. 3 Satz 1 DevisVO. und § 1 Abs. 2 der VO. dem § 9 DurchfVO. a. F. III und jetzt dem § 3 Abs. 4 DevisVO. entspricht:

„Auf Grund des § 1 Abs. 1 Satz 2 und Abs. 2 der Verordnung über den Verkehr mit ausländischen Zahlungsmitteln vom 15. Juli 1931 (RGBl. I S. 366) wird folgendes bestimmt:

I.

Allen Kreditinstituten, die ein Reichsbankgirokonto besitzen, wird die Befugnis verliehen, ausländische Zahlungsmittel und Forderungen in ausländischer Währung gegen inländische Zahlungsmittel kommissionsweise zu kaufen und zu verkaufen. Die Kreditinstitute haben die eingehenden Zahlungsmittel unverzüglich zu den allgemeinen Geschäftsbedingungen der Reichsbank an die für sie zuständige Reichsbankanstalt abzuführen.

II.

Bei allen Personen und Firmen, die gewerbsmäßig Geldwechslergeschäfte betreiben und im Handels- oder Genossenschaftsregister eingetragen sind (Wechselstuben), sowie bei sämtlichen Bahnhofswechselstuben der Deutschen Verkehrs-Kredit-Bank Actiengesellschaft in Berlin dürfen:

1. inländische Zahlungsmittel gegen ausländische Geldsorten, Papiergeld, Banknoten u. dgl. sowie Reiseschecks,
2. ausländische Geldsorten, Papiergeld, Banknoten u. dgl. sowie Reiseschecks gegen inländische Zahlungsmittel

Zug um Zug umgetauscht werden. Der Gesamtbetrag der für Rechnung ein und derselben Person oder Firma bei einer oder mehreren Wechselstuben erworbenen ausländischen Zahlungsmittel darf innerhalb eines Kalendermonats 200 RM nicht überschreiten.

Reisebüros und Hotels dürfen etwaige Spitzenbeträge von ausländischen Zahlungsmitteln, die sie als Bezahlung von Rechnungen entgegengenommen haben, gegen inländische Zahlungsmittel umtauschen.

Die Wechselstuben, Reisebüros und Hotels sind verpflichtet, den täglichen Überschuß an ausländischen Zahlungsmitteln, soweit er nicht in Scheidemünzen besteht, an die Reichsbank oder ein Kreditinstitut, dem die Reichsbank die Befugnis zum An- und Verkauf von ausländischen Zahlungsmitteln verliehen hat, gegen Zahlung in Reichsmark binnen drei Tagen abzuliefern.

III.

Die Vorschrift des § 1 Abs. 1 Satz 1 gilt nicht für Geschäfte in polnischen Zahlungsmitteln und Forderungen in polnischer Währung.

IV.

Die Vorschrift des § 1 Abs. 1 Satz 1 gilt nicht für Geschäfte der Treuhandverwaltung für das Deutsch-Niederländische Finanzabkommen vom 11. Mai 1920 (RGBl. 1921 S. 55), welche die vertragsmäßige Vergütung für einen Guldenkredit, seine Abdeckung und Sicherung betreffen, sowie für Zahlungen an den Schuldner eines solchen Kredits, die im Rahmen eines durch den Kredit versorgten Betriebs erfolgen.

V.

Anträge auf Bewilligung von Ausnahmen von der Vorschrift des § 1 Abs. 1 Satz 1 gemäß § 1 Abs. 2 sind schriftlich an die Devisenabteilung der Reichshauptbank in Berlin SW 111, Kurstraße 49 I, zu richten."

Die Worte „innerhalb eines Kalendermonats 200 RM" sind durch die Bekanntmachung des Reichsbankdirektoriums vom 6. Oktober 1931 (Reichsanzeiger Nr. 235 vom 8. Oktober 1931) an Stelle der Worte „innerhalb einer Kalenderwoche 100 RM" der ursprünglichen Fassung eingesetzt worden.

B.

Durchführungsverordnung zur Verordnung über die Devisenbewirtschaftung.

Vom 23. Mai 1932 (RGBl. I S. 238, berichtigt S. 272).

Artikel I.

Anbietungs- und Verkaufspflicht hinsichtlich Devisen, bestimmter Wertpapiere und Gold.

Vorbemerkung.

Vgl. zu Art. I: DevisVO. §§ 33, 34; ferner DevisVO. a. F. §§ 15, 16 und DurchfVO. a. F. I § 3 Abs. 2, III §§ 1 ff., IV §§ 1, 2, VI §§ 1 ff., VII §§ 11, 12, X §§ 5 ff., XII § 5.

§ 1.

(1) Natürliche Personen, die im Inland einen Wohnsitz oder ihren gewöhnlichen Aufenthalt haben, ferner

a) Aktiengesellschaften, Kommanditgesellschaften auf Aktien, Kolonialgesellschaften, bergbautreibende rechtsfähige Vereinigungen und nichtrechtsfähige Berggewerkschaften, Gesellschaften mit beschränkter Haftung, Genossenschaften, Versicherungsvereine auf Gegenseitigkeit, Hypothekenbanken, Schiffsbeleihungsbanken,

b) rechtsfähige und nichtrechtsfähige Vereine, Anstalten, Stiftungen, andere Zweckvermögen und sonstige nicht unter a fallende Körperschaften des bürgerlichen Rechtes,

c) offene Handelsgesellschaften, Kommanditgesellschaften und ähnliche Gesellschaften des Handelsrechts, bei denen die Gesellschafter als Unternehmer (Mitunternehmer) anzusehen sind,

d) Körperschaften und Anstalten des öffentlichen Rechtes

unter der Voraussetzung, daß der Sitz oder der Ort der Leitung im Inland liegt, haben Werte der im Abs. 2 genannten Art, die sie in anderer Weise als auf Grund einer schriftlichen Genehmigung der Stelle für Devisenbewirtschaftung erwerben oder bei denen die Genehmigung zum Erwerb nachträglich unwirksam geworden ist, jeweils spätestens 3 Tage nach dem Erwerb oder dem sonstigen Eintritt der Verpflichtung (Abs. 2 und 3) der örtlich zuständigen Reichsbankanstalt (unmittelbar oder durch Vermittlung einer Devisenbank) anzubieten und auf Verlangen zu verkaufen und zu übertragen. Dies gilt auch dann, wenn die Werte für einen Pflichtigen insgesamt die Freigrenze (§ 21 der Verordnung über die Devisenbewirtschaftung) nicht erreichen.

(2) Die Verpflichtungen nach Abs. 1 bestehen hinsichtlich folgender Werte:

a) ausländische Zahlungsmittel und Forderungen in ausländischer Währung,
b) solche ausländische und auf eine ausländische Währung lautende inländische Wertpapiere, die an einer deutschen Börse zum Handel nicht zugelassen sind,
c) fällige Zins- oder Gewinnanteilscheine oder rückzahlbar gewordene Stücke von Wertpapieren der zu b genannten Art,
d) Gold.

Bei den zu c genannten Werten entstehen die Verpflichtungen nach Abs. 1 in dem Zeitpunkt, in dem die Werte fällig bzw. rückzahlbar werden.

(3) Für die Werte, bei denen die Genehmigung zum Erwerb nachträglich unwirksam geworden ist, entstehen die Verpflichtungen nach Abs. 1 mit dem Eintritt der Unwirksamkeit, für die im Rahmen der Freigrenze erworbenen Werte einen Monat nach dem Erwerb, soweit der Pflichtige die Werte dann noch besitzt.

(4) Ein Pflichtiger, der sich bei Eintritt der Verpflichtungen im Ausland befindet, hat die Verpflichtungen spätestens eine Woche nach der Rückkehr in das Inland zu erfüllen.

(5) Die im Abs. 1 unter a und c aufgeführten Gesellschaften haben die Verpflichtungen auch dann zu erfüllen, wenn sie, wirtschaftlich betrachtet, als Zweigniederlassung eines ausländischen Unternehmens anzusehen sind.

Anm.: Zu § 1 vgl. insbes. auch Richtl. II 77, 78.

§ 2.

(1) Natürliche Personen, die im Inland einen Wohnsitz begründen oder ihren gewöhnlichen Aufenthalt nehmen, haben ihre in diesem Zeitpunkt vorhandenen Werte der im § 1 Abs. 2 genannten Art binnen 10 Tagen nach diesem Zeitpunkt der örtlich zuständigen Reichsbankanstalt (unmittelbar oder durch Vermittlung einer Devisenbank) anzubieten und auf Verlangen zu verkaufen und zu übertragen, wenn die Werte für einen Pflichtigen insgesamt die Freigrenze übersteigen; Ehegatten, die nicht dauernd voneinander getrennt leben, ferner Eltern und minderjährige Kinder (§ 23 des Einkommensteuergesetzes), die in einer Haushaltung leben, gelten im Sinne dieser Verpflichtung als ein Pflichtiger.

(2) Die Verpflichtungen nach Abs. 1 bestehen hinsichtlich der im § 1 Abs. 2 zu b genannten Werte nur, wenn der Pflichtige die Wertpapiere nach dem 12. Juli 1931 erworben hat.

(3) Ein Pflichtiger, der sich bei Eintritt der Verpflichtungen im Ausland befindet, hat die Verpflichtungen spätestens einen Monat nach der Rückkehr aus dem Ausland zu erfüllen.

§ 3.

(1) Werden der Reichsbank auf Grund der §§ 1, 2 Werte in ausländischer Währung angeboten, die noch nicht

fällig sind, so kann sie von dem Verlangen der sofortigen Übertragung zunächst absehen und von dem Pflichtigen verlangen, daß er die Werte zu dem erstmöglichen Zeitpunkt fällig macht. Der Pflichtige hat in diesem Falle den Erlös bei Fälligkeit der Reichsbank anzubieten und auf Verlangen zu verkaufen und zu übertragen.

(2) Ist die Reichsbank oder die Devisenbank zum Ankauf von Werten in ausländischer Währung nicht bereit, die ihr auf Grund von §§ 1, 2 angeboten werden, so ist der Pflichtige befugt, im Rahmen der gesetzlichen Bestimmungen eine andere Verwertungsmöglichkeit für die Werte zu suchen. Nimmt er eine andere Verwertung nicht vor, so hat er die Werte so rechtzeitig, daß im gewöhnlichen Geschäftsgang mit der ordnungsmäßigen Besorgung des Einzugs gerechnet werden kann, der örtlich zuständigen Reichsbankanstalt (unmittelbar oder durch Vermittlung einer Devisenbank) zum Einzug anzubieten und auf Verlangen zu übertragen. Der Anspruch des Pflichtigen auf Auszahlung des Gegenwertes in Reichsmark bestimmt sich auch in diesem Falle nach den allgemeinen Geschäftsbedingungen der Reichsbank (§ 33 der Verordnung über die Devisenbewirtschaftung).

§ 4.

Von den Verpflichtungen nach § 1 Abs. 1 sind befreit:

a) Personen, soweit ihnen unter Wahrung der Gegenseitigkeit nach allgemeinen völkerrechtlichen Grundsätzen ein Anspruch auf Befreiung von den persönlichen Steuern zusteht;

b) konsularische Vertreter, die Berufsbeamte sind, und die ihnen zugewiesenen Beamten, sofern sie Angehörige des Entsendestaats sind, die deutsche Staatsangehörigkeit nicht besitzen und außerhalb ihres Amtes oder Dienstes im Inland keinen Beruf, kein Gewerbe und keine andere gewinnbringende Tätigkeit ausüben.

§ 5.

Als Forderungen in ausländischer Währung im Sinne des § 1 dieser Verordnung gelten nicht:

a) Forderungen in ausländischer Währung gegen Inländer, mit Ausnahme von Ansprüchen aus Währungskonten bei inländischen Kreditinstituten;

b) Forderungen auf Versicherungs- oder Rückversicherungsprämien sowie solche anderen Forderungen aus Versicherungs- oder Rückversicherungsverträgen, die noch nicht fällig sind.

§ 6.

(1) Die Reichsbankanstalten sollen über die Annahme der Angebote (§ 1 Abs. 1, § 2 Abs. 1) unverzüglich, soweit es sich um Anträge gemäß § 34 der Verordnung über die Devisenbewirtschaftung handelt, innerhalb von 10 Tagen Entscheidung treffen.

(2) Die Reichsbank kann die in § 1 Abs. 1 und 4, § 2 Abs. 1 und 3 bestimmten Fristen für gewisse Gruppen von Pflichtigen oder von Werten verlängern.

(3) Für die Anträge gemäß § 34 der Verordnung über die Devisenbewirtschaftung sind Vordrucke zu verwenden, die von der Reichsbank und den Devisenbanken kostenfrei abgegeben werden.

(4) Die Vordrucke sind in doppelter Ausfertigung auszufüllen und einzureichen. Ein Stück wird dem Anzeigepflichtigen mit der Entscheidung der Reichsbank zurückgegeben.

§ 7.

Die in §§ 36, 38, 39 der Verordnung über die Devisenbewirtschaftung angedrohten Strafen und sonstigen Maßnahmen finden auch Anwendung auf Zuwiderhandlungen gegen die nach §§ 1 und 2 dieser Verordnung bestehenden Verpflichtungen, soweit es sich um Werte anderer als der im § 33 der Verordnung über die Devisenbewirtschaftung genannten Art handelt, sowie auf Zuwiderhandlungen gegen § 3 dieser Verordnung.

§ 8.

(1) Die Reichsbank kann anordnen, daß bestimmte Arten der im § 1 Abs. 2 genannten Werte nicht angeboten zu werden brauchen. Sie kann die ihr nach § 34 der Verordnung über die Devisenbewirtschaftung zustehenden Entscheidungen auf andere Stellen übertragen.

(2) Die Reichsbank kann von den Pflichtigen regelmäßige Aufstellungen über die Verwendung der innerhalb eines bestimmten Zeitraums erworbenen Werte der im § 1 Abs. 2 genannten Art verlangen.

Artikel II.

Anmeldung des Warenexports, Exportvalutaerklärungen. Laufende Nachweisung der Exportvaluten.

Vorbemerkung.

Vgl. DurchfVO. a. F. VIII, X § 11 und XII § 8.

§ 9.

(1) Die Waren, die aus dem deutschen Wirtschaftsgebiet ausgeführt werden, sind für die Zwecke der Devisenbewirtschaftung anzumelden.

(2) Als Ausfuhr gilt der Ausgang über die Grenzen des deutschen Wirtschaftsgebiets.

(3) Das deutsche Wirtschaftsgebiet im Sinne dieses Artikels umfaßt das Reichsgebiet ohne die badischen Zollausschlüsse, ohne die Insel Helgoland und ohne das Saargebiet. Ferner gehören zum deutschen Wirtschaftsgebiet die österreichischen Gemeinden Jungholz und Mittelberg.

§ 10.

(1) Von der Anmeldung ist ausgenommen der Ausgang von Waren im Wege des Durchfuhr- und Zwischenauslandsverkehrs.

(2) Die Verpflichtung zur Anmeldung entfällt ferner:

a) bei der Ausfuhr im Reiseverkehr;

b) bei der Ausfuhr im kleinen Grenzverkehr;

c) bei dem Warenverkehr der grenzdurchschnittenen Grundstücke;

d) für die zur Versorgung ausgehender Schiffe dienenden Waren;

e) bei der Ausfuhr von in Briefen oder als Drucksachen versandten Waren.

(3) Der Reichswirtschaftsminister kann weitere Ausnahmen, sowie Erleichterungen in der Anmeldungsweise zulassen.

§ 11.

(1) Die Anmeldung ist durch Übergabe einer Exportvaluta-Erklärung mit den Abschnitten A und B nach Vordruck I zu bewirken. Sie hat sich auf die in der Exportvaluta-Erklärung geforderten Angaben zu erstrecken.

(2) Die Exportvaluta-Erklärung ist von dem Exporteur der zur Ausfuhr anzumeldenden Ware auszustellen.

(3) Die Reichsbank kann den Vordruck I abändern.

§ 12.

(1) Exporteur (§ 11) ist:

a) wer die Waren unmittelbar oder durch einen inländischen Vermittler an einen Ausländer verkauft hat. Der Warenverkehr zwischen inländischen und ausländischen Niederlassungen des gleichen Unternehmens sowie der Reparations-Sachlieferungsverkehr ist einem Verkauf im Sinne dieser Bestimmung gleich zu achten;

b) wer die Waren für seine Rechnung einem Ausländer in Kommission (Konsignation) gibt oder zur Ansicht, zur Ausstellung, zum vorübergehenden Gebrauch oder zum Verkauf auf Messen und Märkten überläßt;

c) wer die Waren für seine Rechnung von einem Ausländer be- oder verarbeiten läßt;

d) wer die einem Ausländer gehörigen Waren für dessen Rechnung be- oder verarbeitet hat;

e) bei der Ausfuhr mit der Post der Absender.

(2) Werden die Waren aus anderem Anlaß ausgeführt als im Abs. 1 angegeben, so gilt als Exporteur derjenige, der den Vertrag über die Beförderung der Waren ins Ausland mit dem Frachtführer (Verfrachter) abgeschlossen hat. Liegt ein Frachtgeschäft nicht vor, so gilt der nach § 14 zur Anmeldung Verpflichtete als Exporteur.

(3) Ausland im Sinne dieser Verordnung ist das Gebiet außerhalb des deutschen Wirtschaftsgebietes.

§ 13.

(1) Die Anmeldung mit Abschnitt A der Exportvaluta-Erklärung (§ 11) liegt dem Exporteur (§ 12) ob. Die Erklärung ist binnen drei Tagen nach der Versendung der Ware der für den Exporteur örtlich zuständigen Reichsbankanstalt portofrei zu übersenden.

(2) Durch die Anmeldung erfüllt der Exporteur zugleich eine ihm obliegende Verpflichtung zur Anbietung der ihm aus dem Export erwachsenden Forderung (§ 1 dieser Verordnung). Werden durch den Export Zahlungsmittel in ausländischer Währung (Geldsorten, Auszahlungen, Anweisungen, Schecks und Wechsel) erworben, so sind sie der Reichsbank besonders anzubieten.

§ 14.

(1) Die Anmeldung mit Abschnitt B der Exportvaluta-Erklärung (§ 11) liegt ob:

a) beim Ausgang mit der Post dem Absender;

b) in anderen Fällen dem Frachtführer (Verfrachter) oder, wenn kein Frachtgeschäft vorliegt, demjenigen, der aus einem anderen Rechtsverhältnis zu der Zeit, zu der die Anmeldung stattzufinden hat, der Besitzer der Ware ist;

c) bei der Ausfuhr von Waren aus den Zollausschlüssen nach See dem Versender, falls dieser am Sitz der Anmeldestelle für den Zollausschluß Wohnsitz oder Niederlassung hat. Hat zwar nicht der Versender, aber sein Spediteur dort eine Niederlassung, so liegt diesem die Anmeldung ob.

(2) Der Reichswirtschaftsminister kann abweichend hiervon für besondere Fälle andere Anmeldepflichtige bestimmen.

§ 15.

(1) Der Abschnitt B der Exportvaluta-Erklärung (§ 11) ist bei den Anmeldestellen abzugeben.

(2) Als Anmeldestellen sind zuständig:

1. die Grenzzollstellen allgemein für die Anmeldung der Waren, die aus dem Zollgebiet unmittelbar in das Ausland oder nach See ausgehen;
2. die Zollstellen der Zollausschlüsse für die Anmeldung von Waren, die nach See über die Zollausschlüsse ausgehen;
3. die Zollstellen bei den Flughäfen für die Anmeldung der Waren, die im Luftfrachtverkehr ausgehen;
4. das Hamburgische Handelsstatistische Amt für die Anmeldung der Waren, die nach See aus dem Freihafen Hamburg ausgehen;
5. die Aufgabe-Postanstalten für die Waren, die mit der Post ins Ausland versandt werden.

§ 16.

(1) Die Anmeldung mit Abschnitt B der Exportvaluta-Erklärung (§ 11) hat ohne Verzug zu erfolgen, nachdem

die Sendung am Sitz der Anmeldestelle eingetroffen oder dort zur Beförderung nach dem Ausland aufgegeben worden ist.

(2) Bei dem Ausgang von Waren aus den Zollausschlüssen nach See hat die Anmeldung innerhalb 14 Tagen nach der Verladung der Waren zu erfolgen.

§ 17.

Die Anmeldestellen haben die Abschnitte B der Exportvaluta-Erklärung alsbald der aus dem Abschnitt ersichtlichen Reichsbankanstalt zuzusenden.

§ 18.

(1) Die Frachtführer (Verfrachter) dürfen nach dem Ausland gerichtete Sendungen nur dann befördern, oder, falls ihnen die Bestimmung der Waren nach dem Ausland erst während der Beförderung bekannt wird, weiter befördern, nachdem sie die erforderlichen Abschnitte B der Exportvaluta-Erklärung (§ 11) erhalten haben.

(2) Der Reichswirtschaftsminister kann Ausnahmen von dieser Vorschrift zulassen.

§ 19.

(1) Der Exporteur (§ 12) ist verpflichtet, zum 10., 20. und letzten jedes Monats der örtlich zuständigen Reichsbankanstalt unter Verwendung des Vordrucks II die Beträge der eingegangenen Exportvaluten in inländischer und ausländischer Währung mitzuteilen und gleichzeitig anzugeben:

a) bei den der Anbietung unterliegenden Beträgen (§ 1 dieser Verordnung), an welche Devisenbank er sie abgeliefert hat oder von welcher Reichsbankanstalt die Freigabe erfolgt ist,

b) bei Reichsmarkbeträgen, in welcher Form (Schecks, Überweisung, Noten usw.) sie ihm zugegangen sind.

(2) Die Reichsbank kann den Vordruck II abändern.

§ 20.

Die in §§ 37, 38 der Verordnung über die Devisenbewirtschaftung angedrohten Strafen und sonstigen Maßnahmen finden auch Anwendung auf Zuwiderhandlungen gegen die Vorschriften der §§ 11, 13, 14, 15, 16, 18, 19 dieser Verordnung.

Artikel III.

§ 21.

Unberührt bleiben die Verordnung über die Bildung eines Ausschusses für Auslandsschulden vom 26. Januar 1932 (Reichsgesetzbl. I S. 35) und die Verordnung über Zahlungen aus dem deutsch-ungarischen Warenverkehr vom 18. April 1932 (Reichsgesetzbl. I S. 178). Unberührt bleiben ferner in Ansehung der sich aus dem zweiten Aufruf ausländischer Zahlungsmittel usw. ergebenden Verpflichtungen Artikel I der Dritten Durchführungsverordnung vom 29. August 1931 (Reichsgesetzbl. I S. 461) und die Vierte Durchführungsverordnung vom 4. September 1931 (Reichsgesetzbl. I S. 477), in Ansehung der sich aus dem dritten Aufruf ausländischer Zahlungsmittel usw. ergebenden Verpflichtungen Artikel I der Sechsten Durchführungsverordnung vom 2. Oktober 1931 (Reichsgesetzbl. I S. 533) und Artikel II der Zehnten Durchführungsverordnung vom 18. Februar 1932 (Reichsgesetzbl. I S. 79).

Anm.: Die seit dem 28. Januar 1932 in Kraft befindliche, auf Grund des § 22 DevisVO. a. F. erlassene VO. vom 26. Januar 1932 lautet:

„Zur Beratung der Reichsregierung und der Reichsbank in der Devisenbewirtschaftung, soweit sie mit der deutschen Auslandsverschuldung in Zusammenhang steht, wird ein Ausschuß für Auslandsschulden bestellt. Der Ausschuß besteht aus höchstens sechs Mitgliedern. Je ein Mitglied wird von der Reichsregierung und der Reichsbank ernannt, drei weitere Mitglieder ernennt die Reichsregierung im Benehmen mit der Reichsbank aus den an den Auslandsschulden beteiligten deutschen Wirtschaftskreisen. Wird von dem Ausschuß ein Geschäftsführer gewählt, der nicht dem Ausschuß angehört, so tritt er dem Ausschuß als Mitglied hinzu."

§ 22.

Gerichtliche Entscheidungen, die im Widerspruch zu § 29 Satz 2 oder § 35 Abs. 2 Satz 3 der Verordnung über die Devisenbewirtschaftung ergangen und vor dem 20. Mai 1932 rechtskräftig geworden sind, bleiben unberührt.

Anm.: Vgl. DurchfVO. a. F. XII § 12.

Vordruck I. **A** Kontroll-Nr.

Exportvaluta-Erklärung
gemäß Durchführungs-Verordnung zur Devisenverordnung

Abschnitt A

(Der örtlich zuständigen Reichsbankanstalt zu übersenden)

1. Name (Firma) des Exporteurs (§ 4 d. VO.)	(Firmenstempel)
2. Genaue Adresse	
3. Gattung und Menge der Ware	
4. Bestimmungsland	
5. Fakturenbetrag*) (in der fakturierten Währung)	
6. Vertraglicher Zahlungstermin*)	
7. In welcher Form wird die Zahlung erwartet? (Wechsel, Schecks, Überweisung usw.)	
An die **) **Reichsbank haupt/neben stelle** in	Ort: .... Datum: ....
An die **) **Devisenabteilung der Reichshauptbank Ablieferungskontrolle** in **Berlin SW 111**	Unterschrift: ....

*) Falls die Ware nicht verkauft worden ist, so ist der Wert der Ware sowie der Zweck der Ausfuhr (Mustersendung, Consignation, Kommission usw.) anzugeben.
**) Unzutreffendes ist zu durchstreichen.

Datum: **B** Kontroll-Nr.

Exportvaluta-Erklärung
gemäß Durchführungs-Verordnung zur Devisenverordnung

Abschnitt B

(Der Sendung beizufügen)

1. Name (Firma) und Wohnsitz des Exporteurs (§ 4 d. VO.)	(Firmenstempel)
2. Örtlich zuständige Reichsbankanstalt, an die der Abschnitt A gesandt worden ist. (Für Berlin ist zuständig: Devisenabteilung der Reichshauptbank, Ablieferungskontrolle, Berlin SW 111.) (Angabe des Ortes genügt)	

Vordruck II.

Exportvaluta-Erklärung
gemäß Durchführungs-Verordnung zur Devisenverordnung

(Firmastempel)

Name (Firma) und Wohnort des Exporteurs:

Eingänge aus Exporten nach dem 30. November 1931:

Zur Kontrollnummer des Vordrucks I	Währung (auch Reichsmark)	Betrag	Form der Zahlung	Bei Devisen: Angabe, ob abgeliefert (a) oder freigegeben (f)	Bei Devisen: Tag der Ablieferung oder des Freigabe-Bescheides	Bei abgelieferten Devisen: Name der Bank, an die abgeliefert wurde. Bei freigegebenen Devisen: Name der Reichsbankanstalt, welche die Freigabe ausgesprochen hat. Bei Reichsmarkzahlungen: Es ist anzugeben, wo die Gutschrift erfolgt ist.

An die

Reichsbank$\frac{\text{haupt}}{\text{neben}}$stelle *) Ort: ....

in .... Datum: ....

An die

Devisenabteilung der Reichshauptbank *)
Ablieferungskontrolle

in **Berlin SW 111** Unterschrift: ....

*) Unzutreffendes ist zu durchstreichen.

C.

Verordnung zur Devisenbewirtschaftung.

(Richtlinien für die Devisenbewirtschaftung.)

Vom 23. Juni 1932
(RGBl. I S. 317, berichtigt S. 346).

Auf Grund von § 35 Abs. 1 der Verordnung über die Devisenbewirtschaftung vom 23. Mai 1932 (Reichsgesetzbl. I S. 231) werden im Einvernehmen mit dem Herrn Reichsminister der Finanzen und dem Herrn Reichsminister für Ernährung und Landwirtschaft die nachstehenden Richtlinien für die Devisenbewirtschaftung erlassen.

Berlin, den 23. Juni 1932.

Der Reichswirtschaftsminister.
Im Auftrag:
(gez.) Dr. Reichardt.

Richtlinien für die Devisenbewirtschaftung.*)

I. Abschnitt.
Allgemeine Richtlinien.

Allgemeine Grundsätze.

1. Zweck der Verordnung über die Devisenbewirtschaftung (Devisenverordnung) und ihrer Durchführungsvorschriften ist es, den ungeregelten Abfluß von Devisen aus der deutschen Wirtschaft

---

*) Sachliche Änderungen gegenüber den bisherigen Richtlinien vom 29. Dezember 1931 sind im Druck hervorgehoben.

zu verhüten und die vorhandenen und anfallenden Devisen zweckmäßig zu bewirtschaften. Da die Verordnung der deutschen Volkswirtschaft dienen soll, ist sie bei aller gebotenen Entschiedenheit in der Bekämpfung gemeinschädlicher Maßnahmen in der Auslegung und der technischen Anwendung so zu handhaben, daß auf die volkswirtschaftlich gerechtfertigten Bedürfnisse Rücksicht genommen wird, soweit sie bei der gegenwärtigen Lage irgend befriedigt werden können.

Bei der Anwendung der Verordnung ist zu beachten, daß die Devisenbewirtschaftung nicht nur den Verkehr in ausländischen Werten, sondern auch den Verkehr in Werten deutscher Währung zugunsten von Ausländern oder Saarländern umfaßt.

2. Die Verbote der Devisenverordnung und der Durchführungsvorschriften gelten, soweit nicht ausdrücklich etwas anderes bestimmt ist, ohne Rücksicht auf die Rechtsnatur (natürliche oder juristische Person), Staatsangehörigkeit oder Ansässigkeit (Wohnsitz, gewöhnlicher Aufenthalt, Sitz oder Ort der Leitung) der Person, welche die Rechtshandlung vornimmt. **Sie gelten für Rechtshandlungen, die im Ausland vorgenommen werden, insoweit, als sich die Wirksamkeit dieser Rechtshandlungen nach deutschem Recht bestimmt.**

3. Grundsätzlich ist, vorbehaltlich der besonderen Vorschriften des II. und III. Abschnitts, eine Genehmigung nach der Devisenverordnung und den Durchführungsvorschriften nur zu erteilen, wenn der Zweck, für den die Genehmigung beantragt wird, als volkswirtschaftlich gerechtfertigt nachgewiesen wird.

4. Eine nach der Devisenverordnung und den Durchführungsvorschriften erteilte Genehmigung wird in dem Zeitpunkt unwirksam, in dem der Verwendungszweck **nachträglich** wegfällt. **Sie wird ferner einen Monat nach ihrer Erteilung unwirksam, wenn sich nicht aus der Genehmigung selbst etwas anderes ergibt.**

5. **Ist die Genehmigung zur Verfügung über ausländische Zahlungsmittel oder Forderungen in ausländischer Währung oder über andere Werte erteilt, die nach §§ 1, 2 der Durchführungsverordnung der Reichsbank anzubieten sind, so muß auf Grund der Genehmigung die Freigabe bei der Reichsbank**

nachgesucht werden. Dies gilt auch bei Werten, welche die Reichsbank als nicht ankaufsfähig dem Pflichtigen vorübergehend belassen hat.

Stillhaltung.

6. Die Stellen für Devisenbewirtschaftung sind nicht zuständig für die Entscheidung über Verbindlichkeiten, **welche Gegenstand des Deutschen Kreditabkommens von 1932 (Deutscher Reichsanzeiger Nr. 41) oder des Kreditabkommens für Deutsche öffentliche Schuldner von 1932 (Deutscher Reichsanzeiger Nr. 106) sind.** Dies gilt nicht nur, soweit es sich um die völlige oder teilweise Tilgung solcher Verbindlichkeiten handelt, sondern **auch für Zins- und Provisionszahlungen** und auch für jede Bewegung innerhalb der von dem Abkommen betroffenen Forderungen und für die Umwandlung solcher Forderungen in freie Guthaben. **Es gilt ferner für die Umwandlung solcher Forderungen in langfristige Anlagen oder in Kredite an deutsche Banken oder Industrie- und Handelsfirmen (Ziffer 10 des Deutschen Kreditabkommens von 1932; Ziffer 13 und 14 des Kreditabkommens für deutsche öffentliche Schuldner von 1932).** Anfragen oder Anträge, die sich auf Verbindlichkeiten beziehen, welche Gegenstand eines der beiden Abkommen sind, sind an das Reichsbankdirektorium in Berlin abzugeben.

Anträge, die sich auf Kredite beziehen, die ihrer Art nach unter das Deutsche Kreditabkommen von 1932 fallen, aber angeblich nach dem 8. Oktober 1931 gegeben worden sind, sind vor Entscheidung der Reichsbank zur Prüfung darüber zuzuleiten, ob es sich nicht um Kredite handelt, die gemäß früherer Kreditzusage gewährt wurden und daher dem Abkommen unterliegen.

Alte Kredite.

7. Die Genehmigung zur völligen oder teilweisen Rückzahlung eines Kredits in inländischer oder ausländischer Währung, der vor dem 16. Juli 1931 von einem Ausländer oder Saarländer eingeräumt worden ist und nicht Gegenstand eines der

in Nr. 6 genannten Abkommen ist, zu freier Verfügung des Gläubigers ist (vorbehaltlich der Bestimmung in Abschnitt III Nr. 23 Abs. 1 zu a) zu versagen, es sei denn, daß gleichzeitig **jeweils** eine Erneuerung (Prolongation) des Kredits auf **mindestens drei Monate** erfolgt.

Die Genehmigung zur Rückzahlung von Krediten, die der ausländische oder saarländische Warenlieferant selbst seinem Abnehmer eingeräumt hat (Warenkredit), bestimmt sich nach den Vorschriften des III. Abschnitts.

Die Genehmigung zur Rückzahlung zu freier Verfügung des Gläubigers kann erteilt werden, wenn und soweit die Versagung mit Rücksicht auf die persönlichen Verhältnisse des Gläubigers oder des Schuldners eine unbillige Härte bedeuten würde. Bei Beträgen von mehr als 10 000 RM und bei Krediten, die an inländische Körperschaften des öffentlichen Rechts gegeben sind, ist die Entscheidung des Reichswirtschaftsministers einzuholen.

Bei Anleihen, für die Inhaberschuldverschreibungen (Bonds, Notes usw.) ausgegeben sind, ist die Entscheidung des Reichswirtschaftsministers einzuholen, es sei denn, daß es sich um eine regelmäßige Tilgung im Sinne von Abschnitt III Nr. 23 Abs. 1 zu a handelt.

8. **Bei Krediten der in Nr. 7 Abs. 1 genannten Art, die an inländische Handels- oder Industriefirmen oder Privatpersonen gegeben worden sind und nicht Gegenstand des Deutschen Kreditabkommens von 1932 sind, kann die Genehmigung zur Rückzahlung in Reichsmark auf ein bei einer Devisenbank geführtes Konto, über das nur mit Genehmigung der Stelle für Devisenbewirtschaftung verfügt werden kann (Sperrkonto), mit der sich aus Satz 2 ergebenden Einschränkung erteilt werden, wenn der Gläubiger bereit ist, diese Zahlung an Erfüllungs Statt anzunehmen. Die Genehmigung kann, wenn der Schuldner nicht der Leistung eines höheren Teilbetrages oder des ganzen Schuldbetrages auf Sperrkonto ausdrücklich zustimmt, nur erteilt werden in Höhe von 15 % des im Zeitpunkt der Fälligkeit, bei bereits früher fälligen**

Krediten des am 1. April 1932 geschuldeten Gesamtbetrages, jedoch in keinem Falle für mehr als den jeweils fälligen Teilbetrag. Die Genehmigung zur Rückzahlung von weiteren 15 % des Kredits auf das Sperrkonto kann unter denselben Voraussetzungen jeweils frühestens sechs Monate nach der vorangegangenen Zahlung erteilt werden. Die Rückzahlung in Reichsmark auf Sperrkonto kann in voller Höhe genehmigt werden, wenn der Schuldner sich in Konkurs befindet oder wenn der Gläubiger als dinglich Berechtigter an der Zwangsversteigerung eines Grundstücks beteiligt ist und in der Zwangsversteigerung durch den Zuschlag nach § 92 ZVG. an die Stelle des Rechts der Anspruch auf Ersatz des Wertes aus dem Versteigerungserlös getreten ist.

Bei Krediten der in Nr. 7 Abs. 1 genannten Art, die an inländische Banken gegeben worden sind und nicht Gegenstand des Deutschen Kreditabkommens von 1932 sind, gilt Abs. 1 entsprechend mit der Maßgabe, daß die Genehmigung jeweils in Höhe von 25 % erteilt werden kann.

Bei Krediten der in Nr. 7 Abs. 1 genannten Art, die an inländische Körperschaften des öffentlichen Rechts gegeben worden sind und nicht Gegenstand des Kreditabkommens für Deutsche öffentliche Schuldner von 1932 sind, ist die Entscheidung des Reichswirtschaftsministers einzuholen.

In Fällen, in denen die Bestimmungen des Abs. 1 und 2 zu einer unbilligen Härte für den Gläubiger oder den Schuldner führen, ist die Entscheidung des Reichswirtschaftsministers einzuholen.

9. Die Genehmigung zur Verfügung über ein Sperrkonto, das durch eine Rückzahlung nach Nr. 8 entstanden ist, kann erteilt werden zum Zwecke der Umwandlung in langfristige Kapitalanlagen im Inland. Als solche gelten:

a) Hypotheken oder Grundschulden auf inländischen Grundstücken sowie Kredite an Inländer und Beteiligungen an inländischen Unternehmungen, in jedem Fall mit einer festen Laufzeit von mindestens fünf Jahren, mit der Maßgabe, daß eine Verfügung über die Hypotheken, Grundschulden,

Forderungen oder Beteiligungen, insbesondere eine vorzeitige Rückzahlung durch den Schuldner, während des genannten Zeitraums nur mit Genehmigung der Stelle für Devisenbewirtschaftung zulässig ist;

b) Erwerb von auf inländische Währung oder auf einen Sachwert lautenden inländischen Wertpapieren mit der Maßgabe, daß die so erworbenen Wertpapiere für einen Zeitraum von fünf Jahren in ein Sperrdepot bei der Reichsbank oder einer Devisenbank zu nehmen sind und eine Umlegung des Sperrdepots zu einer anderen Bank oder ein Tausch oder Verkauf der Wertpapiere nur mit Genehmigung der Stelle für Devisenbewirtschaftung zulässig ist. Der Erlös aus einem Verkauf der Wertpapiere fließt wieder auf ein Sperrkonto nach Nr. 8. Eine Genehmigung zur Versendung der Wertpapiere in das Ausland oder Saargebiet ist zu versagen;

c) Erwerb von inländischem Grundbesitz unter der Bedingung, daß der Erwerber sich verpflichtet, eine Wiederveräußerung nur mit Genehmigung der Stelle für Devisenbewirtschaftung vorzunehmen und im Falle der Wiederveräußerung den Erlös innerhalb von zwei Monaten wieder in einer der unter a—c genannten Formen anzulegen.

Bei der Erteilung einer Genehmigung nach Abs. 1 ist der Inhaber des Sperrkontos ausdrücklich auf die Beschränkungen hinzuweisen, denen er in der Verfügung über die Kapitalanlage unterliegt. In den Fällen zu a) ist ferner dem Hypotheken- oder Grundschuldschuldner, dem Kreditnehmer oder der Unternehmung, in den Fällen zu b) der Reichsbank oder der Devisenbank, bei welcher das Sperrdepot geführt wird, in Fällen, in denen die Kapitalanlage zu einer Grundbucheintragung führt, auch dem Grundbuchamt eine entsprechende Mitteilung zu machen.

Bei Anträgen nach Abs. 1 ist die Entscheidung des Reichswirtschaftsministers einzuholen, wenn es sich um Kredite an Inländer oder um Beteiligungen an inländischen Unternehmungen oder um Beträge von mehr als 100 000 RM handelt

oder wenn nach der Art der Kapitalanlage oder nach den Bedingungen, unter denen sie erfolgt, volkswirtschaftliche Bedenken gegen die Anlage bestehen können.

Alte Bankguthaben.

10. Die Genehmigung zu einer Verfügung über ein vor dem 16. Juli 1931 entstandenes Guthaben eines Ausländers oder Saarländers in ausländischer oder inländischer Währung bei einem inländischen Kreditinstitut (Altguthaben), das nicht Gegenstand eines der in Nr. 6 genannten Abkommen ist oder war, ist zu versagen, es sei denn

a) daß es sich um die Forderungen von Privatpersonen handelt, die nicht aus dem Geschäftsverkehr entstanden sind, und der Antragsteller den Betrag nachweislich zu seinem Lebensunterhalt oder zur Befriedigung dringender persönlicher Bedürfnisse braucht;

b) daß das Guthaben zur Leistung von Zahlungen im Inland für Forderungen aus dem Warenverkehr der antragstellenden Firma bestimmt war, die Verfügung zum Zwecke der Leistung solcher Zahlungen im Inland beantragt wird und der Antragsteller nachweislich nicht in der Lage ist, in anderer Weise Zahlung zu leisten. **Zum Zwecke der Förderung der Ausfuhr kann in einzelnen Fällen von dem Nachweis der Unmöglichkeit, Zahlung in anderer Weise als aus dem Altguthaben zu leisten, abgesehen werden, wenn es sich um die Bezahlung neu erteilter Aufträge des Kontoinhabers an inländische Firmen handelt; die Genehmigung zur Verfügung über das Altguthaben kann in diesen Fällen mit der Maßgabe erteilt werden, daß ein Bruchteil des Rechnungsbetrages aus dem Altguthaben beglichen werden darf, wenn der Rest in Devisen oder in freier Reichsmark gezahlt wird;**

c) **daß das Guthaben zu Zahlungen für die Zwecke einer von dem Kontoinhaber, seinen Familienangehörigen und etwa ihn begleitendem Dienstpersonal unternommenen Reise nach Deutschland verwendet werden soll. Voraus-**

setzung für die Freigabe ist in diesen Fällen, daß dem Antrag die Erklärung eines Reisebüros beigefügt ist, wonach die Reise als Pauschalreise mit ihm fest abgeschlossen sei und die in dem Antrag angegebenen Reisekosten bei Durchführung der Reise tatsächlich entstehen werden, und daß der Antragsteller sich verpflichtet, bei Nichtausführung der Reise den freigegebenen Betrag wieder auf Sperrkonto zurückzuzahlen.

Die Genehmigung zur Verfügung über ein solches Guthaben zum Zwecke der Umwandlung in langfristige Kapitalanlagen im Inland kann unter den Bedingungen der Nr. 9 in Höhe von 25 % des am 1. April 1932 geschuldeten Gesamtguthabens erteilt werden, wenn die Bank nicht der Leistung eines höheren Teilbetrages oder des ganzen Schuldbetrages ausdrücklich zustimmt. Die Genehmigung zur Verfügung über weitere 25 % des Guthabens kann unter den gleichen Voraussetzungen jeweils frühestens sechs Monate nach der vorangegangenen Verfügung erteilt werden.

In Fällen, in denen die Versagung der Genehmigung nach den Grundsätzen von Abs. 1 und 2 eine unbillige Härte bedeuten würde, ist die Entscheidung des Reichswirtschaftsministers einzuholen.

Wegen der Umlegung eines Altguthabens zu einem anderen inländischen Kreditinstitut vgl. Abschnitt II Nr. 40.

Örtliche Zuständigkeit.

11. Abweichend von § 35 Abs. 2 Satz 1 und 2 der Devisenverordnung ist für Anträge eines Ausländers, die sich auf ein bei einer inländischen Bank geführtes Konto beziehen, oder die eine Devisenbank für einen ausländischen Kunden stellt, die Stelle für Devisenbewirtschaftung zuständig, in deren Bezirk die Devisenbank oder ihre Zweigniederlassung ihren Sitz hat.

12. Für Anträge, die ein Gläubiger auf Erteilung der zur Leistung des Schuldners erforderlichen Genehmigung stellt (§ 22 der Devisenverordnung), ist die Stelle für Devisenbewirtschaftung zuständig, in deren Bezirk der Schuldner ansässig ist.

Für Anträge, die ein Bevollmächtigter (Vertreter, Beauftragter) auf Erteilung der Genehmigung zu einer Handlung seines Vollmachtgebers stellt, ist die Stelle für Devisenbewirtschaftung zuständig, in deren Bezirk der Vollmachtgeber ansässig ist.

Für Anträge, die sich auf den Ausgleich von Forderungen eines Inländers gegen einen Ausländer mit Schulden eines Inländers an einen Ausländer durch Zahlung oder Verrechnung zwischen Inländern beziehen, ist die Stelle für Devisenbewirtschaftung, in deren Bezirk der inländische Schuldner ansässig ist, auch insoweit zuständig, als es sich um die dem inländischen Gläubiger zu erteilende Genehmigung handelt.

13. Für die Erteilung von Genehmigungen, die sich auf den Verkehr mit dem Saargebiet beziehen, ist **vorbehaltlich der Bestimmung des Abs. 3** die Stelle für Devisenbewirtschaftung Köln (auch in den Fällen der Nr. 12 Abs. 1 und 2) ausschließlich zuständig.

Die Anträge sind bei dem Sonderbeauftragten des Präsidenten des Landesfinanzamts Köln als Stelle für Devisenbewirtschaftung, Saarbrücken 1, Neumarkt 26, einzureichen.

Soweit die Anträge lediglich auf den Erwerb von ausländischen Zahlungsmitteln und die Versendung oder Überbringung von inländischen oder ausländischen Zahlungsmitteln nach dem Saargebiet für Reisezwecke sich beziehen und nicht von einem Saarländer gestellt werden, regelt sich die Zuständigkeit nach den allgemeinen Bestimmungen.

14. Allgemeine Genehmigungen nach Abschnitt III Nr. 3, 10, 11, 14, 17, 21, 22 und 28 dieser Richtlinien sind für Zweigniederlassungen, die selbständig Geschäfte abschließen und im Handelsregister eingetragen sind, in der Regel von der für diese zuständigen Stelle für Devisenbewirtschaftung zu erteilen. Wenn die zuständige Stelle für Devisenbewirtschaftung einer Hauptniederlassung eine solche allgemeine Genehmigung zugleich für den Geschäftsbereich einer oder mehrerer ihrer Zweigniederlassungen erteilt, so ist dies in dem Genehmigungsbescheid ausdrücklich auszusprechen.

Wird einer Zweigniederlassung durch die nach Abs. 1 zuständige Stelle für Devisenbewirtschaftung eine allgemeine Genehmigung erteilt, so hat diese Stelle die für die Hauptniederlassung zuständige Stelle für Devisenbewirtschaftung hiervon zu unterrichten; wird einer Hauptniederlassung eine allgemeine Genehmigung durch die nach Abs. 1 Satz 2 zuständige Stelle für Devisenbewirtschaftung erteilt, so hat diese die für die Zweigniederlassung zuständigen Stellen für Devisenbewirtschaftung hiervon zu unterrichten.

15. Zweigniederlassungen einer ausländischen oder saarländischen Firma im Inland **und rechtlich nicht selbständige inländische Betriebe eines Ausländers oder Saarländers** gelten auch im Verhältnis zu ihrer Hauptniederlassung als im Inland ansässig; Zweigniederlassungen einer inländischen Firma im Ausland oder im Saargebiet **und rechtlich nicht selbständige ausländische oder saarländische Betriebe eines Inländers** gelten auch im Verhältnis zu ihrer Hauptniederlassung als im Ausland oder im Saargebiet ansässig.

16. Wenn nach § 35 Abs. 2 der Devisenverordnung mehrere Stellen für Devisenbewirtschaftung zuständig wären, die Entscheidung aber nur einheitlich erfolgen kann, so ist diejenige Stelle für Devisenbewirtschaftung zuständig, bei der zuerst ein Antrag eingereicht wurde.

Beteiligung der Reichsbank.

17. **Die Stellen für Devisenbewirtschaftung sollen Einzelgenehmigungen im Betrage von mehr als 20 000 RM und allgemeine Genehmigungen mit einem monatlichen Höchstbetrag (Grundbetrag) von mehr als 250 000 RM nur nach Fühlungnahme mit der örtlich zuständigen Reichsbankanstalt erteilen.**

Voranmeldung.

18. **Anforderungen von ausländischen Zahlungsmitteln im Gegenwert von mehr als 20 000 RM für jeden ursprünglichen Auftraggeber sind der Reichsbank durch diesen oder die Devisenbank so rechtzeitig voranzumelden, daß die Voranmeldung**

einen Werktag vor dem Tage, an welchem in Berlin der Kaufauftrag ausgeführt wird, drahtlich, telephonisch oder brieflich bei der Devisenabteilung der Reichshauptbank eintrifft.

II. Abschnitt.

Richtlinien für die Auslegung und Anwendung einzelner Vorschriften.

Zu § 2 der Devisenverordnung.

1. Als ausländische Zahlungsmittel gelten nicht Wechsel und Schecks, die im Inland zahlbar sind und auf eine ausländische Währung lauten, ohne eine Effektivklausel zu tragen.

2. Als Wechsel gilt auch eine Schrift, die nicht alle wesentlichen Erfordernisse eines Wechsels enthält, wenn sie einem anderen mit der Ermächtigung übergeben wird, die fehlenden Erfordernisse zu ergänzen (z. B. ein Blankoakzept). Eine solche Ermächtigung wird vermutet, wenn die Schrift als Wechsel bezeichnet ist. (Vgl. § 2 des Wechselsteuergesetzes vom 12. Juli 1930 — Reichsgesetzbl. I S. 219 —.)

3. Als Wertpapiere gelten auch Zins- und Gewinnanteilscheine; dagegen nicht Hypothekenbriefe, Grund- und Rentenschuldbriefe, Konnossemente und die übrigen in § 363 HGB. genannten Urkunden.

Zu § 3 der Devisenverordnung.

4. Eine Genehmigung zum Erwerb und zur Verwendung von Mitteln für den Zins- und Gewinnanteilschein-Einlösungsdienst einer ausländischen oder saarländischen Einlösungsstelle (§ 3 Abs. 2, §§ 4, 12 der Devisenverordnung) ist inländischen Anleiheschuldnern und Gesellschaften zu erteilen, wenn sie nachweisen

a) bei vorheriger Bereitstellung von Einlösungsmitteln, daß die Einlösungsstellen vertragsmäßig diesen Dienst versehen und welcher Betrag auf die in dem betreffenden Lande untergebrachten Anleihe- oder Aktientranchen entfällt;

b) **bei nachträglicher Erstattung verauslagter Einlösungsbeträge, welche Gesamtsumme von Zinsscheinen oder Gewinnanteilscheinen eingelöst wurde und in welchem Umfang die Einlösung etwa aus vorher bereitgestellten Einlösungsmitteln erfolgen konnte.**

Vgl. auch Abschn. II Nr. 46.

5. Die Genehmigung zur vertragsmäßigen Rückzahlung eines von einem Ausländer oder Saarländer nach dem 15. Juli 1931 **(wenn der Gläubiger eine ausländische Bank ist, nach dem 8. Oktober 1931)** in ausländischer Währung eingeräumten Kredits (§ 3 Abs. 2, §§ 4, 12 der Devisenverordnung) ist — **vorbehaltlich der Bestimmung in Satz 2** — zu erteilen, **wenn nachgewiesen wird, daß bei der Aufnahme des Kredits ausländische Zahlungsmittel in das Inland geflossen sind und der Reichsbank zur Verfügung gestellt wurden. Für die Rückzahlung von Warenkrediten (Abschn. I Nr. 7 Abs. 2) und von sonstigen der Finanzierung der Wareneinfuhr dienenden Krediten gelten die besonderen Bestimmungen des Abschnitt III, Unterabschnitt A.**

Zu § 4 der Devisenverordnung.

6. Ohne Genehmigung nach §§ 4, 12 der Devisenverordnung kann ein Ausländer oder Saarländer über sein Guthaben in ausländischer Währung **bei einem inländischen Kreditinstitut** verfügen, soweit es nach dem 15. Juli 1931 **(wenn der Gläubiger eine ausländische Bank ist, nach dem 8. Oktober 1931)** entstanden ist (freies Konto). **Der Erwerb von Wertpapieren der in §§ 5 bis 8 der Devisenverordnung genannten Art aus einem solchen Guthaben bedarf nicht der Genehmigung.**

7. Ohne Genehmigung nach § 4 der Devisenverordnung kann eine Devisenbank, die sich schon bisher mit dem Ankauf von Wechseln ihrer Kunden gegen Exportware befaßt hat, solche Wechsel diskontieren **oder lombardieren. Soweit es sich um nicht akzeptierte Wechsel (Tratten) handelt, entfällt in diesem Fall die Verpflichtung des Kunden zur vorherigen Anbietung der Wechsel nach § 1 DurchfVO.**

Hat eine Devisenbank ihren Kunden angekaufte oder zum Einzug übernommene Wechsel aus eigenen Devisenbeständen bevorschußt und die Devisen im Auftrag des Kunden der Reichsbank zur Verfügung gestellt, so kann sie ohne Genehmigung nach § 4 der Devisenverordnung den in ausländischer Währung eingehenden Erlös der Wechsel zur Abdeckung des Vorschusses verwenden.

8. Ohne Genehmigung nach § 4 der Devisenverordnung können Forderungen in ausländischer Währung an eine Devisenbank zur Sicherung für einen von dieser eingeräumten Kredit abgetreten werden, wenn die Devisenbank die für die Forderungen etwa gegebenen Zahlungsmittel (z. B. Wechsel) sowie die ihr bei Fälligkeit der Forderung zufließenden Devisen unverzüglich an die Reichsbank abführt, soweit ihr nicht im Einzelfall die Reichsbank gestattet hat, die eingehenden Devisen zur Abdeckung eines dem Kreditnehmer eingeräumten Währungskredits zu verwenden.

9. **Eine Genehmigung nach § 4 der Devisenverordnung zum Umtausch ausländischer Zahlungsmittel einer Währung gegen solche einer anderen Währung (Kassa-Usancegeschäfte) kann erteilt werden, wenn sie wirtschaftlich gerechtfertigt erscheint, insbesondere wenn sich die Zahlungsverpflichtungen des Antragstellers auf eine andere Währung belaufen als seine gleichzeitigen Deviseneingänge.**

Ohne Genehmigung kann eine Devisenbank Kassa-Usancegeschäfte vornehmen, soweit die Reichsbank dies gestattet und die Devisenbank die von ihr hierbei gemachten Auflagen erfüllt.

Ohne Genehmigung kann eine Forderung in ausländischer Währung, die einem Inländer gegen einen Inländer zusteht, zum amtlichen Kurs auf inländische Währung umgestellt werden.

10. Ohne Genehmigung nach § 4 der Devisenverordnung kann ein bei einer ausländischen oder saarländischen Bank geführtes Guthaben zu einer anderen Bank in demselben oder in einem anderen Lande umgelegt werden, soweit dadurch nicht unmittelbar oder mittelbar eine Verbindlichkeit der in Abschn. I Nr. 6, 7 oder 10 genannten Art abgedeckt wird, z. B. dadurch, daß ein ausländischer oder saarländischer Gläubiger mit seiner Forderung aufrechnet.

11. **Ohne Genehmigung nach § 4 der Devisenverordnung kann eine Devisenbank über ausländische Zahlungsmittel oder Forderungen in ausländischer Währung verfügen, soweit dies erforderlich ist zur Ausführung von Aufträgen ihrer Kunden, für die eine Genehmigung erteilt wurde oder nicht erforderlich ist.**

Insbesondere ist eine Genehmigung nicht erforderlich für den Zinsschein- und Gewinnanteilschein-Einlösungsdienst, welchen inländische Devisenbanken für ausländische oder saarländische Schuldner vornehmen; daher kann die inländische Bank zu Lasten eines Dotationsfonds die von Inländern, Ausländern oder Saarländern vorgezeigten Zinsscheine oder Gewinnanteilscheine einlösen und, wenn sie als Haupteinlösungsstelle für ausländische oder saarländische Zinsscheine oder Gewinnanteilscheine tätig wird, mit einer Nebeneinlösungsstelle abrechnen; dies gilt auch dann, wenn sie vorübergehend in Vorlage tritt.

12. Die Übernahme von Bürgschafts- und Garantieverpflichtungen in ausländischer Währung stellt keine Verfügung im Sinne von § 4 der Devisenverordnung dar. Die zur Erfüllung solcher Verpflichtungen erforderliche Genehmigung kann bereits bei der Übernahme der Garantie oder Bürgschaft verbindlich in Aussicht gestellt werden.

Die Genehmigung zur Erfüllung von Bürgschafts- und Garantieverpflichtungen in ausländischer Währung (§ 3 Abs. 2, §§ 4, 12 der Devisenverordnung) **ist einer Devisenbank zu erteilen,** die eine solche Verpflichtung zugunsten ihrer inländischen Kunden übernommen hat, wenn die Bank bereits bisher derartige Verpflichtungen zu übernehmen pflegte, **das garantierte Geschäft der Genehmigung bedarf und diese erteilt worden ist.**

13. Die Genehmigung zur Verfügung über ausländische Zahlungsmittel oder Forderungen in ausländischer Währung (§ 4 der Devisenverordnung) **zum Zwecke der Leistung von Zahlungen an Inländer kann, auch wenn die Voraussetzungen von Abschn. III Nr. 12—14 nicht erfüllt sind, erteilt werden,** wenn die Reichsbank die Werte der betreffenden Währung allgemein freigegeben hat oder wenn der Antragsteller nachweist,

daß die Reichsbank den Ankauf der Werte **abgelehnt oder diese ihm als nicht ankaufsfähig vorübergehend belassen hat.** Als Nachweis gilt ein in doppelter Ausfertigung einzureichendes Verzeichnis, das die Werte nach Art, Fälligkeit, Schuldner, Betrag und Währung einwandfrei ersichtlich macht und auf dem die Reichsbank oder die Devisenbank, der die Werte angeboten worden sind, die Ablehnung oder die vorübergehende Belassung vermerkt hat.

Eine auf Grund einer solchen Genehmigung erfolgende Verfügung unterliegt nicht der Vorschrift des § 3 Abs. 1 der Devisenverordnung. Erwirbt der Antragsteller jedoch durch die Verfügung andere ausländische Zahlungsmittel oder Forderungen in ausländischer Währung, so finden auf diese die §§ 4 und 12 der Devisenverordnung und § 1 der Durchführungsverordnung Anwendung. **Die Verpflichtungen nach § 3 Abs. 2 der Durchführungsverordnung bleiben unberührt.**

14. **Ohne Genehmigung kann eine Devisenbank, wenn sie die von der Reichsbank gemachten Auflagen erfüllt, ausländische Zahlungsmittel oder Forderungen in ausländischer Währung, die ihr von der Reichsbank freigegeben worden sind (§ 34 der Devisenverordnung), deren Ankauf die Reichsbank abgelehnt hat, oder die die Reichsbank ihr als nicht ankaufsfähig vorübergehend belassen hat, an Personen veräußern, die eine Genehmigung zum Erwerb solcher Zahlungsmittel oder Forderungen besitzen.**

15. **Ohne Genehmigung kann eine Devisenbank, wenn sie die von der Reichsbank gemachten Auflagen erfüllt, ausländische Zahlungsmittel oder Forderungen in ausländischer Währung gegen inländische Zahlungsmittel erwerben, wenn die Reichsbank die Werte der betreffenden Währung allgemein freigegeben hat oder wenn der Veräußerer nachweist, daß die Reichsbank den Ankauf der Werte abgelehnt oder diese ihm als nicht ankaufsfähig vorübergehend belassen hat. Nr. 13 Satz 2 gilt entsprechend.**

16. Als Verfügung über eine Forderung in ausländischer Währung **gegen einen Ausländer oder Saarländer** gilt auch die Hinausschiebung der Fälligkeit, insbesondere bei einem Bank-

guthaben, das bisher täglich oder mit kurzer Kündigungsfrist fällig war, die Vereinbarung eines festen Fälligkeitstermins oder einer längeren Kündigungsfrist.

Zu §§ 5, 6 der Devisenverordnung.

17. Ohne Genehmigung nach §§ 5, 6 der Devisenverordnung können Wertpapiere der dort bezeichneten Art veräußert werden, wenn die mit der Veräußerung beauftragte Devisenbank unwiderruflich beauftragt wird, den Gegenwert für den Veräußerer im Inland entgegenzunehmen und die etwa als Gegenwert erworbenen ausländischen Zahlungsmittel der Reichsbank zur Verfügung zu stellen (vgl. auch Nr. 25 zu d).

18. Die Aushändigung von Effektendepots stellt keine Verfügung im Sinne von §§ 5, 6 der Devisenverordnung dar; daher kann eine Devisenbank, **sofern nicht die Voraussetzungen von §§ 15 oder 16 der Devisenverordnung oder von Abschnitt I Nr. 9 zu b dieser Richtlinien erfüllt sind**, ohne Genehmigung Wertpapiere der in §§ 5, 6 genannten Art dem Eigentümer aushändigen, in ein anderes Depot des Eigentümers bei einer anderen inländischen Bank oder in das Depot eines Dritten bei derselben oder einer anderen inländischen Bank umlegen. Dies gilt auch für Stücke, die für Rechnung eines Kunden als Depot einer inländischen Bank bei einer Bank im Ausland ruhen; es gilt ferner ohne Rücksicht darauf, ob die Wertpapiere im Sonderdepot oder im Sammeldepot ruhen oder der Kunde Anspruch aus Stückekonten hat.

Die Ausführung von Kommissionsgeschäften, welche Wertpapiere der in Abs. 1 genannten Art betreffen und sich nicht auf die Behandlung nach dem Depotvertrag beschränken, bedarf der Genehmigung.

19. Ohne Genehmigung nach § 5 der Devisenverordnung können ausländische Wertpapiere der dort bezeichneten Art gegen ausländische Zahlungsmittel verkauft werden, wenn diese alsbald wieder zum Ankauf ausländischer Wertpapiere verwendet werden und ein etwaiger Spitzenbetrag der Reichsbank oder einer Devisenbank zur Verfügung gestellt wird.

Ohne Genehmigung nach § 6 der Devisenverordnung können inländische Wertpapiere der dort bezeichneten Art gegen ausländische Zahlungsmittel verkauft werden, wenn diese alsbald wieder zum Ankauf inländischer Wertpapiere der in § 6 der Devisenverordnung bezeichneten Art verwendet werden und ein etwaiger Spitzenbetrag der Reichsbank oder einer Devisenbank zur Verfügung gestellt wird.

In den Fällen der Abs. 1 und 2 entfällt die Verpflichtung zur Anbietung der vorübergehend entstehenden Guthaben **und der neu erworbenen Wertpapiere** nach § 1 der Durchführungsverordnung.

Die Bestimmungen der Abs. 1 und 2 gelten nicht für rückzahlbar gewordene Wertpapiere, und zwar vom Zeitpunkt der Auslosung oder Kündigung an oder während der letzten **sechs Monate** vor einem festen Rückzahlungstermin.

20. Eine Genehmigung zum Erwerb und zur Verwendung von ausländischen Zahlungsmitteln oder Forderungen in ausländischer Währung zur Anschaffung von Wertpapieren der in § 6 der Devisenverordnung bezeichneten Art (§ 3 Abs. 2, §§ 4, 12 der Devisenverordnung) ist dem Schuldner einer Anleihe zu erteilen, soweit die Anschaffung erforderlich ist zum Zwecke der planmäßigen Tilgung der Anleihe.

21. **Ohne Genehmigung nach § 6 der Devisenverordnung können Wertpapiere der dort bezeichneten Art erworben und kann über solche Wertpapiere verfügt werden, wenn die Stücke mit der Bescheinigung einer deutschen Effektengirobank über die Handelbarkeit versehen sind. Die Genehmigung bleibt erforderlich zur Verwendung solcher Stücke zum Zwecke der Tilgung oder Ablösung eines aus den Mitteln einer Auslandsanleihe gegebenen Kredits. § 12 der Devisenverordnung bleibt unberührt.**

Zu § 11 der Devisenverordnung.

22. **Vor der Erteilung der Genehmigung zum Abschluß von Devisentermin-, Usancetermin- oder Swap-Geschäften ist die Stellungnahme der Reichsbank einzuholen.**

Bei der Erteilung einer solchen Genehmigung ist dem Antragsteller die Auflage zu machen, der Stelle für Devisentermingeschäfte bei der Reichsbank, Berlin SW 111, den Abschluß des Geschäfts mitzuteilen unter Angabe

a) **des oder der Kontrahenten,**

b) **der Währungen, in denen sich das Geschäft vollzieht, der Währungsbeträge und der Kurse, zu denen das Geschäft abgeschlossen wurde,**

c) **der Fälligkeit des Geschäfts.**

Zu § 12 der Devisenverordnung.

23. Zugleich mit der Genehmigung zum Erwerb von Zahlungsmitteln oder Wertpapieren und zur Verfügung über Zahlungsmittel oder Wertpapiere (§ 3 Abs. 2, §§ 4 bis 6 der Devisenverordnung) ist die Genehmigung zur Versendung oder Überbringung der Werte zu erteilen, wenn der angegebene Verwendungszweck eine Übersendung oder Überbringung erforderlich macht. Im übrigen ist, vorbehaltlich der Bestimmungen in Nr. 24 bis 27, eine Genehmigung zur Versendung oder Überbringung von Werten ins Ausland oder ins Saargebiet nur zu erteilen, wenn nach der Prüfung im Einzelfall kein Verdacht einer Kapital- oder Steuerflucht begründet ist, kein Fall vorliegt, für den nach den Richtlinien die Genehmigung zu versagen ist und im übrigen der Zweck als volkswirtschaftlich gerechtfertigt nachgewiesen ist.

24. **Eine Genehmigung zur Versendung von Reichsmarknoten zum Zwecke der Leistung von Zahlungen an das Ausland oder das Saargebiet ist nur zu erteilen, wenn besondere Gründe geltend gemacht werden, welche die Wahl dieser Zahlungsweise rechtfertigen.**

25. Eine Genehmigung nach § 12 der Devisenverordnung ist nicht erforderlich

a) für die Versendung von Inkassopapieren **und für die Rücksendung aus dem Ausland eingegangener, nicht eingelöster Inkassopapiere durch Devisenbanken; erteilt der inländische**

Kunde der Bank, nachdem die Versendung erfolgt ist, den Auftrag, die Papiere wertfrei einem Ausländer oder Saarländer auszuliefern, und kann die hierzu erforderliche Genehmigung nicht rechtzeitig beigebracht werden, so hat die Devisenbank, wenn der Kunde nicht binnen zwei Wochen nach Erteilung des Auftrags die Genehmigung der Stelle für Devisenbewirtschaftung nachbringt, der für den Kunden zuständigen Stelle für Devisenbewirtschaftung hiervon Mitteilung zu machen;

b) für die Versendung von Wechseln zur Akzepteinholung oder zur Prolongation einer bestehenden **eigenen** Wechselverpflichtung sowie zur Nachstempelung;

c) **für die Rücksendung von Wechseln, die einem inländischen Kreditinstitut zur Diskontierung eingereicht waren, wenn die Diskontierung abgelehnt wird oder der diskontierte Wechsel zurückgerufen oder mangels Zahlung zurückgeschickt wird;**

d) für die Versendung von Wertpapieren durch eine Devisenbank, die den unwiderruflichen Auftrag erhalten hat, die Papiere in das Ausland zu verkaufen, den Gegenwert für den Veräußerer im Inland entgegenzunehmen und die etwa als Gegenwert erworbenen ausländischen Zahlungsmittel der Reichsbank zur Verfügung zu stellen;

e) **für die Versendung von Erneuerungsscheinen (Talons) oder Mänteln von Wertpapieren durch eine Devisenbank, die zur Geltendmachung von Rechten aus dem Wertpapier (Ausübung von Bezugsrechten, Erhebung von Zinsen usw.) erforderlich ist, wenn sichergestellt ist, daß die versandten Papiere oder die an ihre Stelle tretenden Papiere wieder an die Devisenbank zurückgelangen;**

f) für die Rücksendung von Wertpapieren, die von Ausländern oder Saarländern zur Abstempelung, Bogenerneuerung, **zum Umtausch (in diesem Fall auch, wenn zum Spitzenausgleich ein Zukauf erfolgt ist)** oder zu ähnlichen technischen Zwecken nach Deutschland gesandt oder überbracht worden waren;

g) **für die Rücksendung von Zinsscheinen oder Gewinnanteilscheinen, für welche das Affidavit nach § 15 Abs. 2 der Devisenverordnung nicht beigebracht werden kann, an einen Ausländer oder Saarländer;**

h) **für die Überbringung von Zahlungsmitteln und Wertpapieren durch einen Ausländer oder Saarländer, wenn dieser nachweist oder glaubhaft versichert, daß er diese Zahlungsmittel oder Wertpapiere bei seiner Einreise aus dem Ausland oder Saargebiet mitgebracht oder während seines Aufenthaltes im Inland aus dem Ausland oder Saargebiet zugesandt erhalten habe.**

26. **Die Genehmigung zur Versendung oder Überbringung von Wertpapieren darf nur erteilt werden, wenn dem Antrag ein von dem Antragsteller unterschriebenes Verzeichnis in doppelter Ausfertigung beigefügt ist, aus dem die zur Versendung oder Überbringung bestimmten Stücke, nach Gattungen getrennt, mit allen für die Unterscheidung wesentlichen Merkmalen in der Reihenfolge der Nummern ersichtlich sind und das die Versicherung enthält, daß die aufgeführten Nummern mit denen der zur Versendung oder Überbringung bestimmten Stücke übereinstimmen.**

27. Die Genehmigung zur Versendung oder Überbringung von Wertpapieren ins Ausland oder ins Saargebiet kann erteilt werden, wenn die Werte in einem auf den Namen eines Ausländers oder Saarländers geführten Depot liegen **und dieser die ausdrückliche Erklärung (Affidavit) abgibt, daß die zu versendenden Stücke nicht Eigentum eines Inländers sind und auch nicht von einem Inländer an einen Ausländer oder Saarländer sicherungshalber übereignet sind.** Dies gilt auch, wenn die Stücke einem Sammeldepot beigefügt sind oder auf einem Stückekonto zugunsten eines Ausländers oder Saarländers geführt werden.

Die Genehmigung ist in den Fällen des Abs. 1 mit der Maßgabe zu erteilen, daß die Versendung der Wertpapiere frühestens zu einem von der Stelle für Devisenbewirtschaftung zu bestimmenden, längstens vier Wochen nach der Erteilung der

Genehmigung liegenden Zeitpunkt erfolgen darf. In dem Genehmigungsbescheid ist der frühest zulässige Versendungszeitpunkt ausdrücklich zu bezeichnen.

Die Vorschrift des Abs. 2 gilt nicht

a) **für Wertpapiere, die schon vor dem 12. November 1931 in dem Depot des betreffenden Ausländers oder Saarländers lagen;**

b) **für Wertpapiere, die aus dem freien Währungsguthaben eines Ausländers oder Saarländers (vgl. Nr. 6) erworben waren;**

c) **wenn die Versendung zur Ausführung eines nach Nr. 19 genehmigungsfreien Wertpapiertausches erfolgen soll;**

d) **wenn die Versendung mit Genehmigung zur Durchführung eines Wertpapiertausches erfolgt.**

In anderen Fällen, in denen die Befristung der Versendung eine unbillige Härte bedeutet oder die Gewähr dafür gegeben ist, daß die Stücke im Ausland nicht veräußert werden, ist die Entscheidung des Reichswirtschaftsministers einzuholen.

Zu § 13 Abs. 1 der Devisenverordnung.

28. Als Krediteinräumung nach § 13 Abs. 1 der Devisenverordnung gilt insbesondere

a) die Einräumung von Diskont- und Akzeptkrediten,

b) die Übernahme von Bürgschaften und Garantien, und zwar sowohl, wenn der Gläubiger als auch wenn der Hauptschuldner ein Ausländer oder Saarländer ist,

c) die Bestellung einer Hypothek, Grund- oder Rentenschuld **durch den inländischen Grundstückseigentümer** für die persönliche Schuld eines Ausländers oder Saarländers,

d) die Stundung des Kaufpreises bei Wertpapierankäufen einer Bank für ihren Kunden und des Restkaufgeldes beim Kauf eines inländischen Grundstücks.

29. Eine Genehmigung nach § 13 Abs. 1 der Devisenverordnung ist nicht erforderlich:

a) zur Stundung des Kaufpreises für gelieferte Waren (Warenkredit),

b) zur Verlängerung (Prolongation) eines eingeräumten Kredits,

c) **zur Bestellung einer Hypothek oder Grundschuld durch den inländischen oder ausländischen Grundstückseigentümer zur Sicherung eines diesem von einem Ausländer oder Saarländer gleichzeitig gegebenen Kredits (z. B. Darlehen, Restkaufgeld, Warenkredit),**

d) zu der nach § 416 BGB. erfolgenden Genehmigung des inländischen Gläubigers zur Hypothekenübernahme durch den ausländischen oder saarländischen Erwerber eines Grundstücks,

e) zur Bevorschussung von Schecks **oder sonstigen Inkassopapieren**, die von Ausländern oder Saarländern zum Einzug eingereicht werden und deren Gegenwert unter Vorbehalt des Eingangs gutgebracht wird, durch eine Devisenbank bis zu einer Frist von einer Woche vom Zeitpunkt der Einziehung an.

30. Eine Genehmigung nach § 13 Abs. 1 der Devisenverordnung kann erteilt werden

a) zur Ablösung der Hypothek eines Inländers auf dem inländischen Grundstück eines Ausländers oder Saarländers,

b) **zur Gewährung eines Hypothekendarlehens an einen ausländischen oder saarländischen Grundstückseigentümer zum Zwecke der Ablösung der Hauszinssteuer nach den Bestimmungen des Zweiten Teils Kap. I der Vierten Notverordnung in der Fassung der Verordnung des Reichspräsidenten vom 6. Februar 1932 (RGBl. I S. 60).**

31. Eine Genehmigung nach § 13 Abs. 1 der Devisenverordnung ist nicht erforderlich zur Übernahme von Bürgschafts- und Garantieverpflichtungen durch eine Devisenbank zugunsten ihrer inländischen Kunden, wenn die Devisenbank bereits bisher derartige Verpflichtungen zu übernehmen pflegte, das garantierte Geschäft der Genehmigung bedarf und diese erteilt worden ist.

Eine Genehmigung nach § 13 Abs. 1 der Devisenverordnung zur Übernahme von Bürgschaften und Garantien kann erteilt werden, wenn dargetan wird, daß die Übernahme üblich und

volkswirtschaftlich gerechtfertigt ist, und wenn die Gefahr einer Inanspruchnahme der Garantie demgegenüber verhältnismäßig gering ist. Dies gilt insbesondere für die Übernahme von Lieferungs- und Anzahlungsgarantien zugunsten deutscher Exportfirmen.

Zu § 13 Abs. 2 der Devisenverordnung.

32. Als Forderungen im Sinne von § 13 Abs. 2 und 3 und von § 20 der Devisenverordnung gelten auch Hypotheken, Grund- und Rentenschulden, jedoch nicht Eigentümergrundschulden.

33. Die Vorschrift des § 13 Nr. 2 der Devisenverordnung gilt nicht für Reichsschuldbuchforderungen, die auf Grund des § 10 Abs. 2 und 3 des Kriegsschädenschlußgesetzes vom 20. März 1928 (RGBl. I S. 120) oder des Art. III des Gesetzes über die Abkommen zur Regelung von Fragen des Teils X des Vertrags von Versailles vom 18. März 1930 (RGBl. II S. 539) in Verbindung mit der Polenschädenverordnung vom 14. Juli 1930 (RGBl. II S. 957) eingetragen worden sind, sofern mit dem Antrag auf Übertragung der Reichsschuldbuchforderung die Erklärung einer Devisenbank vorgelegt wird, daß die Umschreibung zur Erfüllung eines von ihr vermittelten Kaufgeschäfts erfolgt, daß sie den Gegenwert für den Veräußerer im Inland erhalten hat und daß ihr der unwiderrufliche Auftrag erteilt ist, die etwa als Gegenwert erworbenen ausländischen Zahlungsmittel der Reichsbank zur Verfügung zu stellen.

Die Vorschrift des § 13 Abs. 3 der Devisenverordnung gilt nicht für Reichsschuldbuchforderungen der in Abs. 1 genannten Art.

34. **Eine Genehmigung nach § 13 Abs. 2 der Devisenverordnung ist nicht erforderlich zur Übertragung der Forderung gegen den Ersteher auf einen dinglich berechtigten Ausländer oder Saarländer im Zwangsversteigerungsverfahren nach § 118 ZVG.**

35. Ohne Genehmigung nach § 13 Abs. 2, § 14 Abs. 1 der Devisenverordnung kann ein Ausländer oder Saarländer über sein Reichsmarkguthaben bei einem inländischen Kreditinstitut oder Postscheckamt verfügen, soweit es nach dem 15. Juli 1931 (**wenn**

der Gläubiger eine ausländische Bank ist, nach dem 31. Juli 1931) entstanden ist (freies Konto). Er kann insbesondere auch auf das inländische Konto eines anderen Ausländers oder Saarländers Überweisungen vornehmen, selbst Beträge von dem Konto abheben **sowie zu Lasten des Kontos Barzahlungen an Inländer oder Ausländer im Inland leisten.**

Eine Genehmigung zur Leistung von Zahlungen nach dem Ausland oder dem Saargebiet in Reichsmark oder in ausländischer Währung (§ 3 Abs. 2, §§ 12, 13 Abs. 2 der Devisenverordnung) zu Lasten des freien Kontos eines Ausländers oder Saarländers kann erteilt werden.

Entsprechendes gilt für Personen, die nach dem 3. August 1931 ihren Wohnsitz oder gewöhnlichen Aufenthalt ins Ausland oder ins Saargebiet verlegt haben (§ 13 Abs. 3 Satz 2 der Devisenverordnung), hinsichtlich der nach der Verlegung erworbenen Guthaben.

36. **Ohne Genehmigung nach § 13 Abs. 2 kann die Forderung eines Ausländers oder Saarländers an einen anderen Ausländer oder Saarländer abgetreten werden, es sei denn, daß es sich um Forderungen der in § 13 Abs. 3, §§ 17 bis 20 der Devisenverordnung genannten Art handelt. In diesen Fällen kann die Genehmigung erteilt werden, wenn die Abtretung nicht unmittelbar oder mittelbar zur Abdeckung einer solchen Forderung führt, z. B. dadurch, daß der neue Gläubiger mit der Forderung aufrechnet.**

Die Genehmigung zur Abtretung der Forderung eines Ausländers oder Saarländers, die unter § 13 Abs. 3, §§ 17 bis 20 der Devisenverordnung fällt, an einen Inländer ist zu versagen, es sei denn, daß das Abtretungsentgelt auf ein Sperrkonto gezahlt wird und der Schuldner der Abtretung zustimmt.

Zu § 13 Abs. 3 der Devisenverordnung.

37. Forderungen auf regelmäßig wiederkehrende Leistungen (z. B. Kapitalzinsen, Mietzinsen) gelten erst im Zeitpunkt ihrer Fälligkeit als entstanden im Sinne von § 13 Abs. 3 der Devisenverordnung.

38. Als genehmigungsbedürftige Verfügung über die Forderung eines Ausländers oder Saarländers im Sinne von § 13 Abs. 3 der Devisenverordnung gilt nicht

a) die Kündigung,
b) die Stundung, **soweit nicht mit ihr die Zins- oder Tilgungsbedingungen zuungunsten des Schuldners abgeändert werden,**
c) **der Verzicht auf die Forderung,**
d) die Änderung des Rangverhältnisses eines dinglichen Rechts (Nr. 32),
e) bei Wechselforderungen die Protesterhebung.

39. Eine Genehmigung nach § 13 Abs. 3 der Devisenverordnung ist auch dann nicht erforderlich, wenn für die Verpflichtung eines Ausländers oder Saarländers gegenüber einem Inländer Befriedigung aus einem inländischen Grundstück im Wege der Zwangsversteigerung oder Zwangsverwaltung gesucht wird.

40. Eine Genehmigung zur Umlegung eines vor dem 16. Juli 1931 entstandenen Reichsmarkguthabens eines Ausländers oder Saarländers bei einem inländischen Kreditinstitut (Altguthaben) zu einem anderen inländischen Kreditinstitut **kann, wenn der umzulegende Betrag 10 000 RM innerhalb eines Kalendermonats nicht übersteigt, unter der Bedingung erteilt werden,** daß der umgelegte Betrag bei dem neuen Kreditinstitut ebenfalls als Altguthaben geführt wird. **Entsprechendes gilt für die Umlegung eines alten Währungsguthabens (§ 4 der Devisenverordnung).**

Wegen der Verfügung über Reichsmark-Altguthaben vgl. im übrigen Abschn. I Nr. 10.

Zu § 14 der Devisenverordnung.

41. Eine Genehmigung nach § 14 der Devisenverordnung darf in der Regel nur erteilt werden, wenn es sich um die Erfüllung fälliger Verbindlichkeiten handelt und die Erfüllung nach Abschn. I Nr. 7 und 8 und nach Abschn. III Unterabschn. A zulässig ist.

42. Eine Genehmigung nach § 14 Abs. 2 der Devisenverordnung ist nicht erforderlich zur Gutschrift des Gegenwerts von Reichs-

markwechseln, die von einem Inländer akzeptiert sind, auf dem Konto eines Ausländers oder Saarländers, der im Zeitpunkt der Fälligkeit aus dem Wechsel berechtigt ist, **wenn die Genehmigung zur Versendung des Wechsels ins Ausland oder ins Saargebiet oder zur Aushändigung desselben an einen Ausländer oder Saarländer oder zugunsten eines solchen an einen Inländer (§§ 12, 14 Abs. 1 der Devisenverordnung) auf dem Wechsel selbst erteilt oder der Genehmigungsbescheid mit dem Wechsel verbunden worden ist. Ist die Versendung oder Aushändigung auf Grund einer allgemeinen Genehmigung erfolgt, so genügt es statt dessen, wenn der Inhaber der allgemeinen Genehmigung in der gleichen Weise die Nummer dieser Genehmigung und die Stelle für Devisenbewirtschaftung, von der sie erteilt wurde, vermerkt und den Vermerk unterschrieben hat. Ist die Versendung auf Grund der Richtlinien ausnahmsweise ohne Genehmigung zulässig, so genügt es, wenn dies unter Angabe der betreffenden Bestimmung in der gleichen Weise vermerkt und der Vermerk unterschrieben wird.**

Sind die Voraussetzungen von Abs. 1 nicht erfüllt, so kann die Gutschrift des Gegenwerts des Reichsmarkakzeptes auf dem Konto des Ausländers oder Saarländers nur erfolgen, wenn das Kreditinstitut, welches von dem Ausländer oder Saarländer mit der Einziehung des Wechsels beauftragt ist, diesen mit einem Vermerk „aus dem Ausland" versieht und wenn das Kreditinstitut, welches die Wechsel unmittelbar oder durch Vermittlung der Post oder einer anderen Stelle zur Zahlung vorlegt, seiner zuständigen Stelle für Devisenbewirtschaftung binnen einer Woche nach Einlösung hiervon, soweit die Wechsel auf einen Betrag von mehr als 200 RM lauten, unter Angabe des Bezogenen Mitteilung macht.

Eine Genehmigung nach § 14 Abs. 2 der Devisenverordnung ist erforderlich, wenn der Wechsel von dem Verpflichteten auf Grund einer Darlehensgewährung akzeptiert wurde.

Abs. 1 bis 3 gelten entsprechend für im Inland zahlbare Wechsel, die auf eine ausländische Währung lauten, ohne eine Effektivklausel zu tragen. Dasselbe gilt, wenn bei Wechseln

mit Effektivklausel der ausländische Berechtigte sich mit Reichsmarkzahlung einverstanden erklärt.

Die Vorschriften des Abs. 1 und 2 gelten nicht für Wechsel, die erkennbar für Forderungen aus Warenlieferungen aus Ungarn ausgestellt sind.

43. Eine Genehmigung nach § 14 Abs. 2 der Devisenverordnung ist nicht erforderlich zur Gutschrift des Gegenwerts solcher Reichsmarkschecks auf dem Konto eines Ausländers oder Saarländers, die auf das Konto eines Inländers bei einem inländischen Kreditinstitut **oder einem inländischen Postscheckamt** gezogen sind und aus dem Ausland oder dem Saargebiet zum Inkasso eingesandt werden, wenn die Genehmigung zur Versendung des Schecks (§ 12 der Devisenverordnung) auf dem Scheck selbst erteilt oder der Genehmigungsbescheid mit dem Scheck verbunden worden ist. Ist die Versendung auf Grund einer allgemeinen Genehmigung **oder zulässigerweise ohne Genehmigung** erfolgt, so gilt Nr. 42 Abs. 1 Satz 2 und 3 entsprechend. **Nr. 42 Abs. 4 und 5 gilt entsprechend.**

44. Eine Genehmigung nach § 14 Abs. 2 der Devisenverordnung ist nicht erforderlich für Gutschriften, welche die kontoführende Bank zur Abwicklung ihrer Geschäfte mit dem ausländischen oder saarländischen Kontoinhaber vornimmt. **Ob die Gutschrift auf freiem oder Sperrkonto zu erfolgen hat, bestimmt sich nach den hierfür maßgebenden Vorschriften.**

Zu § 15 der Devisenverordnung.

45. Die Genehmigung zur Einlösung von Zinsscheinen oder Gewinnanteilscheinen nach § 15 Abs. 2 der Devisenverordnung kann erteilt werden, wenn der Ausländer oder Saarländer glaubhaft dartut, die Wertpapiere, zu denen die Zinsscheine oder Gewinnanteilscheine gehören, seien ihm von einem Inländer zur Sicherheit für einen von ihm gewährten Kredit verpfändet und der Gegenwert der Zinsscheine oder Gewinnanteilscheine übersteige nicht die an ihn für den Kredit zu zahlenden Zinsen (vgl. auch Nr. 55 zu b und Abschn. III Nr. 23 zu a und b).

46. **Die Abgabe von Affidavits nach § 15 Abs. 2 der Devisenverordnung ist nicht erforderlich, wenn inländische Anleiheschuldner oder Gesellschaften einer ausländischen oder saarländischen Einlösungsstelle die Mittel zur Einlösung von Zins- und Gewinnanteilscheinen zur Verfügung stellen.**

Zu § 16 der Devisenverordnung.

47. Für die Genehmigung nach § 16 der Devisenverordnung gilt Nr. 26 entsprechend.

Eine Genehmigung nach § 16 der Devisenverordnung darf nur erteilt werden, wenn die Gewähr dafür gegeben ist, daß die Aushändigung oder Umlegung nicht dazu führt, daß der Ausländer oder Saarländer über den Gegenwert der Stücke im Widerspruch zu § 18 der Devisenverordnung frei verfügen kann.

Für die Genehmigung zur Aushändigung von Wertpapieren im Inland an einen Ausländer oder Saarländer gilt Nr. 27 entsprechend.

Zu § 17 der Devisenverordnung.

48. **Eine Genehmigung nach § 17 der Devisenverordnung ist nicht erforderlich, wenn**

a) **die im Inland eingereichten Zahlungsmittel Schecks auf das freie Reichsmarkguthaben eines Ausländers oder Saarländers sind;**

b) **bei im Inland eingereichten Zahlungsmitteln der Einreicher nachweist, daß ihm die Zahlungsmittel im Inland von einem Inländer mit Genehmigung nach § 14 Abs. 1 der Devisenverordnung ausgehändigt worden sind;**

c) **bei aus dem Ausland eingesandten Reichsmarknoten der Einsender nachweist, daß die Noten mit Genehmigung nach § 12 der Devisenverordnung ins Ausland oder ins Saargebiet versandt oder überbracht worden waren.**

49. **Eine Genehmigung nach § 17 der Devisenverordnung zur freien Verfügung des Kontoinhabers kann erteilt werden:**

a) wenn der Einreicher glaubhaft macht, daß ihm die inländischen Zahlungsmittel zu Lasten eines freien Reichsmarkguthabens eines Ausländers oder Saarländers ausgezahlt worden sind oder daß er ihren Gegenwert in ausländischer Währung aus dem Ausland oder Saargebiet zugesandt erhalten oder mitgebracht hat;

b) wenn die Verweigerung für den Einreicher oder Einsender mit Rücksicht auf seine persönlichen Verhältnisse eine unbillige Härte bedeuten würde. Bei Beträgen von mehr als 10 000 RM ist die Entscheidung des Reichswirtschaftsministers einzuholen.

50. Eine Genehmigung nach § 17 der Devisenverordnung zur freien Verfügung des Kontoinhabers kann Kreditinstituten und Reisebüros an Kurorten, größeren Plätzen und im Grenzgebiet im Ausland und im Saargebiet, die Reichsmarknoten einreichen, erteilt werden, wenn sie nachweisen, daß sie die Noten durch Umwechselungen von Inländern erworben haben, welche für jede Person nicht mehr als 200 RM betragen haben. Als Nachweis gelten Bescheinigungen der Personen, welche die Noten bei dem Kreditinstitut oder dem Reisebüro umgewechselt haben; die Bescheinigungen müssen den umgewechselten Betrag in Ziffern und Buchstaben, den Tag der Umwechselung sowie den Namen und die genaue Anschrift dieser Personen enthalten und von diesen unterschrieben sein. Die Kreditinstitute und Reisebüros müssen sich den Reisepaß oder Grenzausweis dieser Personen vorlegen lassen und dessen Nummer und Ausstellungsstelle auf der Bescheinigung vermerken.

51. Eine Genehmigung nach § 17 der Devisenverordnung kann erteilt werden zum Zwecke der Umwandlung des Guthabens in eine langfristige Kapitalanlage der in Abschn. I Nr. 9 zu a und c genannten Art unter den dort bezeichneten Bedingungen.

Eine Genehmigung nach § 17 der Devisenverordnung kann ferner erteilt werden unter den in Abschn. I Nr. 10 Abs. 1 zu c genannten Voraussetzungen und Bedingungen.

Eine Genehmigung nach § 17 der Devisenverordnung ist

nicht erforderlich zum Erwerb inländischer, auf Reichmark, Goldmark oder einen Sachwert lautender Wertpapiere aus einem solchen Guthaben.

52. **Eine Genehmigung zur Umlegung eines nach § 17 der Devisenverordnung entstandenen Sperrguthabens als Sperrguthaben zu einem anderen inländischen Kreditinstitut kann erteilt werden, wenn die Umlegung zum Zwecke der Zusammenlegung mit dem Konto der ständigen Bankverbindung des Kontoinhabers erfolgen soll oder wenn die umzulegenden Beträge 10 000 RM innerhalb eines Kalendermonats nicht übersteigen.**

Zu §§ 18 bis 20 der Devisenverordnung.

53. **Ohne Genehmigung nach § 18 der Devisenverordnung kann über die Forderung eines Ausländers oder Saarländers verfügt werden, die durch die Einlösung rückzahlbar gewordener ausländischer Wertpapiere entstanden ist.**

54. Eine Genehmigung nach § 18 der Devisenverordnung zur Zahlung im Inland ist zu erteilen, wenn der Ausländer oder Saarländer nachweist, daß er den Erlös zur Abdeckung eines Kredits bei einer inländischen Bank braucht, zu dessen Sicherung die Wertpapiere gedient hatten.

55. Eine Genehmigung nach § 18 der Devisenverordnung zur freien Verfügung des Gläubigers kann erteilt werden,

a) wenn **die Wertpapiere nachweislich aus Devisen angeschafft worden waren, die nach dem 15. Juli 1931 nach Deutschland gebracht worden sind**, insbesondere, wenn aus diesem Grund einer Devisenbank für ihren ausländischen oder saarländischen Kunden die Genehmigung zur Transferierung des Erlöses dieser Wertpapiere verbindlich zugesagt worden war;

b) wenn der Ausländer oder Saarländer glaubhaft dartut, daß die verkauften Wertpapiere ihm von einem Inländer zur Sicherheit für einen von ihm gewährten Kredit verpfändet waren, **der unter Abschn. I Nr. 7 fällt oder bei dem die Voraussetzungen von Abschn. II Nr. 5 erfüllt sind**, daß die verpfändeten Wertpapiere den Kredit nicht ausreichend deckten und er den inländischen Schuldner vergeblich aufgefordert habe, einen entsprechenden Teilbetrag der Schuld abzudecken oder ausreichende zusätzliche Sicherheiten zu stellen.

56. Eine Genehmigung nach §§ 18 bis 20 der Devisenverordnung zur freien Verfügung des Gläubigers kann erteilt werden, wenn die Verweigerung für diesen mit Rücksicht auf seine persönlichen Verhältnisse eine unbillige Härte bedeuten würde. Bei Beträgen von mehr als 10 000 RM ist die Entscheidung des Reichswirtschaftsministers einzuholen.

57. **Eine Genehmigung nach §§ 18 bis 20 der Devisenverordnung kann erteilt werden zum Zwecke der Umwandlung der Forderung in eine langfristige Kapitalanlage der in Abschnitt I Nr. 9 (in den Fällen des § 18 der in Abschn. I Nr. 9 zu a und c) genannten Art unter den dort bezeichneten Bedingungen.**

Eine Genehmigung nach §§ 19, 20 der Devisenverordnung kann erteilt werden unter den in Abschnitt I Nr. 10 Abs. 1 zu c genannten Voraussetzungen und Bedingungen.

58. **Eine Genehmigung zur Umlegung eines nach § 18 der Devisenverordnung entstandenen Sperrguthabens als Sperrguthaben zu einem anderen inländischen Kreditinstitut kann erteilt werden.**

Eine Genehmigung zur Umlegung eines nach §§ 19, 20 der Devisenverordnung entstandenen Guthabens als Sperrguthaben zu einem anderen inländischen Kreditinstitut kann erteilt werden, wenn die Umlegung zum Zwecke der Zusammenlegung mit dem Konto der ständigen Bankverbindung des Kontoinhabers erfolgen soll oder wenn die umzulegenden Beträge 10 000 RM innerhalb eines Kalendermonats nicht übersteigen.

Zu § 21 der Devisenverordnung.

59. **Die Freigrenze kann nicht in Anspruch genommen werden von einer Person, die innerhalb desselben Kalendermonats bereits eine gleichartige Rechtshandlung mit Genehmigung vorgenommen hat.**

60. Die Zusammenrechnung gleichartiger Tatbestände ist auf die Person abzustellen, welche die genehmigungsbedürftigen Rechtshandlungen vornimmt, ohne Rücksicht darauf, ob diese Handlungen einer oder verschiedenen Personen gegenüber vorgenommen werden (z. B. Versendung von Zahlungsmitteln an mehrere ausländische Personen), und ohne Rücksicht auf den Zweck der Handlung (z. B. Verfügung über ausländische Zahlungsmittel zur Bezahlung von Warenlieferungen, Provisionen, Reisekosten).

61. Nimmt eine inländische Bank im Auftrag ihrer Kunden Rechtshandlungen vor, so wird die Freigrenze für jeden ihrer Kunden besonders berechnet. In bezug auf die Verfügung über Reichsmarkkonten gilt jede ausländische Niederlassung einer ausländischen Bank, die ein eigenes Reichsmarkkonto unterhält, als selbständige ausländische Person.

62. Als gleichartige Tatbestände im Sinne von § 21 der Devisenverordnung gelten insbesondere:

a) **die Leistung von Zahlungen an Ausländer oder Saarländer oder zugunsten von Ausländern oder Saarländern an Inländer oder in ausländischer Währung an Inländer sowie die Versendung oder Überbringung von Zahlungsmitteln ins Ausland oder ins Saargebiet (§ 3 Abs. 2, §§ 4, 12, 13 Abs. 2, 14 der Devisenverordnung);**

b) **der Erwerb von Wertpapieren der in §§ 5 bis 7 der Devisenverordnung genannten Art, die Verfügung über solche Wertpapiere und die Versendung oder Überbringung von Wertpapieren ins Ausland oder ins Saargebiet.**

63. Die Vorweisung eines amtlichen Reisepasses und die Eintragung der erworbenen Zahlungsmittel darin ist nicht erforderlich zum Erwerb und zur Versendung von ausländischen Zahlungsmitteln in Höhe von nicht mehr als 10 RM innerhalb eines Kalendermonats.

64. Von der Eintragung im Reisepaß kann abgesehen werden, wenn ein Inländer, der sich vorübergehend im Ausland oder im Saargebiet befindet, ausländische Zahlungsmittel im Inlande erwerben und sich ins Ausland oder ins Saargebiet schicken lassen

will. In diesem Fall ist die Eintragung alsbald nach Rückkehr ins Inland nachzuholen.

65. Will eine juristische Person im Rahmen der Freigrenze ausländische Zahlungsmittel erwerben und ist die Vorweisung des amtlichen Reisepasses eines ihrer gesetzlichen Vertreter und die Eintragung der erworbenen Zahlungsmittel darin nicht möglich, so muß die Genehmigung zu dem Erwerb nachgesucht werden.

66. **Eine Genehmigung kann auch zu Rechtshandlungen erteilt werden, die nach den Devisenbestimmungen einer Genehmigung bedürfen, bei denen aber damit zu rechnen ist, daß sie im Rahmen der Freigrenze erfolgen können, sofern ein Interesse an einer Klärung ihrer Zulässigkeit besteht, insbesondere, wenn ein Anspruch im Wege der Klage oder der Zwangsvollstreckung verfolgt werden soll.**

Zu § 22 der Devisenverordnung.

67. Bei Anträgen des Gläubigers nach § 22 der Devisenverordnung ist der Schuldner vor Erteilung der Genehmigung zu hören. **Die Anhörung bezweckt nicht die Feststellung des Bestehens oder Nichtbestehens des behaupteten Anspruchs, sondern lediglich die Klärung derjenigen Tatsachen, die für die devisenrechtliche Entscheidung von Bedeutung sind (z. B. ob eine alte oder neue Forderung vorliegt; ob es sich um einen Waren- oder einen Finanzkredit handelt).**

68. **Die Genehmigung zu einer Leistung (§ 22 der Devisenverordnung) ist stets dem Schuldner zu erteilen. Dem Gläubiger ist die Genehmigung abschriftlich mitzuteilen, wenn er den Antrag gestellt oder eine solche Mitteilung erbeten hat.**

Zu §§ 23 bis 26 der Devisenverordnung.

69. **Prozessuale Handlungen (Klageerhebung, Streitverkündung, Zwangsvollstreckung) bedürfen als solche nicht der Genehmigung. Dem § 23 der Devisenverordnung liegt aber die Rechtsauffassung zugrunde, daß, wenn ein Anspruch verfolgt**

wird, zu dessen Erfüllung der Schuldner der Genehmigung bedarf (§ 22 der Devisenverordnung), das Gericht ohne den Nachweis des Vorliegens der Genehmigung der Klage nicht stattgeben könnte, da es den Schuldner sonst zu einer verbotenen Leistung verurteilen würde. Daher ist in diesen Fällen die Genehmigung nicht zur Erhebung der Klage oder zur Durchführung der Zwangsvollstreckung als solcher, sondern „zur Leistung des Schuldners" zu erteilen. Eine vor oder nach Erhebung der Klage erteilte Genehmigung berechtigt demgemäß auch zur Zwangsvollstreckung aus dem Urteil.

Anträge auf Genehmigung einer prozessualen Handlung sind so zu behandeln, als ob die Genehmigung zu der Leistung nachgesucht würde, deren Herbeiführung im Wege der Klage oder der Zwangsvollstreckung bewirkt werden soll.

Für die Durchführung einer Feststellungsklage (§ 256 ZPO.) bedarf es keiner Genehmigung, da mit einer solchen Klage keine Leistung des Schuldners verlangt wird.

70. Soll aus einem dinglichen Recht (Nr. 32) gegen den Grundstückseigentümer vorgegangen werden, so ist die Genehmigung, wenn sie erteilt wird, darauf abzustellen, daß der Gläubiger die Befriedigung aus dem Grundstück suchen darf.

71. Ohne Genehmigung zur Leistung nach § 25 der Devisenverordnung ist zulässig:

a) die Erteilung der Vollstreckungsklausel,

b) die Vorpfändung einer Forderung (§ 845 ZPO.),

c) die Ausbringung und Durchführung eines Arrests (§ 916 ff. ZPO.).

72. Die Rückgabe einer von einem Ausländer oder Saarländer nach §§ 67 ff. ZVG. geleisteten Sicherheit (Bietungskaution) bedarf keiner Genehmigung.

73. Ohne Genehmigung können Zahlungen zugunsten von Ausländern, welche Gerichte oder Gerichtsvollzieher von Amts wegen zu bewirken haben (z. B. die Auszahlung von Anteilen an einem Versteigerungserlös), an eine Devisenbank mit der Maßgabe geleistet werden, daß über das entstandene Guthaben

nur mit Genehmigung verfügt werden darf, wenn die Gerichte oder Gerichtsvollzieher gleichzeitig der Stelle für Devisenbewirtschaftung Berlin von der Zahlung Mitteilung machen.

Zu § 31 der Devisenverordnung.

74. Eine Anzeige nach § 31 der Devisenverordnung ist — vorbehaltlich der Vorschrift in Nr. 75 zu h — nicht erforderlich bei der Auslieferung von Wertpapieren. Nr. 26 und Nr. 47 Abs. 1 bleiben unberührt.

Eine Anzeige ist ferner nicht erforderlich, wenn bei einer Anlieferung der ausmachende Betrag der Wertpapiere 1000 RM nicht übersteigt, es sei denn, daß

a) es sich um Aktien (einschl. der Reichsbahnvorzugsaktien) oder um Industrieobligationen handelt oder

b) innerhalb der letzten 30 Tage von einer Person, die Wertpapiere anliefert, bereits eine Anlieferung erfolgt war.

Eine Anzeige ist ferner nicht erforderlich

a) für Anlieferungen, die zur Abstempelung, Bogenerneuerung, zum Umtausch, zur Umschreibung auf den Namen oder auf den Inhaber oder zu anderen technischen Zwecken oder zur Wahrnehmung von Rechten aus den Wertpapieren erfolgt;

b) für die Umlegung von Wertpapieren aus dem Depot eines Inländers in das eines anderen Inländers oder aus dem Depot eines Ausländers in das eines anderen Ausländers bei derselben Devisenbank;

c) für die Umlegung von Wertpapieren aus dem Depot eines Kunden bei einer Devisenbank in das Depot desselben Kunden bei einer anderen Devisenbank;

d) wenn Wertpapiere, die bereits am 15. April 1932 in einem unter dem Namen einer Devisenbank geführten Depot im Ausland lagen, von der Bank im Inlande ins Depot genommen werden;

e) wenn Gegenstand der Einlieferung ein Effektenscheck ist;

f) wenn nur Mäntel oder nur Bogen von Wertpapieren eingeliefert werden, es sei denn, daß der fehlende Teil bereits im Depot ruht;

g) im Verkehr zwischen Girozentralen und Landesbanken einerseits und öffentlichen Sparkassen, Girokassen und Kommunalbanken andererseits, wenn die Sparkassen und Kommunalbanken deshalb nicht Devisenbanken sind, weil sie kein Reichsbankgirokonto besitzen (vgl. I der Bekanntmachung des Reichsbankdirektoriums vom 18. Juli 1931 — Deutscher Reichsanzeiger Nr. 166 —); dies gilt nur, wenn die Sparkassen, Girokassen und Kommunalbanken ihrerseits für die Wertpapiere, die ihnen angeliefert werden, die Anzeige erstatten.

75. Eine Anzeige nach § 31 der Devisenverordnung ist insbesondere erforderlich

a) für die Anlieferung von Wertpapieren, die in Ausführung eines genehmigungsfreien Tauschgeschäfts (Nr. 19) erworben werden;

b) für die Anlieferung von Wertpapieren durch Ausländer für Rechnung von Inländern;

c) für die Anlieferung von rückzahlbar gewordenen Pfandbriefen einer inländischen Hypothekenbank bei dieser zum Zwecke der Einlösung;

d) wenn die Wertpapiere von einem Makler an eine Devisenbank in Erfüllung eines Börsengeschäfts effektiv geliefert werden;

e) wenn Wertpapiere durch die Post aus dem Inland eingehen, es sei denn, daß die Sendung von einer Devisenbank kommt;

f) wenn Wertpapiere durch die Post aus dem Ausland eingehen, es sei denn, daß die Voraussetzungen von Nr. 74 zu d erfüllt sind;

g) wenn Mäntel oder Bogen von Wertpapieren durch eine Devisenbank in ein Depot eingeliefert werden, in dem sich die fehlenden Teile der Wertpapiere bereits befinden;

h) wenn Aktien, für die im Ausland Zertifikate ausgegeben sind, im Umtausch gegen solche Zertifikate ausgehändigt werden.

76. An Stelle der Angabe des Namens und der Anschrift des Anlieferers kann bei der Anzeige nach § 31 der Devisenverordnung eine Ordnungsnummer mitgeteilt werden; der Anzeigepflichtige hat in diesem Falle für dieselbe Person stets dieselbe Ordnungsnummer zu verwenden und die Ordnungsnummern fortlaufend in eine Liste einzutragen. Die Vorschrift des Satz 1 gilt nicht, soweit die Wertpapiere von gewerbsmäßigen Effektenhändlern oder gewerbsmäßigen Vermittlern von Effektengeschäften angeliefert werden.

Zu § 1 der Durchführungsverordnung.

77. **Die Verpflichtung zur Anbietung der vorübergehend entstehenden Forderungen in ausländischer Währung nach § 1 der Durchführungsverordnung entfällt, wenn Wertpapiere mit Genehmigung gegen ausländische Währung verkauft und ins Ausland oder ins Saargebiet versandt und aus dem Erlös alsbald andere Wertpapiere erworben werden. Die Anbietungspflicht für etwaige Spitzenbeträge bleibt unberührt. Vgl. Nr. 19 Abs. 3.**

78. Die Verpflichtung zur Anbietung von fälligen Zins- und Gewinnanteilscheinen und rückzahlbar gewordenen Wertpapieren nach § 1 der Durchführungsverordnung entfällt, wenn eine Devisenbank im Auftrag ihres Kunden vor oder alsbald nach Fälligkeit die Einziehung übernimmt und den unwiderruflichen Auftrag erhalten hat, die als Gegenwert erworbenen ausländischen Zahlungsmittel der Reichsbank zur Verfügung zu stellen.

III. Abschnitt.

Richtlinien für besondere Gruppen von Geschäften.

1. Die Vorschriften dieses Abschnittes gelten vorbehaltlich der Vorschriften des I. Abschnitts. Daneben gelten, soweit sich aus den Vorschriften dieses Abschnitts nichts anderes ergibt, auch die Vorschriften des II. Abschnitts.

A. Warenverkehr.

Einfuhr.

2. Die Stellen für Devisenbewirtschaftung können die erforderlichen Genehmigungen bis auf weiteres unbeschränkt erteilen, um die Bezahlung von Waren an den ausländischen Lieferanten zu ermöglichen, für die der urkundliche Nachweis geliefert wird, daß sie auf Grund von Verträgen gekauft sind, die vor dem 4. August 1931 abgeschlossen wurden.

3. Die Stellen für Devisenbewirtschaftung können Personen und Personenvereinigungen, die im Handels- oder Genossenschafsregister oder in der Handwerksrolle eingetragen sind, die erforderlichen Genehmigungen zur Leistung von Zahlungen an Ausländer für zum Verbrauch oder zur Verarbeitung im Inland eingeführte Waren allgemein erteilen, wenn ihnen die zuständige Industrie- und Handelskammer eine Bescheinigung darüber erteilt hat, daß sie im Rahmen ihres bisherigen Geschäftsbetriebes regelmäßig Zahlungen für diese Zwecke in bestimmter Höhe zu leisten haben. Die Genehmigung gilt auch für Zahlungen in in- und ausländischer Währung an inländische Inkassobevollmächtigte oder Vertreter eines Ausländers **sowie für Reichsmarkzahlungen an Inländer zugunsten eines Ausländers. Sie gilt ferner für den Umtausch von Zahlungsmitteln oder Forderungen einer ausländischen gegen solche einer anderen ausländischen Währung (Kassa-Usance-Geschäfte).** Sie gilt nicht

a) **für Zahlungen an die Handelsvertretung der U. d. S. S. R. in Deutschland oder an andere sowjetrussische Exportorganisationen (auch soweit sie Gesellschaften deutschen Rechts sind);**

b) **für Zahlungen für Warenlieferungen aus dem Saargebiet;**

c) **für Zahlungen für Warenlieferungen aus Ungarn;**

d) **für Zahlungen, die im Zusammenhang mit einem Sachleistungsvertrag (Reparationslieferung) stehen;**

e) **für die Bezahlung von ausländischem Zellstoff;**

f) **für die Bezahlung von ausländischem Weizen und Spelz, Roggen, Futtergerste und Mais, soweit hierfür besondere**

Anweisungen des Reichswirtschaftsministeriums ergangen sind;

g) **für die Vornahme von Termingeschäften über ausländische Zahlungsmittel gegen andere ausländische Zahlungsmittel (Usance-Termingeschäfte) oder gegen inländische Zahlungsmittel (Devisen-Termingeschäfte);**

h) für die völlige oder teilweise Tilgung von Verbindlichkeiten, die den Gegenstand eines der in Abschn. I Nr. 6 genannten Abkommen bilden oder deren Tilgung nach Abschnitt I Nr. 7 nicht gestattet ist.

Die Genehmigung ist jeweils für ein Kalendervierteljahr zu erteilen. In dem Genehmigungsbescheid ist für jeden Kalendermonat der Höchstbetrag (Grundbetrag) der erforderlichen Zahlungen an Ausländer anzugeben. **Der Reichswirtschaftsminister bestimmt jeweils den Teil des Grundbetrages, der auf Grund der allgemeinen Genehmigung in den einzelnen Monaten für solche Zahlungen in Anspruch genommen werden darf (gekürzter Höchstbetrag).** Jede genehmigungsbedürftige Zahlung ist alsbald auf dem Genehmigungsbescheid von dem Höchstbetrag abzuschreiben. Beim Erwerb von ausländischen Zahlungsmitteln und bei Überweisungen von einem Bank- oder Postscheckguthaben **sowie bei anderen Zahlungen aus einem solchen Guthaben (z. B. Einlösung von Reichsmarkschecks oder -wechseln)** hat die Bank oder das Postscheckamt, welches den Auftrag ausführt, bei allen anderen Zahlungen hat der Inhaber der Genehmigung selbst die Abschreibung vorzunehmen. **Schecks, die der Inhaber der Genehmigung selbst ausgestellt hat, und Wechsel, die er selbst akzeptiert hat, sind nicht im Zeitpunkt der Versendung, sondern erst im Zeitpunkt der Einlösung von dem Höchstbetrag abzuschreiben. Für Kassa-Usance-Geschäfte ist eine Abschreibung nicht erforderlich.** Auf Antrag kann der Genehmigungsbescheid in mehreren Ausfertigungen ausgestellt werden; in diesem Falle ist der Höchstbetrag auf die Ausfertigungen in der Art zu verteilen, daß der Gesamtwert der Ausfertigungen den Höchstbetrag nicht übersteigt. Ein Doppel des Genehmigungsbescheids ist der zuständigen Reichsbankanstalt zu übermitteln. In dem Genehmigungsbescheid ist auf das Erfordernis der Voranmeldung bei Devisenanforderungen von mehr als 20 000 RM (Abschn. I Nr. 17) hinzuweisen. **Auf Grund der Genehmigung ist ein Ausgleich zwischen den Höchstbeträgen zweier aufeinanderfolgender Monate im Wege der Übertragung und des Vorgriffs bis zu 10 v. H. des gekürzten Höchstbetrages zulässig.**

Ein Erwerb von Devisen auf Grund der allgemeinen Genehmigung ist erst zulässig, wenn die Fälligkeit der Zahlung eingetreten ist oder unmittelbar bevorsteht. **Wird auf Grund der Genehmigung eine Zahlung für eine Ware geleistet, die sich noch nicht im Inlande befindet, so muß die Ware spätestens einen Monat nach der Zahlung tatsächlich in das deutsche Wirtschaftsgebiet (§ 9 der Durchführungsverordnung) verbracht werden. Ist die Einhaltung dieser Frist in einzelnen Fällen nicht möglich, so kann die Stelle für Devisenbewirtschaftung sie angemessen verlängern. Die Stelle für Devisenbewirtschaftung kann ferner auf Grund des Gutachtens der zuständigen Industrie- und Handelskammer, wonach für eine bestimmte Warenart nach den bestehenden Handelsgebräuchen die Zahlung regelmäßig länger als einen Monat vor der tatsächlichen Einfuhr der Ware in das Inland zu erfolgen pflegt, einzelnen Firmen für Waren dieser Art die Frist des Satz 2 allgemein angemessen verlängern.**

Werden auf Grund der Genehmigungen Zahlungen für den Bezug von Waren aus Ländern geleistet, in denen die Handhabung der Devisenbewirtschaftung die Verfügung über Guthaben aus dem Warenverkehr oder die Umwandlung in eine fremde Währung erschwert, so gelten für die Zuteilung von Devisen durch die Reichsbank auf Grund der Genehmigung die in Nr. 4 Abs. 4 aufgestellten Grundsätze entsprechend.

Die Industrie- und Handelskammer darf die in Abs. 1 genannte Bescheinigung nur solchen Personen oder Personenvereinigungen erteilen, welche die Gewähr für die Einhaltung der in Abs. 1 bis 4 umschriebenen Bedingungen bieten. Die Versagung der Bescheinigung kann ohne Angabe von Gründen erfolgen. Die Bescheinigung ist zu entziehen, wenn die Voraussetzungen, unter denen sie erteilt worden ist, nicht oder nicht mehr vorliegen.

Jede Firma, die eine solche Genehmigung erhalten hat, hat bis zum Sechsten jedes Monats der zuständigen Stelle für Devisenbewirtschaftung eine Aufstellung über alle Geschäfte einzureichen, die sie während des vergangenen Monats auf Grund dieser Genehmigung vorgenommen hat.

4. Abgesehen von den Fällen der Nr. 2 und 3 dürfen die Stellen für Devisenbewirtschaftung bis auf weiteres eine Genehmigung nur erteilen:

a) für die Bezahlung der Einfuhr von Waren, deren Einfuhr lebenswichtig ist, unbeschränkt;

b) für die Bezahlung der Einfuhr anderer Waren nach Anweisung des Reichswirtschaftsministers.

Eine Genehmigung zur Leistung von Zahlungen an Ausländer **oder zugunsten von solchen an Inländer** für Waren, die zum Verbrauch oder zur Verarbeitung im Inland eingeführt worden sind, darf nur erteilt werden, wenn der Antragsteller nachweist, daß das betreffende Einfuhrgeschäft sich nach Art und Umfang im Rahmen seines bisherigen Geschäftsbetriebs hält.

Wird die Genehmigung zur Bezahlung einer Ware erteilt, die sich noch nicht im Inland befindet, so ist sie mit der Auflage zu erteilen, daß die Ware spätestens einen Monat nach der Zahlung tatsächlich in das deutsche Wirtschaftsgebiet (§ 9 der Durchführungsverordnung) verbracht werden muß. Ist die Einhaltung dieser Frist in Einzelfällen nicht möglich, so kann die Stelle für Devisenbewirtschaftung sie angemessen verlängern.

Für die Bezahlung von Waren aus Ländern, in denen die Handhabung der Devisenbewirtschaftung die Verfügung über Guthaben aus dem Warenverkehr oder die Umwandlung in eine fremde Währung erschwert, ist die Verwendung ausländischer Zahlungsmittel nur in der Währung des betreffenden Landes zu genehmigen, wenn nicht bestehende Handelsgebräuche oder sonstige beachtliche Gründe eine Ausnahme rechtfertigen.

Für die Bezahlung von Waren aus Ungarn ist die Genehmigung zur Zahlung auf das Sonderkonto bei der Reichsbank (§ 3 der Verordnung über Zahlungen aus dem deutsch-ungarischen Warenverkehr vom 18. April 1932 — Reichsgesetzbl. I S. 178 —) stets zu erteilen. Eine Genehmigung zur Versendung von Wechseln und anderen Zahlungsmitteln für die Bezahlung von Warenlieferungen aus Ungarn darf nicht erteilt werden.

Bei Anträgen auf Bezahlung von ausländischem Zellstoff haben die Stellen für Devisenbewirtschaftung die Entscheidung der Stelle für Devisenbewirtschaftung Berlin einzuholen.

5. Die Stellen für Devisenbewirtschaftung können Ausländern und Saarländern die allgemeine Genehmigung erteilen, sich Zahlung in Reichsmark auf ihr Konto bei einer inländischen Devisenbank leisten zu lassen (§ 13 Abs. 2, § 14 der Devisenverordnung), wenn die kontoführende Bank bescheinigt, daß der Kontoinhaber die Ausfuhr von Waren nach Deutschland betreibt und im Rahmen seiner Geschäftsverbindung mit der Bank **schon vor Eintritt der Devisenbewirtschaftung** Zahlungen seiner Abnehmer regelmäßig in bestimmter Höhe auf das Konto erhalten hat. Auf Grund der allgemeinen Genehmigung können Inländer ohne besondere Genehmigung nach § 13 Abs. 2, § 14 der Devisenverordnung Zahlungen zugunsten des Kontoinhabers für von diesem gelieferte Waren an die Bank leisten. **Zahlungen von Importeuren, die auf Grund einer allgemeinen Genehmigung nach Nr. 3 oder einer Einzelgenehmigung nach Nr. 4 erfolgen, können dem Kontoinhaber auf freiem Konto gutgebracht werden.**

Nr. 3 Abs. 2 Satz 1 bis 3 gelten entsprechend. Bei der Festsetzung der Grundbeträge sind die Zahlungen solcher Importeure zugrunde zu legen, die keine allgemeine Genehmigung nach Nr. 3 besitzen. Zahlungen auf das Konto, die den gekürzten Höchstbetrag übersteigen, sind zunächst auf einem gesperrten Zwischenkonto zu verbuchen; sie können mit Beginn des neuen Monats im Rahmen des gekürzten Höchstbetrages auf das Hauptkonto überführt werden.

Eine allgemeine Genehmigung nach Abs. 1 darf nicht erteilt werden zugunsten von in Ungarn ansässigen Exporteuren.

6. **Der Inhaber einer allgemeinen Genehmigung nach Nr. 5 kann im Rahmen des gekürzten Höchstbetrages zu Lasten des Kontos Zahlungen an Inländer und, wenn sich aus der Genehmigung nichts anderes ergibt, auch in inländischer oder in seiner heimischen Währung an Ausländer leisten (§ 3 Abs. 2, § 13 Abs. 2, § 14 der Devisenverordnung).**

Die kontoführende Bank hat bis zum sechsten jedes Monats der zuständigen Stelle für Devisenbewirtschaftung eine Aufstellung über alle Gutschriften und Zahlungen einzureichen, die während des vergangenen Monats auf Grund der Genehmigung erfolgt sind.

7. Die Bestimmungen der Nr. 5 und 6 gelten entsprechend für Ausländer oder Saarländer, die ein Postscheckkonto besitzen. An die Stelle der Bescheinigung der Bank tritt die Bestätigung der für den Kontoinhaber zuständigen ausländischen oder saarländischen Industrie- und Handelskammer oder einer entsprechenden Organisation des betreffenden Landes darüber, daß der Kontoinhaber die Ausfuhr von Waren nach Deutschland betreibt und im Rahmen seines Geschäftsbetriebes regelmäßig Zahlungen seiner deutschen Kunden auf sein Postscheckkonto erhalten hat, die im Durchschnitt der letzten drei Monate vor Eintritt der Devisenbewirtschaftung eine bestimmte Höhe erreicht haben. Bei Ausländern oder Saarländern, die den Export von Kohle nach Deutschland betreiben, genügt statt der Bestätigung der ausländischen Industrie- und Handelskammer eine solche des Reichskohlenkommissars, Berlin W 15, Pariser Straße 44.

8. Hat ein Ausländer oder Saarländer mehrere Bank- oder Postscheckkonten, so ist die allgemeine Genehmigung nach Nr. 5, 6, 7 für jedes Konto besonders zu erteilen.

Transithandel.

9. **Die Stellen für Devisenbewirtschaftung können Personen und Personenvereinigungen, die im Handels- oder Genossenschaftsregister eingetragen sind und den Transithandel**

betreiben, die Genehmigung zur Leistung von Reichsmarkzahlungen an Ausländer im voraus bis zu einem Monat erteilen, wenn diese eine Liste vorlegen, in welcher die während der Laufzeit der Genehmigung für Einkaufsgeschäfte voraussichtlich zu leistenden Zahlungen sowie die für die entsprechenden Verkaufsgeschäfte erwarteten Zahlungseingänge unter Angabe der Beträge, des Abschlußtags der betreffenden Verträge und der vereinbarten Zahlungszeitpunkte verzeichnet sind. Die Liste ist mit dem Genehmigungsbescheid zu verbinden.

Die Firmen haben in der Liste die auf Grund der Sammelgenehmigung geleisteten Zahlungen und die erfolgten Eingänge unter Angabe der Form der Zahlung und des Eingangs (Scheck, Überweisung, Noten usw.) zu vermerken und bei Deviseneingängen außerdem anzugeben, an welche Devisenbank sie diese abgeliefert haben oder von welcher Reichsbankanstalt eine Freigabe erfolgt ist. Die Liste ist nach Ablauf der Frist, für welche die Genehmigung erteilt wurde, der Stelle für Devisenbewirtschaftung einzureichen. Die Sammelgenehmigung berechtigt zur Leistung der einzelnen Zahlungen erst im Zeitpunkt der Fälligkeit.

10. Die Stellen für Devisenbewirtschaftung können Personen und Personenvereinigungen, die im Handels- oder Genossenschaftsregister eingetragen sind, die Genehmigung zur Verwendung anfallender Devisen (§§ 4, 12 der Devisenverordnung) zur Leistung von Zahlungen an Ausländer für Transithandelsgeschäfte allgemein erteilen, wenn ihnen die zuständige Industrie- und Handelskammer eine Bescheinigung darüber erteilt hat, daß sie im Rahmen ihres bisherigen Geschäftsbetriebs regelmäßig Zahlungen für diese Zwecke zu leisten haben; die Genehmigung gilt nur insoweit, als ihnen die Reichsbank die anfallenden Devisen für diese Zwecke auf Antrag im Einzelfall oder allgemein in Form eines Betriebsfonds freigibt.

Darüber hinaus können die Stellen für Devisenbewirtschaftung solchen Personen und Personenvereinigungen auf Grund einer gutachtlichen Äußerung der zuständigen Industrie- und Handelskammer die Genehmigung allgemein erteilen, zu

Zahlungen für die genannten Zwecke ausländische Zahlungsmittel jeweils zu einem bestimmten Höchstbetrag zu erwerben, wenn ihnen von der Reichsbank freigegebene Devisen nicht zur Verfügung stehen. Die Firmen sind verpflichtet, jeweils binnen 14 Tagen nach dem Erwerb der Reichsbank einen entsprechenden Betrag an angefallenen Devisen wieder zur Verfügung zu stellen.

Soweit der von der Reichsbank bewilligte Betriebsmittelfonds nicht ausreicht und die Voraussetzungen des Abs. 2 nicht gegeben sind, bedarf es zum Erwerb von ausländischen Zahlungsmitteln für Transithandelsgeschäfte jedesmal einer Einzelgenehmigung.

Die Genehmigung nach Abs. 1 und 2 ist jeweils für ein Kalendervierteljahr zu erteilen. In dem Genehmigungsbescheid nach Abs. 2 ist der jeweilige Höchstbetrag der ausländischen Zahlungsmittel anzugeben, zu deren Erwerb die Genehmigung berechtigt. Auf diesem Genehmigungsbescheid ist jeder Erwerb von ausländischen Zahlungsmitteln auf Grund der allgemeinen Genehmigung und jede Ablieferung angefallener Devisen zur Abdeckung der erworbenen Zahlungsmittel durch die betreffende Reichsbankanstalt zu vermerken.

Nr. 3 Abs. 1 Satz 2 und 3 **und Satz 4 zu a, b, d, g und h, Abs. 3 Satz 1, Abs. 4 bis 6** gelten entsprechend.

Agenten.

11. Die Stellen für Devisenbewirtschaftung können Personen und Personenvereinigungen, die im Handels- oder Genossenschaftsregister eingetragen sind und denen die zuständige Industrie- und Handelskammer eine Bescheinigung darüber erteilt hat, daß sie im Rahmen ihres bisherigen Geschäftsbetriebs im Namen und für Rechnung von Ausländern regelmäßig Zahlungen aus dem Warenverkehr von Inländern zu erhalten oder an Inländer zu leisten haben, die allgemeine Genehmigung erteilen,

a) Zahlungen von Inländern, welche die erforderliche Genehmigung zur Zahlung an einen Ausländer **oder zugunsten eines solchen an einen Inländer** nachweisen, in inländischer oder ausländischer Währung an den ausländischen Geschäftsherrn weiterzuleiten **oder aus diesen Beträgen Zahlungen zugunsten des ausländischen Geschäftsherrn in inländischer Währung an Inländer zu leisten;**

b) Zahlungen, die sie von dem ausländischen Geschäftsherrn empfangen haben, in **inländischer oder** ausländischer Währung an Inländer weiterzuleiten.

Eine solche allgemeine Genehmigung kann auch Frachtführern, Spediteuren und Lagerhaltern erteilt werden, soweit sie Rechnungsbeträge oder im Ausland entstandene Kosten für Transport, Zoll, Versicherung u. dgl. bei Inländern für einen ausländischen Auftraggeber oder bei Ausländern für einen inländischen Auftraggeber einziehen **(Nachnahmeverkehr). Frachtführer, Spediteure und Lagerhalter können in den Fällen von Abs. 1 zu a davon absehen, sich von dem Empfänger der Ware die Genehmigung zur Zahlung an einen Ausländer nachweisen zu lassen, wenn sie der für den Empfänger zuständigen Stelle für Devisenbewirtschaftung wöchentlich ein Verzeichnis einreichen, aus dem sich Absendeort und Herkunftsland der Ware sowie der Rechnungsbetrag, Name und Wohnort des Empfängers ergeben.**

Nr. 3 Abs. 1 **Satz 4 zu a, b, c, d, g und h, Abs. 2 Satz 1, Abs. 4 bis 6** gelten entsprechend.

Valutazahlung im Inland.

12. Die Genehmigung zum Erwerb von ausländischen Zahlungsmitteln und von Forderungen in ausländischer Währung (§ 3 Abs. 2 der Devisenverordnung) und zur Verwendung solcher Zahlungsmittel und Forderungen (§§ 4, 12 der Devisenverordnung) kann erteilt werden, wenn die Zahlungsmittel dazu dienen sollen, um eine aus dem Warenverkehr oder dem Seeschiffahrtsverkehr herrührende Forderung eines inländischen Gläubigers in effektiver Auslandswährung zu befriedigen, und es sich um die Erfüllung einer vor dem Inkrafttreten der Devisenverordnung entstandenen Forderung handelt.

13. Um eine aus dem Warenverkehr oder dem Seeschiffahrtsverkehr herrührende Forderung eines inländischen Gläubigers in

effektiver Auslandswährung zu befriedigen, kann die Genehmigung zur **Verwendung angefallener** ausländischer Zahlungsmittel und Forderungen in ausländischer Währung (§§ 4, 12 der Devisenverordnung) auch dann erteilt werden, wenn es sich um Zahlungen handelt:

a) für Transithandelsgeschäfte,

b) für den Seeschiffahrtstransport nach und von dem Ausland durch die Personen, die üblicherweise unmittelbar zur Zahlung derartiger Kosten verpflichtet sind,

c) für ausländische Waren, die zur Verarbeitung im Inland bestimmt sind, jedoch nur durch den ersten inländischen Verarbeiter oder seine Vorlieferanten,

und wenn durch eine Bescheinigung der zuständigen Industrie- und Handelskammer nachgewiesen wird, daß es in dem Gewerbezweig des Antragstellers im Verkehr mit seinen inländischen Lieferanten bisher handelsüblich war, Zahlung in ausländischer Währung effektiv zu leisten.

14. Unter den Voraussetzungen der Nr. 13 können die Stellen für Devisenbewirtschaftung die Genehmigung zur **Verwendung angefallener** ausländischer Zahlungsmittel und Forderungen in ausländischer Währung (§§ 4, 12 der Devisenverordnung) zu Zahlungen für die dort genannten Zwecke allgemein erteilen, wenn es sich um Personen und Personenvereinigungen handelt, die im Handels- oder Genossenschaftsregister oder in der Handwerksrolle eingetragen sind und denen die zuständige Industrie- und Handelskammer eine Bescheinigung darüber erteilt hat, daß sie im Rahmen ihres bisherigen Geschäftsbetriebes regelmäßig Zahlungen in ausländischer Währung an Inländer für die in Nr. 13 genannten Zwecke zu leisten haben.

Nr. 3 Abs. 1 **Satz 4 zu g und h, Abs. 2 Satz 1,** Abs. 5 und 6 gelten entsprechend.

Gold.

15. Die Genehmigung zum Erwerb und zur Versendung von Gold und zur Verfügung über Gold (§§ 10, 12 der Devisenverordnung) kann erteilt werden, wenn nachgewiesen wird, daß

das Gold zu gewerblichen **oder beruflichen** Zwecken verwendet werden soll.

16. Personen und Personenvereinigungen, denen eine Bescheinigung des zuständigen Finanzamts zum umsatzsteuerfreien Erwerb von Edelmetallen (§ 2 Nr. 6 des Umsatzsteuergesetzes vom 30. Januar 1932 — RGBl. I S. 39 —; § 19 Abs. 4 der Durchführungsbestimmungen zum Umsatzsteuergesetz vom 25. Juni 1926 — RGBl. I S. 323 —) erteilt ist, können Gold zu gewerblichen oder beruflichen Zwecken bis zu einem monatlichen Höchstbetrag von 200 RM ohne besondere Genehmigung erwerben. Die Stellen, bei denen das Gold erworben wird, haben bei jedem derartigen Erwerb den Betrag in Reichsmark oder in Gramm bzw. Kilogramm Feingold unter Angabe des Tages und ihrer Firma auf der Bescheinigung einzutragen. Sie haben darauf zu achten, daß der Höchstbetrag nicht überschritten wird.

Bei Beträgen im Wert von nicht mehr als 3 RM **und bei dem Erwerb feinmechanischer Hilfsteile aus Gold für die Zahntechnik (Prothetik und Orthodontik)** kann im Einzelfall von der Eintragung in der Bescheinigung abgesehen werden. Die Stellen, bei denen das Gold erworben wird, sind verpflichtet, die Eintragung in der Bescheinigung auch in solchen Fällen vorzunehmen, wenn damit zu rechnen ist, daß der Bezieher insgesamt während eines Monats den Betrag von 200 RM erreichen wird.

17. Die Stellen für Devisenbewirtschaftung können Personen und Personenvereinigungen, die im Handels- oder Genossenschaftsregister oder in der Handwerksrolle eingetragen sind oder nach Art und Umfang ihres Geschäftsbetriebes oder Berufes zur Eintragung nicht verpflichtet sind, die zum Verkehr mit Gold erforderlichen Genehmigungen allgemein erteilen, wenn sie eine Bescheinigung darüber beibringen, daß sie im Rahmen ihres bisherigen Geschäftsbetriebes oder Berufes regelmäßig Gold zu gewerblichen oder beruflichen Zwecken verwenden, und dartun, daß sie eine finanzamtliche Bescheinigung nach Nr. 16 nicht beschaffen können oder daß ihr Bedarf den darin festgesetzten Höchstbetrag übersteigt.

Bei Betrieben, die in der Handwerksrolle eingetragen sind,

wird die Bescheinigung durch die zuständige Handwerkskammer erteilt, bei Zahnärzten, die Mitglieder des Reichsverbandes der Zahnärzte Deutschlands E. V. sind, durch den örtlich zuständigen Landesverband dieses Verbandes, bei Dentisten, die Mitglieder des Reichsverbandes der Deutschen Dentisten E. V. sind, durch den örtlich zuständigen Großbezirk dieses Verbandes, bei zahntechnischen Laboratorien, die Mitglieder des Reichsverbandes zahntechnischer Laboratorien Deutschlands (R. G. L.) E. V. sind, durch die Reichsgeschäftsstelle dieses Verbandes. Bei allen anderen Personen und Betrieben wird die Bescheinigung von der örtlich zuständigen Industrie- und Handelskammer erteilt. In Ausnahmefällen können die Stellen für Devisenbewirtschaftung auf die Beibringung der Bescheinigung der Industrie- und Handelskammer verzichten.

Die Genehmigung ist jeweils für ein Kalendervierteljahr zu erteilen. Der Höchstbetrag für den Erwerb von Gold, zu dem die Genehmigung berechtigt, ist in dem Genehmigungsbescheid für jeden Kalendermonat in Reichsmark oder in Gramm bzw. Kilogramm Feingold anzugeben. Bei Personen und Personenvereinigungen, die im Besitz einer finanzamtlichen Bescheinigung nach Nr. 16 sind, ist der Betrag, zu dessen Bezug diese Bescheinigung berechtigt, von dem festgestellten Höchstbetrag abzuziehen. Jeder Erwerb von Gold auf Grund der allgemeinen Genehmigung ist von der Stelle, bei welcher das Gold erworben wird, von dem Genehmigungsbescheid abzuschreiben. **Nr. 16 Abs. 2 gilt entsprechend mit der Maßgabe, daß die Stellen zur Eintragung in den Genehmigungsbescheid dann verpflichtet sind, wenn damit zu rechnen ist, daß der Bezieher durch einen solchen Erwerb den Höchstbetrag der Genehmigung überschreiten wird.**

Nr. 3 Abs. 5 und 6 gelten entsprechend.

B. Versicherungsunternehmungen.

18. Einer Genehmigung gemäß § 3 Abs. 2, §§ 4, 13 Abs. 2 der Devisenverordnung bedürfen nicht Versicherungsunternehmungen, soweit sie über ihre im Ausland oder im Saargebiet befindlichen Werte im Rahmen ihres laufenden ausländischen oder

saarländischen Geschäfts verfügen. Die Versicherungsunternehmungen haben aber monatlich dem Reichsaufsichtsamt für Privatversicherung — ohne Rücksicht darauf, ob sie sonst seiner Aufsicht unterstehen — eine Aufstellung einzureichen, aus der sich ergibt, in welchem Umfang und in welcher Weise sie in dem Berichtsmonat im Ausland oder im Saargebiet Markwerte in Fremdwährungswerte umgewandelt haben. Das Reichsaufsichtsamt kann über die Nachweisungen Näheres bestimmen, besonders auch eine Begründung verlangen, warum eine solche Umwandlung notwendig war.

19. Ausländische Versicherungsunternehmungen, die im Inland zum Geschäftsbetrieb zugelassen sind oder im Inland, ohne gesetzlich einer Zulassung zu bedürfen, Geschäfte betreiben, können ohne Genehmigung nach § 13 Abs. 3 der Devisenverordnung **aus ihren Altguthaben bei inländischen Kreditinstituten** im Inland Leistungen aus Versicherungsverträgen oder Rückversicherungsverträgen bewirken.

20. Die erforderlichen Genehmigungen sind zu erteilen, soweit Leistungen aus Versicherungsverträgen oder Rückversicherungsverträgen **an Ausländer oder Saarländer oder in ausländischer Währung an Inländer** bewirkt werden sollen, ohne Rücksicht darauf, wann der Vertrag abgeschlossen worden ist. **Als Leistung aus Versicherungsverträgen im Sinne dieser Vorschrift gilt auch die Auszahlung von aufgewerteten Lebensversicherungsansprüchen, dagegen nicht die Auszahlung des Rückkaufwertes einer Versicherung oder die Gewährung von Policedarlehen an ausländische oder saarländische Versicherungsnehmer.**

Eine Genehmigung zum Erwerb von ausländischen Zahlungsmitteln ist einer Versicherungsunternehmung nur zu erteilen, wenn sie die ausdrückliche Erklärung abgibt, daß sie nicht in der Lage ist, die Zahlungen, für welche die ausländischen Zahlungsmittel bestimmt sind, aus eigenen Beständen in ausländischer Währung zu leisten.

Wird einer Versicherungsunternehmung die Genehmigung erteilt, an einen Inländer einen Versicherungsbetrag in ausländischer Währung auszuzahlen, der bei Transportversicherungen

3000 RM, bei anderen Schadens- und bei Personenversicherungen 1000 RM übersteigt, so hat die Stelle für Devisenbewirtschaftung der Reichsbankanstalt, in deren Bezirk der Zahlungsempfänger ansässig ist, hiervon Mitteilung zu machen.

21. Die Stellen für Devisenbewirtschaftung können Versicherungsunternehmungen die erforderlichen Genehmigungen zur Leistung von Zahlungen aus Versicherungsverträgen oder Rückversicherungsverträgen **an Ausländer oder in ausländischer Währung an Inländer** allgemein erteilen, wenn ihnen das Reichsaufsichtsamt für Privatversicherung (in den Fällen des Abs. 3 die zuständige Industrie- und Handelskammer) eine Bescheinigung darüber erteilt hat, daß sie in ihrem regelmäßigen Geschäftsbetrieb in bestimmter Höhe **genehmigungsbedürftige Zahlungen für diesen Zweck zu leisten haben. Nr. 3 Abs. 1 Satz 2 und 3 sowie Satz 4 zu b, g und h gelten entsprechend.** Eine solche Genehmigung umfaßt nicht Leistungen aus Versicherungsverträgen oder Rückversicherungsverträgen, bei denen die Verpflichtung zur Leistung daraus entstanden ist, daß ein Inländer durch die Devisenbewirtschaftung an der Erfüllung einer gegenüber einem Ausländer bestehenden Verpflichtung gehindert wird.

Das Reichsaufsichtsamt bestimmt, in welcher Form und für welchen Zeitraum die Versicherungsunternehmungen nachträglich die auf Grund der allgemeinen Genehmigung getroffenen Maßnahmen nachzuweisen haben.

Bei Versicherungsunternehmungen, die vom Reichsaufsichtsamt für Privatversicherung nicht beaufsichtigt werden (auch nicht hinsichtlich eines Teiles ihres Geschäftsbetriebs), tritt an dessen Stelle die zuständige Industrie- und Handelskammer. **In diesen Fällen gilt Nr. 3 Abs. 6 entsprechend.**

Nr. 3 Abs. 2 (mit Ausnahme von Satz 3), Abs. 3 Satz 1 und Abs. 5 gelten entsprechend mit der Maßgabe, daß die Festsetzung des Höchstbetrages (Nr. 3 Abs. 2 Satz 2) bei Versicherungsunternehmungen, die vom Reichsaufsichtsamt für Privatversicherung ganz oder teilweise beaufsichtigt werden, auf dessen Vorschlag erfolgt **und daß in dem Genehmigungsbescheid außer dem**

Höchstbetrag der Zahlungen an Ausländer und in ausländischer Währung an Inländer, zu denen die allgemeine Genehmigung berechtigt, auch der Höchstbetrag der ausländischen Zahlungsmittel anzugeben ist, zu deren Erwerb für Zahlungen an Ausländer die Genehmigung berechtigt.

Beim Erwerb von ausländischen Zahlungsmitteln auf Grund einer solchen Genehmigung hat die Versicherungsunternehmung der betreffenden Reichsbankanstalt oder Devisenbank gegenüber die ausdrückliche Erklärung abzugeben, daß sie nicht in der Lage ist, die Zahlungen, für welche die ausländischen Zahlungsmittel bestimmt sind, aus eigenen Beständen in ausländischer Währung zu leisten.

Zahlt die Versicherungsunternehmung auf Grund der allgemeinen Genehmigung an einen Inländer einen Versicherungsbetrag in ausländischer Währung aus, der bei Transportversicherungen 3000 RM, bei anderen Schadens- und bei Personenversicherungen 1000 RM übersteigt, so hat sie der Reichsbankanstalt, in deren Bezirk der Zahlungsempfänger ansässig ist, hiervon Mitteilung zu machen. Bei Versicherungen, die auf mehrere Unternehmungen aufgeteilt sind, hat diejenige Unternehmung, welche die Auszahlung vornimmt, bei quotenmäßiger Auszahlung hat jede Unternehmung für ihre Quote die Mitteilung zu machen. Die Mitteilung ist nicht erforderlich bei Leistungen an andere Versicherungsunternehmungen auf Grund von Rück- oder Mitversicherungsverträgen.

Versicherungsmakler und -agenten.

22. Die Stellen für Devisenbewirtschaftung können Versicherungsagenten und Versicherungsmaklern, die im Handels- oder Genossenschaftsregister eingetragen sind und denen die zuständige Industrie- und Handelskammer eine Bescheinigung darüber erteilt hat, daß sie im Rahmen ihres bisherigen Geschäftsbetriebes im Namen und für Rechnung von Versicherungsunternehmungen regelmäßig **genehmigungsbedürftige Leistungen** aus Versicherungs- oder Rückversicherungsverträgen **zu erhalten oder zu bewirken haben,** die allgemeine Genehmigung erteilen,

a) Zahlungen aus Versicherungs- oder Rückversicherungsverträgen, die sie von Inländern erhalten haben, welche die erforderliche Genehmigung zur Zahlung an Ausländer **oder zugunsten von solchen an Inländer oder zur Zahlung in ausländischer Währung an Inländer** nachweisen, an diese weiterzuleiten;

b) Zahlungen aus Versicherungs- oder Rückversicherungsverträgen, die sie von Ausländern erhalten haben, an Inländer weiterzuleiten.

Nr. 3 Abs. 1 Satz 4 zu g und h, Abs. 2 Satz 1, Abs. 5 und 6 gelten entsprechend.

C. Andere Geschäfte.

23. Die erforderlichen Genehmigungen sind zu erteilen, soweit **an Ausländer oder Saarländer oder zugunsten von solchen an Inländer** gezahlt werden sollen:

a) laufende Zinsen in **angemessener Höhe, einer angemessenen Verzinsung entsprechende** Gewinnanteile und regelmäßige Tilgungsbeträge für langfristige Kredite, Anleihen, Darlehen, Hypotheken und andere langfristige Anlagen; als regelmäßige Tilgung gilt nur eine von vornherein vereinbarte planmäßige Tilgung, bei der die einzelnen Jahresraten weniger als ein Zehntel des ursprünglichen Kapitals betragen; **eine etwaige Genehmigung zur Zahlung der eine angemessene Höhe übersteigenden Zinsen oder Gewinnanteile auf ein Sperrkonto darf nur erteilt werden, wenn der Gläubiger diese Zahlung an Erfüllungs Statt annimmt;**

b) laufende Zinsen, Provisionen und Spesen **in angemessener Höhe** für kurzfristige Kredite, und zwar sowohl für Kassakredite wie für Trattenkredite; bei letzteren einschließlich der Anschaffung des bei der Prolongation abzuziehenden Diskonts.

Zu a) und b): In den Fällen von a und b darf die Genehmigung zum Erwerb von ausländischen Zahlungsmitteln und zur Verwendung solcher Zahlungsmittel zum Zwecke der Zinszahlung für Kredite, die gegen Hinterlegung von

Wertpapieren gegeben sind, nur erteilt werden, wenn der Schuldner dartut, daß die Zinsen nicht durch Zinsschein- oder Gewinnanteilscheineingänge aus den hinterlegten Wertpapieren abgedeckt werden.

c) Mietzinsen, Pachtzinsen und ähnliche regelmäßig wiederkehrende Leistungen.

Die erforderlichen Genehmigungen können erteilt werden, soweit an Ausländer oder Saarländer oder zugunsten von solchen an Inländer gezahlt werden sollen:

a) Transportkosten und Zölle;

b) Schiffsbedürfnisse im See- und Binnenschiffahrtsverkehr;

c) Patent- und ähnliche Gebühren;

d) Gehälter, Löhne, Provisionen und ähnliche Bezüge an Vertreter, Angestellte und Arbeiter deutscher Firmen (einschließlich Zeitungsunternehmungen); **dies gilt auch dann, wenn diese Personen nicht dauernd im Ausland oder im Saargebiet tätig sind;**

e) sonstige Nebenkosten im Warenhandel mit dem Ausland.

Für Zahlungen der in Abs. 2 zu a, c und e und in Nr. 24 genannten Art, soweit sie unter das Abkommen über die Zahlungen aus dem deutsch-ungarischen Warenverkehr vom 13. April 1932 (Reichsgesetzbl. II S. 129) fallen, ist die Genehmigung zur Zahlung auf das Sonderkonto bei der Reichsbank (§ 3 der Verordnung über Zahlungen aus dem deutsch-ungarischen Warenverkehr vom 16. April 1932 — Reichsgesetzbl. I S. 178 —) stets zu erteilen.

Eine Genehmigung nach § 3 Abs. 2, §§ 4, 12, 13 Abs. 2, 14 der Devisenverordnung kann erteilt werden zur Leistung der Zahlungen, die erforderlich sind zur Einlösung eines von dem Antragsteller auf einen Ausländer oder Saarländer gezogenen Warenwechsels im Inland oder Ausland zum Zwecke der Prolongation der Wechselforderung, wenn nachgewiesen wird, daß die Prolongation ursprünglich vereinbart, in der Geschäftsbeziehung zu dem Kunden üblich oder zur Erhaltung der Forderung notwendig ist.

Leistungen von Versicherungsnehmern.

24. Die erforderlichen Genehmigungen **können erteilt werden,** soweit Leistungen der Versicherungsnehmer aus Versicherungsverträgen gezahlt werden sollen.

Die Genehmigung ist zu versagen:

a) **wenn es sich um eine nach dem 15. Juni 1932 in ausländischer Währung abgeschlossene Schadensversicherung handelt und ein gerechtfertigtes wirtschaftliches Interesse an einem Abschluß in ausländischer Währung nicht besteht; als Abschluß gilt auch die Umwandlung einer bisher laufenden Reichsmarkversicherung in eine Valutaversicherung.**

b) wenn es sich um eine nach dem 20. Dezember 1931 in ausländischer Währung abgeschlossene Personenversicherung handelt; als Abschluß gilt auch die Umwandlung einer bisher laufenden Reichsmarkversi cherung in eine Valutaversicherung;

c) wenn bei einer nach dem 15. Juli 1931 abgeschlossenen Personenversicherung **(mit Ausnahme der Unfallversicherung)** die vereinbarte Prämienzahlungsdauer weniger als zwölf Jahre beträgt;

d) wenn ein Versicherungsnehmer über eine tarifmäßige laufende Jahresprämie hinaus eine Versicherungsprämie entrichten will, besonders wenn Einmalprämien oder Vorauszahlungen von Prämien geleistet werden sollen;

e) wenn eine Leistung an eine ausländische, in Deutschland nicht zugelassene Versicherungsunternehmung bewirkt werden soll, es sei denn, daß es sich um Rückversicherung, Transportversicherung oder Versicherung gegen Kursverluste (aufsichtsfreie Versicherungszweige) handelt; **in Härtefällen ist, soweit der Reichswirtschaftsminister nichts anderes bestimmt, die Entscheidung des Reichswirtschaftsministers einzuholen.**

Reiseverkehr.

25. Die erforderlichen Genehmigungen können erteilt werden:

a) für geschäftliche Auslandreisen von Gewerbetreibenden und ihren Angestellten, wenn die zuständige Industrie- und

Handelskammer bescheinigt, daß die Reise aus geschäftlichen Gründen notwendig ist und daß Art und voraussichtliche Dauer der Reise den angeforderten Betrag rechtfertigt;

b) **für den nichtgeschäftlichen Reiseverkehr, wenn dringende persönliche Gründe die Durchführung der Reise erforderlich machen und der angeforderte Betrag nach Art und Dauer der Reise und nach den persönlichen Verhältnissen des Antragstellers angemessen erscheint. Für Reisen zum Kurgebrauch ist eine Genehmigung nur zu erteilen, wenn ein amtsärztliches Zeugnis vorgelegt wird, aus dem hervorgeht, daß mit der Wiederherstellung der Gesundheit nur bei einem Aufenthalt im Ausland gerechnet werden kann. Bei Reisen, die durch Vermittlung von Reisebüros, Schiffahrtsgesellschaften und anderen Reiseveranstaltern erfolgen, ist der Wert etwa ausgegebener Hotelgutscheine oder anderer Anweisungen auf im Ausland zu erbringende Leistungen auf die Freigrenze oder den genehmigten Betrag anzurechnen.**

In den Fällen zu a und b sind Beträge, die der Antragsteller im Rahmen der Freigrenze (§ 21 der Devisenverordnung) noch in Anspruch nehmen kann, von dem beantragten Betrag abzusetzen.

Wiederkehrende Leistungen.

26. Die Stellen für Devisenbewirtschaftung können die Genehmigung zu Leistungen der in Nr. 23 Abs. 1, Nr. 24 bezeichneten Art, die an regelmäßig wiederkehrenden Stichtagen in bestimmter Höhe fortlaufend zu entrichten sind, im voraus für einen Zeitraum bis zu sechs Monaten erteilen, wenn nach Art und Zahl der Leistungen das Nachsuchen von Einzelgenehmigungen jedesmal im Zeitpunkt der Fälligkeit eine unangemessene Belastung für den Verpflichteten bedeutet. In dem Genehmigungsbescheid sind die einzelnen Leistungen unter Angabe der Fälligkeitszeitpunkte aufzuführen. Die Sammelgenehmigung berechtigt zur Vornahme der einzelnen genehmigungsbedürftigen Handlungen erst im Zeitpunkt der Fälligkeit.

Der Genehmigungsbescheid ist nach Ablauf der Frist, für welche die Genehmigung erteilt wurde, der Stelle für Devisenbewirtschaftung einzureichen.

27. Die Stellen für Devisenbewirtschaftung können Ausländern oder Saarländern, die im Inlande Kredite oder Hypotheken ausgeliehen haben oder Grundstücke oder ähnliche Vermögensanlagen besitzen, die allgemeine Genehmigung erteilen, sich Darlehens-, Hypotheken-, Pacht- und Mietzinsen und ähnliche wiederkehrende Leistungen in Reichsmark auf ihr Konto bei einer inländischen Devisenbank leisten zu lassen (§ 14 der Devisenverordnung), **wenn der Antragsteller oder die kontoführende Bank eine Aufstellung dieser Leistungen nach Arten, Beträgen und Fälligkeitszeitpunkten einreicht. Auf Grund der allgemeinen Genehmigung können Inländer ohne besondere Genehmigung nach § 14 der Devisenverordnung Zahlungen dieser Art zugunsten des Kontoinhabers an die Bank leisten. Die Genehmigung kann für einen Zeitraum bis zu sechs Monaten erteilt werden. Nr. 3 Abs. 2 Satz 2 gilt entsprechend.**

Der Inhaber der allgemeinen Genehmigung kann im Rahmen des Höchstbetrages zu Lasten des Kontos Zahlungen an Inländer und, wenn sich aus der Genehmigung nichts anderes ergibt, auch in inländischer oder in seiner heimischen Währung an Ausländer oder Saarländer leisten (§ 3 Abs. 2, § 13 Abs. 2, § 14 der Devisenverordnung).

Die Vorschriften in Abs. 1 und 2 gelten entsprechend für Postscheckkonten. Nr. 8 gilt entsprechend.

Eine allgemeine Genehmigung nach Abs. 1 kann auch einem inländischen Vertreter eines ausländischen Grundstückseigentümers oder Hypothekengläubigers erteilt werden. Auf Grund einer solchen Genehmigung können Inländer ohne besondere Genehmigung nach § 14 der Devisenverordnung Zahlungen zugunsten des ausländischen Geschäftsherrn an den Vertreter in bar oder auf ein für ihn geführtes Konto leisten. Der inländische Vertreter kann aus den empfangenen Beträgen Zahlungen zugunsten seines Geschäftsherrn an Inländer für Zwecke leisten, die mit der Verwaltung der betreffenden Ver-

mögenswerte im Zusammenhang stehen. Zur Leistung von Zahlungen an Ausländer oder Saarländer bedarf er besonderer Genehmigung.

Nr. 6 Abs. 2 gilt entsprechend mit der Maßgabe, daß von der Einreichung der Aufstellungen abgesehen werden kann, wenn die kontoführende Bank oder der inländische Vertreter sich verpflichten, Bücher und sonstige Beweisunterlagen in einer Weise zu führen, die es gestattet, die Einhaltung der Höchstbeträge und der sonstigen Beschränkungen der allgemeinen Genehmigung jederzeit nachzuprüfen.

Nebenleistungen im Handelsverkehr.

28. Die Stellen für Devisenbewirtschaftung können Personen und Personenvereinigungen, die im Handels- oder Genossenschaftsregister oder in der Handwerksrolle eingetragen sind, die erforderlichen Genehmigungen zur Leistung von Zahlungen an Ausländer für

a) Transportkosten und Zölle,
b) Schiffsbedürfnisse im See- und Binnenschiffahrtsverkehr,
c) Patent- und ähnliche Gebühren,
d) Verpflichtungen aus Versicherungsverträgen,
e) Gehälter, Löhne, Provisionen und ähnliche Bezüge an Vertreter, Angestellte und Arbeiter, **auch wenn diese Personen nicht dauernd oder längere Zeit im Ausland tätig sind,**
f) Geschäftsreisen des Antragstellers oder seiner Angestellten,
g) sonstige Nebenkosten im Warenhandel mit dem Ausland

allgemein erteilen, wenn ihnen die zuständige Industrie- und Handelskammer eine Bescheinigung darüber erteilt hat, daß sie im Rahmen ihres bisherigen Geschäftsbetriebes regelmäßig Zahlungen für diese Zwecke in bestimmter Höhe zu leisten haben. Nr. 3 Abs. 1 Satz 2 und 3 **sowie Satz 4 zu a, b, d, g, h** gelten entsprechend. **Die allgemeine Genehmigung gilt ferner nicht für Leistungen der in Nr. 28 zu a, d und g genannten Art, die in Verbindung mit dem Warenverkehr mit Ungarn erfolgen.**

Nr. 3 Abs. 2 (mit Ausnahme von Satz 2), Abs. 3 Satz 1, Abs. 4 bis 6 gelten entsprechend. In den zum sechsten jeden

Monats einzureichenden Aufstellungen sind die Zahlungen für die in Abs. 1 zu f genannten Zwecke unter Angabe der Namen der Reisenden und der für jeden derselben aufgewandten Beträge besonders auszuweisen.

Von dem Erfordernis der Eintragung im Handels- oder Genossenschaftsregister oder in der Handwerksrolle kann abgesehen werden bei Personen oder Personenvereinigungen, die nach Art und Umfang ihres Geschäftsbetriebs oder Berufes einer solchen Eintragung nicht bedürfen.

29. **Die Stellen für Devisenbewirtschaftung können Firmen, denen die zuständige Industrie- und Handelskammer eine Bescheinigung darüber erteilt hat, daß sie ein umfangreiches Exportgeschäft unterhalten und besonders vertrauenswürdig sind, die Genehmigung zu Leistungen der in Nr. 23 Abs. 4 bezeichneten Art im voraus für die Dauer eines Monats erteilen, wenn dem Antrag eine Liste beigefügt wird, in der solche Wechsel mit einer Nummer versehen einzeln aufgeführt sind, bei denen bereits feststeht oder bestimmt damit gerechnet werden muß, daß sie prolongiert werden müssen. Die Liste ist mit dem Genehmigungsbescheid zu verbinden. Die Devisenbank, welche die Zahlungen auf Grund der Sammelgenehmigung leistet, hat die Wechsel, zu deren Prolongation die Zahlung erforderlich ist, auf der Liste abzustreichen. Die Firmen haben zum 15. jedes Monats der zuständigen Stelle für Devisenbewirtschaftung unter Einreichung des Genehmigungsbescheids nebst Liste den Nachweis zu führen, wann und bei welcher Devisenbank die für die prolongierten Abschnitte hereingekommenen Ersatzpapiere diskontiert worden sind. Die etwaigen Verpflichtungen nach § 1 der Durchführungsverordnung hinsichtlich der Ersatzpapiere bleiben unberührt.**

Auswanderer.

30. Einem Auswanderer kann eine Genehmigung nach § 3 Abs. 2, §§ 4, 12 der Devisenverordnung erteilt werden, wenn er die Bescheinigung einer größeren Auswandererberatungsstelle vorlegt, wonach er dieser Stelle gegenüber die ernsthafte Absicht

zur Auswanderung glaubhaft gemacht hat und worin die Auswandererberatungsstelle sich gutachtlich darüber äußert, welcher Betrag für den Antragsteller zur Errichtung einer neuen Existenz im Ausland angemessen ist. Bei Anträgen über mehr als 10 000 RM ist die Entscheidung des Reichswirtschaftsministers einzuholen, es sei denn, daß es sich um Anträge von Landwirten handelt, die sich im Ausland ankaufen wollen. **Ist der Nachweis für die Ernsthaftigkeit der Auswanderungsabsicht noch nicht erbracht, so kann eine Genehmigung nach Satz 1 auf Antrag verbindlich für den Fall in Aussicht gestellt werden, daß die erforderlichen, bestimmt zu bezeichnenden Beweismittel noch beigebracht werden.**

Die größeren Auswandererberatungsstellen im Reich sind folgende: Berlin W 9, Linkstraße 15 II; Berlin N 24, Monbijouplatz 10 (Evangelischer Hauptverein für deutsche Ansiedler und Auswanderer); Bielefeld, Zastrowstraße 29; Bremen, Martinistraße 14 II; Breslau, Friedrichstraße 3 I; Dresden-A. 1, Friesengasse 6; Essen, Erster Hagen 8; Frankfurt a. M., Braubachstraße 30—32 IV; Freiburg i. B., Werthmannhaus; Hamburg, Kaiser-Wilhelm-Straße 110 III; Hamburg, Große Allee 42 (St.-Raphaels-Verein zum Schutze katholischer deutscher Auswanderer); Karlsruhe, Stefanienstraße 43; Köln, Margaretenkloster 1; Königsberg i. Pr., Kreishaus, Königstraße 56; Leipzig N 22, Friedrich-Karl-Straße 22; München, Kanalstraße 29 II; Münster, Breul 22; Stettin, Landeshaus; Stuttgart, Deutsches Auslands-Institut, Haus des Deutschtums.

Versorgungsbezüge, Rentenzahlungen.

31. Die Stellen für Devisenbewirtschaftung können Reichsangehörigen, die im Ausland oder im Saargebiet ihren Wohnsitz oder ihren gewöhnlichen Aufenthalt haben, die Genehmigung zur Verfügung nach § 3 Abs. 2, §§ 4, 12, 13 Abs. 2, § 14 der Devisenverordnung über ihre laufenden Versorgungsbezüge aus öffentlichen Kassen, Pensionsbezüge, die auf privatrechtlichen Verträgen beruhen, Unterhaltsrenten auf gesetzlicher oder vertraglicher Grundlage, Leibrenten, Versicherungsrenten und ähnliche regelmäßig wiederkehrende, dem Lebensunterhalt dienende

Zahlungen erteilen, wenn der Antragsteller bereits vor Inkrafttreten der Devisenverordnung seinen Wohnsitz dauernd im Ausland oder im Saargebiet gehabt hat und wenn und soweit die Beträge einen angemessenen Umfang nicht übersteigen.

Die Genehmigung gemäß Abs. 1 ist solchen Bezugsberechtigten von Versorgungsbezügen aus öffentlichen Kassen, die nach dem Inkrafttreten der Devisenverordnung ihren Wohnsitz oder dauernden Aufenthalt ins Ausland oder ins Saargebiet verlegt haben, zu erteilen, wenn die zuständige oberste Reichs- oder Landesbehörde auf Grund von §§ 10 und 14 des Abschnitts I Kap. V des Dritten Teils der Dritten Verordnung des Reichspräsidenten vom 6. Oktober 1931 (RGBl. I S. 537) die erforderliche Zustimmung zu der Verlegung des Wohnsitzes oder dauernden Aufenthalts erteilt hat.

Die Vorschrift des Abs. 1 gilt entsprechend bei Personen, die sich vorübergehend zu gerechtfertigten Zwecken, insbesondere zu Studien- oder Forschungszwecken, im Ausland oder Saargebiet aufhalten. In diesem Fall ist es nicht erforderlich, daß der Aufenthalt bereits vor dem Inkrafttreten der Devisenverordnung begonnen wurde.

Die Genehmigung kann im voraus für einen Zeitraum bis zu sechs Monaten erteilt werden, wenn damit zu rechnen ist, daß die Voraussetzungen für die Verfügung für eine längere Zeit bestehen werden. **Nr. 26 Satz 2, 3 und 4 gelten entsprechend.**

Hat der Bezugsberechtigte, Rentenempfänger usw. eine Einzel- oder Sammelgenehmigung zur Verfügung über seine laufenden Vermögensbezüge, Renten usw., so bedarf die zahlende Stelle nicht der Genehmigung nach § 14 der Devisenverordnung zur Leistung der Zahlungen auf ein inländisches Konto des Berechtigten.

32. Eine Genehmigung ist nicht erforderlich zur Ausführung laufender Rentenzahlungen an Berechtigte im Ausland oder im Saargebiet, die von den Trägern der deutschen Unfall-, Invaliden- und Angestelltenversicherung sowie der knappschaftlichen Pensionsversicherung auf Grund der Versicherungsgesetze oder besonderer Staatsverträge zu leisten sind.

Beamte im Ausland.

33. Aktive Beamte des Reichs, der Länder, der Deutschen Reichsbahn-Gesellschaft und der Reichsbank sowie aktive Angehörige der Wehrmacht (Reichsheer und Reichsmarine), die ihren dienstlichen Wohnsitz im Ausland oder im Saargebiet haben, **ferner deren Ehefrauen,** die deutschen diplomatischen und konsularischen Vertretungen im Ausland **und die bei diesen beschäftigten reichsdeutschen Angestellten und deren Ehefrauen** stehen hinsichtlich ihrer inländischen Konten und Forderungen in Reichswährung sowie ihrer inländischen und auf Reichsmark, Goldmark oder einen Sachwert lautenden Wertpapiere den Inländern gleich. Das Erfordernis der Genehmigung nach § 3 Abs. 2, §§ 4 bis 7, 12 Devisenverordnung bleibt unberührt.

Einer Genehmigung nach § 3 Abs. 2, §§ 12, 13 Abs. 2 bedürfen jedoch die in Abs. 1 genannten Personen und Vertretungen nicht, soweit es sich um Beträge handelt, die bei der Überweisung auf ihr bei einem inländischen Kreditinstitut geführtes Konto von der vorgesetzten Dienststelle als Dienstbezüge oder amtliche Gelder gekennzeichnet sind.

Wahlkonsuln gelten nicht als Beamte im Sinne dieser Bestimmung.

Ausländische Vertretungen und Diplomaten.

34. **Den ausländischen diplomatischen und konsularischen Vertretungen in Deutschland sind die erforderlichen Genehmigungen zu erteilen, soweit es sich um Zahlungen, Verfügungen usw. für eigene Rechnung der Vertretung oder ihrer Heimatbehörde handelt. Der Erwerb von Zahlungsmitteln oder Forderungen in ausländischer Währung ist nur insoweit zu genehmigen, als er zur Leistung von Zahlungen nach dem Ausland erforderlich ist.**

Für Zahlungen der Vertretungen an ihre Heimatbehörde können die Stellen für Devisenbewirtschaftung eine allgemeine Genehmigung jeweils für einen Zeitraum bis zu sechs Monaten erteilen. Die Genehmigung ist auf einen monatlichen Höchstbetrag für jede Bank oder jedes Postscheckamt

zu beschränken, durch welches die Zahlung ausgeführt werden soll. Die Bank oder das Postscheckamt hat zu Ende jedes Monats der Stelle für Devisenbewirtschaftung mitzuteilen, daß der Höchstbetrag nicht überschritten wurde. Die allgemeinen Genehmigungen berechtigen zum Erwerb von Devisen nur in entsprechender Anwendung des in Abs. 1 Satz 2 ausgesprochenen Grundsatzes.

Abschnitt I Nr. 17 und 18 gelten in dem Falle von Abs. 1 und 2 nicht.

35. Den Chefs, den Mitgliedern und dem Personal der ausländischen diplomatischen Vertretungen in Deutschland, soweit sie nach § 4 der Durchführungsverordnung von der Anbietungspflicht befreit sind, sind die erforderlichen Genehmigungen zu erteilen, soweit es sich um Zahlungen, Verfügungen usw. für eigene Rechnung handelt. Nr. 34 Abs. 1 Satz 2 und Abs. 3 gelten entsprechend.

Die Genehmigung zu regelmäßig wiederkehrenden Leistungen kann im voraus für einen Zeitraum bis zu sechs Monaten erteilt werden. Nr. 26 Satz 3 gilt entsprechend.

Die in Abs. 1 genannten Personen stehen hinsichtlich der Verfügung über ihre nach dem 15. Juli 1931 entstandenen Währungsguthaben bei inländischen Kreditinstituten (Abschnitt II Nr. 6) den Ausländern gleich. Die Vorweisung eines amtlichen Reisepasses und die Eintragung der erworbenen Zahlungsmittel darin ist nicht erforderlich beim Erwerb ausländischer Zahlungsmittel im Rahmen der Freigrenze (§ 21 der Devisenverordnung) durch solche Personen.

Lotteriegewinne.

36. Die Genehmigung zur Zahlung von Lotteriegewinnen an Ausländer oder Saarländer kann erteilt werden, wenn einwandfrei nachgewiesen ist, daß die Gewinnlose Ausländern oder Saarländern gehören. Als Nachweis gilt bei Staatslotterien (mit Ausnahme der Hamburger Staatslotterie) die schriftliche Erklärung des Lotterieeinnehmers, daß auf Grund der vorgeschriebenen Unterlagen oder der Eintragungen in

ein Spielerbuch das Gewinnlos von einem Ausländer oder Saarländer gekauft und bezahlt wurde. Als Nachweis gilt bei Privatlotterien und bei der Hamburger Staatslotterie die Bescheinigung der zuständigen Aufsichtsbehörde, daß das Gewinnlos in den von dem Lotterieeinnehmer eingereichten Aufzeichnungen als Besitz eines Ausländers oder Saarländers eingetragen ist; die Stelle für Devisenbewirtschaftung kann außerdem von dem Lotterieeinnehmer den Nachweis verlangen, daß die Aufzeichnungen nach den Grundsätzen einer ordentlichen kaufmännischen Buchführung geführt sind. In jedem Falle hat der Lotterieeinnehmer ferner nachzuweisen, daß die ihm durch den Verkauf des Loses etwa angefallenen Devisen der Reichsbank nach § 1 der Durchführungsverordnung angeboten wurden.

Verkehr mit dem Saargebiet.

37. Eine Genehmigung gemäß §§ 12, 13 Abs. 2, § 14 der Devisenverordnung ist zu erteilen, soweit es sich um solche Zahlungen und Überweisungen deutscher Bankfirmen an ihre Zweiganstalten im Saargebiet handelt, die für die Aufrechterhaltung des gewöhnlichen Geschäftsverkehrs zwischen diesen Stellen notwendig sind. Als gewöhnlicher Geschäftsverkehr ist ein Verkehr anzusehen, wie er bereits in der Zeit vor dem Inkrafttreten der Verordnung bestanden hat.

38. **Die Stelle für Devisenbewirtschaftung in Saarbrücken (Abschnitt I Nr. 13) kann Inländern allgemeine Genehmigungen der in Nr. 3, 10, 11, 21, 22, 27 Abs. 4, 28 genannten Art zur Leistung von Zahlungen an Saarländer erteilen.**

Deutsch-niederländisches Finanzabkommen.

39. Gemäß § 43 Satz 2 der Devisenverordnung in Verbindung mit der Bekanntmachung des Reichsbankdirektoriums vom 18. Juli 1931 (Deutscher Reichsanzeiger Nr. 166) gilt die Vorschrift des § 3 Abs. 1 der Devisenverordnung nicht für Geschäfte der Treuhandverwaltung für das deutsch-niederländische Finanzabkommen vom 11. Mai 1920 — RGBl. 1921 S. 55 —, welche die vertragsmäßige Vergütung für einen Guldenkredit, seine Abdeckung und

Sicherung betreffen, sowie für Zahlungen an den Schuldner eines solchen Kredits, die im Rahmen eines durch den Kredit versorgten Betriebes erfolgen.

Eine Genehmigung gemäß § 3 Abs. 2, §§ 4, 12 der Devisenverordnung ist nicht erforderlich für Rechtshandlungen der Kreditnehmer der in Abs. 1 genannten Treuhandverwaltung, die im Rahmen der zwischen der Treuhandverwaltung und den Kreditnehmern getroffenen Kreditverträge erfolgen.

Anfragen und Anträge, die sich auf Zahlungen der in Abs. 1 und 2 genannten Art beziehen, sind an die genannte Treuhandverwaltung, Berlin W 8, Mohrenstraße 10, abzugeben.

IV. Abschnitt.

Schlußbestimmungen.

1. Die obenstehenden Richtlinien treten an die Stelle der durch die Bekanntmachung des Reichswirtschaftsministers vom 29. Dezember 1931 (Deutscher Reichsanzeiger Nr. 303) veröffentlichten Richtlinien für die Devisenbewirtschaftung.

2. Abschnitt II Nr. 42 tritt mit dem 1. Juli 1932 in Kraft.

3. Einzelgenehmigungen, die vor dem 1. Juni 1932 erteilt wurden, werden mit dem 1. Juli 1932 unwirksam, wenn sich nicht aus der Genehmigung selbst etwas anderes ergibt oder wenn sie nicht vor diesem Zeitpunkt von der Stelle für Devisenbewirtschaftung verlängert werden. Für die nach dem 1. Juni 1932 erteilten Genehmigungen gilt Abschnitt I Nr. 4.

D.

Die Vorschriften betr. den deutsch-ungarischen Clearing-Verkehr.

I.

Abkommen zwischen dem Deutschen Reich und dem Königreich Ungarn über die Zahlungen aus dem deutsch-ungarischen Warenverkehr.

Vom 13. April 1932.

(Veröffentlicht RGBl. II S. 129.)

Das Deutsche Reich und das Königreich Ungarn haben durch ihre bevollmächtigten Vertreter das folgende Abkommen geschlossen:

Artikel 1.

Die Abwicklung der Zahlungen aus dem gegenseitigen Warenverkehr erfolgt, vorbehaltlich der Bestimmung des Artikels 8, im Wege der Verrechnung durch die beiden Notenbanken, in Deutschland durch die Reichsbank, in Ungarn durch die Ungarische Nationalbank.

Artikel 2.

Die deutschen Käufer ungarischer Waren haben die von ihnen geschuldeten Beträge bei der Reichsbank in Reichsmark zugunsten der Ungarischen Nationalbank auf ein Sonderkonto einzuzahlen. Die Reichsbank verständigt von jeder erfolgten Einzahlung die Ungarische Nationalbank, die sofort nach Empfang der Mitteilung die von den deutschen Schuldnern eingezahlten Beträge an die ungarischen Forderungsberechtigten in Pengö ausbezahlt.

Artikel 3.

(1) Über die Reichsmarkguthaben auf dem Sonderkonto bei der Reichsbank kann die Ungarische Nationalbank zu einem zwischen der Deutschen und der Königlich Ungarischen Regierung zu vereinbarenden Prozentsatz frei verfügen. Der übrige Teil wird von der Ungarischen Nationalbank zu folgenden Zahlungen innerhalb Deutschlands verwendet werden:

(2) Ein Viertel zur Bezahlung von solchen deutschen Forderungen aus dem Warenverkehr, die vor Inkrafttreten dieses Abkommens fällig geworden sind, die alsdann verbleibenden drei Viertel zur Bezahlung von Forderungen, die nach Inkrafttreten dieses Abkommens fällig werden.

Artikel 4.

Über die Reihenfolge der Bezahlung dieser deutschen Forderungen verständigen sich die beiden Banken. Grundsätzlich soll das Datum der Fälligkeit maßgebend sein, insofern dadurch die technische Abwicklung des Zahlungsverkehrs nicht ungebührlich erschwert wird. Die Ungarische Nationalbank soll jedoch berechtigt sein, in gewissem Umfang, soweit es sich um für Ungarn lebensnotwendige Einfuhrwaren handelt, die vorzugsweise Befriedigung solcher Forderungen vorzunehmen. Die gleiche Berechtigung hat hinsichtlich der deutschen Einfuhr aus Ungarn die Reichsbank, wenn die Entwicklung der Verhältnisse dazu führt, daß die ungarischen Forderungen überwiegen. Reicht das Guthaben der Ungarischen Nationalbank bei der Reichsbank nicht aus, um sämtliche Forderungsberechtigte gleichzeitig voll zu befriedigen, bleibt es den Vereinbarungen der beiden Notenbanken vorbehalten, von größeren Beträgen bloß Teilbeträge auszuzahlen.

Artikel 5.

Ist die Verständigung über die aus dem Sonderkonto zu bezahlenden deutschen Forderungen zwischen den beiden Notenbanken erfolgt, so fordert die Ungarische Nationalbank den ungarischen Schuldner auf, den Gegenwert in Pengö an die Ungarische Nationalbank einzuzahlen. Von der erfolgten Einzahlung verständigt die Ungarische Nationalbank unverzüglich die Reichsbank mit dem Auftrag, die Auszahlung des Gegenwertes in Reichsmark an die deutschen Gläubiger vorzunehmen.

Artikel 6.

Die Umrechnung von Pengö in Reichsmark erfolgt zwischen den beiden Banken zum Kurse von

100 Pengö = 73,42 Reichsmark,

und die Umrechnung von Reichsmark in Pengö zum Kurse von

100 Reichsmark = 136,20 Pengö.

Artikel 7.

Die auf dem Sonderkonto bei der Reichsbank vorhandenen Guthaben werden nicht verzinst.

Artikel 8.

Soweit zwischen einer deutschen und einer ungarischen Vertragspartei auf Grund wechselseitiger Warengeschäfte die Möglichkeit einer unmittelbaren gesonderten Verrechnung besteht, wird diese von den in beiden Ländern zuständigen Stellen nach Prüfung im Einzelfalle genehmigt werden.

Artikel 9.

Insoweit nach den in den beiden Ländern bestehenden Devisenbestimmungen eine besondere Bewilligung zur Bestellung von Waren im Ausland oder zu deren Bezahlung und Verrechnung erforderlich ist, werden diese Bewilligungen von den zuständigen Stellen erteilt werden.

Artikel 10.

Das vorliegende Abkommen findet keine Anwendung auf den Transitverkehr. Nicht ausgeschlossen sind jedoch aus dem einen Lande nach dem andern Lande ausgeführte und verkaufte Waren, auch wenn diese fremder Herkunft sind.

Artikel 11.

Dieses Abkommen soll ratifiziert werden und tritt alsbald nach Austausch der Ratifikationsurkunden in Kraft. Beide Regierungen behalten sich vor, dasselbe schon vorher von einem zu vereinbarenden Zeitpunkt ab vorläufig anzuwenden. Das Abkommen hat vorläufig drei Monate Gültigkeit und kann Ende des zweiten Monats gekündigt werden. Erfolgt eine Kündigung nicht, so bleibt das Abkommen weiter in Kraft und kann spätestens am 15. jeden Monats zum Monatsende gekündigt werden. Sollten die zur Zeit bestehenden Währungsparitäten sich ändern, so tritt das Abkommen am Tage dieser Änderung außer Kraft.

II.

Verordnung der Reichsregierung über die vorläufige Anwendung des Abkommens zwischen dem Deutschen Reich und dem Königreich Ungarn über die Zahlungen aus dem deutsch-ungarischen Warenverkehr.

Vom 18. April 1932 (RGBl. II S. 129).
(In Kraft seit 20. April 1932.)

Auf Grund der Verordnung des Reichspräsidenten zum Schutze der Wirtschaft vom 9. März 1932, Vierter Teil, § 1 (Reichsgesetzbl. I S. 126), wird hiermit verordnet:

Das in Budapest am 13. April 1932 unterzeichnete Abkommen zwischen dem Deutschen Reich und dem Königreich Ungarn über die Zahlungen aus dem deutsch-ungarischen Warenverkehr wird auf Grund einer Vereinbarung zwischen der Deutschen und der Ungarischen Regierung vom 20. April 1932 ab vorläufig in Anwendung gebracht.

Das Abkommen wird nachstehend veröffentlicht.

III.

Verordnung über Zahlungen aus dem deutsch-ungarischen Warenverkehr.

Vom 18. April 1932 (RGBl. I S. 178).
(In Kraft seit 20. April 1932.)

Auf Grund des § 22 der Verordnung des Reichspräsidenten über die Devisenbewirtschaftung vom 1. August 1931 (Reichsgesetzbl. I S. 421) wird zur Durchführung des Abkommens zwischen dem Deutschen Reich und Ungarn über die Zahlungen aus dem deutsch-ungarischen Warenverkehr vom 13. April 1932 (Reichsgesetzbl. II S. 129) sowie der Verordnung über die vorläufige Anwendung dieses Abkommens vom 18. April 1932 (Reichsgesetzbl. II S. 129) verordnet:

§ 1.

(1) Zahlungen für Warenlieferungen aus Ungarn nach Deutschland mit Ausnahme des Saargebiets dürfen, auch wenn Zahlung in einer anderen Währung als Reichsmark vereinbart ist, nur in der Weise bewirkt werden, daß der Schuldbetrag in Reichsmark auf ein Sonderkonto geleistet wird, das bei der Reichsbank in Berlin für die Ungarische Nationalbank geführt wird und die einzelnen Beträge zugunsten der ungarischen Verkäufer entgegennimmt.

(2) Die Bestimmungen des Abs. 1 finden auch Anwendung auf Zahlungen für Transportkosten, verauslagte Zölle und Steuern sowie für sonstige Nebenkosten der Ein-

und Ausfuhr einschließlich der Verpflichtungen aus Transportversicherungen, soweit nicht der Reichswirtschaftsminister ein anderes bestimmt.

§ 2.

Die Bestimmungen dieser Verordnung finden auch auf Zahlungen für solche Schulden aus ungarischen Warenlieferungen Anwendung, die vor dem Inkrafttreten der Verordnung entstanden sind.

§ 3.

Die Zahlung auf das Sonderkonto bei der Reichsbank bedarf der schriftlichen Genehmigung der Stelle für Devisenbewirtschaftung. Eine dem Schuldner nach den Richtlinien für die Devisenbewirtschaftung in allgemeiner Form erteilte Genehmigung gilt für solche Zahlungen nicht.

§ 4.

Die Reichsbank wird die bei ihr eingezahlten Beträge nach Maßgabe näherer Vereinbarung mit der Ungarischen Nationalbank zur Bezahlung von Forderungen aus Warenlieferungen von Deutschland nach Ungarn verwenden. Ansprüche auf Zinsen oder Schadensersatz können aus diesem Verfahren gegen die Reichsbank nicht abgeleitet werden.

§ 5.

Eine im Inland ansässige Person, die mit einer in Ungarn ansässigen Person auf Grund wechselseitiger Warengeschäfte eine unmittelbare gesonderte Verrechnung vornehmen will, bedarf hierzu der schriftlichen Genehmigung der Stelle für Devisenbewirtschaftung. Die Vornahme einer Verrechnung in anderer Form ist nicht zulässig.

§ 6.

Die Vorschriften dieser Verordnung finden auf den Transitverkehr keine Anwendung. Nicht ausgeschlossen sind jedoch aus dem einen Lande — Freihafen inbegriffen — nach dem anderen Lande ausgeführte und verkaufte Waren, auch wenn diese fremder Herkunft sind.

§ 7.

(1) Mit den im § 18 Abs. 1 der Verordnung über die Devisenbewirtschaftung angedrohten Strafen wird bestraft, wer den Vorschriften dieser Verordnung zuwider vorsätzlich

1. für eigene Rechnung oder als Vertreter des Schuldners eine unter die vorstehenden Bestimmungen fallende Zahlung in anderer Weise als auf das bei der Reichsbank geführte Sonderkonto der Ungarischen Nationalbank leistet, oder wer für eigene Rechnung oder als Vertreter des Gläubigers eine solche Zahlung entgegennimmt,
2. ohne die nach den §§ 3, 5 dieser Verordnung erforderliche Genehmigung eine Zahlung leistet oder Verrechnung vornimmt,
3. eine nach § 5 Satz 2 dieser Verordnung unzulässige Verrechnung vornimmt.

(2) Der Versuch ist strafbar.

(3) Wird eine der Handlungen fahrlässig begangen, tritt nur die Geldstrafe ein. An Stelle der Geldstrafe tritt im Falle der Nichtbeitreibbarkeit Gefängnis.

(4) Die §§ 18 Abs. 5 bis 7, 20, 20 b der Verordnung über die Devisenbewirtschaftung finden auch bei Zuwiderhandlungen im Sinn der Abs. 1 bis 3 Anwendung.

E.

Das Devisennotrecht in der bisherigen Fassung nach dem Stande vom 23. Mai 1932.

I.

Verordnung des Reichspräsidenten über die Devisenbewirtschaftung.

Vom 1. August 1931 (RGBl. I S. 421).
(In Kraft seit 4. August 1931.)

Auf Grund des Artikel 48 Abs. 2 der Reichsverfassung wird verordnet:

§ 1.

(1) Die Beschränkungen und Verbote dieser Verordnung gelten nicht für die Reichsbank und die Deutsche Golddiskontbank.

(2) Die Durchführung von Vereinbarungen, die von Gruppen ausländischer Gläubiger und inländischer Schuldner mit Zustimmung der Reichsbank über die Behandlung der zwischen den Mitgliedern dieser Gruppen bestehenden Verbindlichkeiten getroffen werden, wird von der Reichsbank oder von Stellen, die sie bestimmt, überwacht. Soweit zur Erfüllung von Verbindlichkeiten aus solchen Vereinbarungen eine Handlung erforderlich ist, die nach dieser Verordnung oder einer Durchführungsverordnung einer Genehmigung bedarf, ist für die Erteilung der Genehmigung statt der Stelle für Devisenbewirtschaftung die Reichsbank zuständig.

Anm.: Satz 2 des Abs. 2 lautete ursprünglich:

„Die Vorschriften dieser Verordnung gelten nur, soweit ihre Anwendung nicht der Erfüllung von Verbindlichkeiten aus solchen Vereinbarungen entgegensteht."

Die Bestimmung ist gemäß DevisVOAbändVO. I Art. 1 Ziff. 1 durch den jetzigen Satz 2 Abs. 2 ersetzt worden. Zu § 1 vgl. auch DurchfVO. a. F. V § 1 und jetzt DevisVO. § 1 Abs. 1, 2.

§ 2.

(1) Ausländische Zahlungsmittel und Forderungen in ausländischer Währung dürfen gegen inländische Zahlungsmittel nur von der Reichsbank oder durch ihre Vermittlung erworben und nur an die Reichsbank oder durch ihre Vermittlung veräußert werden.

(2) Der Erwerb bedarf einer schriftlichen Genehmigung der Stelle für Devisenbewirtschaftung (§ 17). Die Genehmigung ist zu erteilen, soweit die ausländischen Zahlungsmittel oder Forderungen in ausländischer Währung bestimmt sind zur Zahlung von Zinsen und regelmäßigen Tilgungsbeträgen für langfristige Anleihen.

(3) Die Reichsbank kann anderen Kreditinstituten das Recht verleihen, ausländische Zahlungsmittel oder Forderungen in ausländischer Währung für Rechnung der Reichsbank oder für eigene Rechnung zu erwerben oder zu veräußern. Abs. 2 gilt entsprechend, wenn von einem solchen Kreditinstitut oder durch Vermittlung eines solchen Kreditinstituts erworben wird, es sei denn, daß der Erwerber ein Kreditinstitut nach Satz 1 ist und innerhalb des ihm von der Reichsbank verliehenen Rechtes handelt.

(4) Als Erwerb gilt auch der Erwerb im Wege der Zwangsvollstreckung.

Anm.: Zu Abs. 1 vgl. § 8 Abs. 1, 2 und DurchfVO. a. F. III § 9. Zu § 2 Abs. 1—3 vgl. ferner DevisVO. § 3 Abs. 1—3; zu Abs. 4: DevisVO. § 26. Bezüglich der Bestimmung der Devisenbanken vgl. die Anm. zu DevisVO. § 3 u. § 43.

§ 3.

Über ausländische Zahlungsmittel oder Forderungen in ausländischer Währung, die anders als nach § 2 erworben worden sind, darf nur mit schriftlicher Genehmigung der Stelle für Devisenbewirtschaftung verfügt werden, es sei denn, daß die Werte an die Reichsbank oder ein Kreditinstitut nach § 2 Abs. 3 veräußert werden.

Anm.: Vgl. hierzu auch DurchfVO. a. F. VI § 12 sowie jetzt DevisVO. § 4.

§ 4.

Ausländische Wertpapiere, die nicht an einer deutschen Börse zum Handel zugelassen sind, dürfen entgeltlich nur mit schriftlicher Genehmigung der Stelle für Devisenbewirtschaftung erworben werden. Über ausländische Wertpapiere, die nicht an einer deutschen Börse zum Handel zugelassen sind, darf nur mit schriftlicher Genehmigung der Stelle für Devisenbewirtschaftung verfügt werden, es sei denn, daß die Wertpapiere an die Reichsbank oder ein Kreditinstitut nach § 2 Abs. 3 veräußert werden.

Anm.: Vgl. hierzu auch DurchfVO. a. F. VI § 12, VII §§ 2, 3 sowie jetzt DevisVO. § 5.

§ 5.

Termingeschäfte über ausländische Zahlungsmittel oder Forderungen in ausländischer Währung oder über Edelmetall gegen inländische Zahlungsmittel sind verboten.

Anm.: Vgl. hierzu auch DurchfVO. a. F. II § 1 und IX § 1 und jetzt DevisVO. § 11.

§ 6.

Nur mit schriftlicher Genehmigung der Stelle für Devisenbewirtschaftung

1. dürfen Kredite, die auf Reichsmark oder Goldmark lauten, Personen eingeräumt werden, die im Ausland oder im Saargebiet ansässig sind;

2. dürfen Forderungen, die auf Reichsmark oder Goldmark lauten, auf Konten übertragen werden, die im Ausland oder im Saargebiet geführt werden, oder an dort ansässige Personen abgetreten werden;
3. darf über Forderungen verfügt werden, die auf Reichsmark oder Goldmark lauten, vor dem Inkrafttreten dieser Verordnung entstanden sind und im Ausland oder im Saargebiet ansässigen Personen zustehen.

Anm.: Zu § 6 vgl. DurchfVO. a. F. I § 2 in den Fassungen der DurchfVO. a. F. VI § 11 und später XII § 3. Zu Ziffer 3 des § 6 vgl. ferner DurchfVO. a. F. I § 1 und VI § 12.
§ 6 jetzt DevisVO. § 13.

§ 7.

Zahlungsmittel und Wertpapiere dürfen nur mit schriftlicher Genehmigung der Stelle für Devisenbewirtschaftung ins Ausland oder ins Saargebiet versandt oder überbracht werden.

Anm.: Zu § 7 vgl. DurchfVO. a. F. I § 3 Abs. 1.
§ 7 jetzt DevisVO. § 12.

§ 8.

(1) Zahlungsmittel im Sinne dieser Verordnung sind Geldsorten (Münzgeld, Papiergeld, Banknoten und dergleichen), Auszahlungen, Anweisungen, Schecks und Wechsel.

(2) Forderungen in ausländischer Währung im Sinne dieser Verordnung sind Forderungen, bei denen der Gläubiger Anspruch auf Zahlung in effektiver ausländischer Währung hat. Als Forderungen in ausländischer Währung gelten nicht ausländische Wertpapiere sowie Forderungen in ausländischer Währung aus Versicherungsverträgen, die vor dem 15. Juli 1931 abgeschlossen worden sind.

(3) Ausländische Wertpapiere im Sinne dieser Verordnung sind Wertpapiere, deren Aussteller den Sitz, Wohnsitz oder Ort der Leitung im Ausland oder im Saargebiet haben.

(4) Edelmetalle im Sinne dieser Verordnung sind Gold, Silber, Platin und Platinmetalle in den im Handel mit solchen Metallen üblichen Formen.

Anm.: § 8 jetzt DevisVO. § 2 Abs. 1, 2, 3, 5.

§ 9.

(1) Ausländische Zahlungsmittel und Forderungen in ausländischer Währung, für die eine amtliche Notierung an der Berliner Börse erfolgt, dürfen gegen inländische Zahlungsmittel zu keinem höheren als dem letztbekannten amtlich an der Berliner Börse notierten Briefkurs erworben oder abgegeben werden.

(2) Der Kurs für Auszahlungen ist auch für Geschäfte in Geldsorten maßgebend, wenn für die Geldsorten kein besonderer amtlicher Kurs notiert wird. Wird ein besonderer Kurs notiert, so gilt er nur für Geschäfte in Geldsorten.

Anm.: Zu § 9 vgl. jetzt DevisVO. § 27.

§ 10.

(1) Ausländische Zahlungsmittel und Forderungen in ausländischer Währung, für die eine amtliche Notierung an der Berliner Börse nicht vorliegt, dürfen gegen inländische Zahlungsmittel zu keinem höheren als dem letztbekannten, von einem Ausschuß der Berliner Bedingungsgemeinschaft für den Wertpapierverkehr als Briefkurs ermittelten und in der Presse veröffentlichten Preise erworben oder abgegeben werden.

(2) Ausländische Zahlungsmittel und Forderungen in ausländischer Währung, für die weder eine amtliche Notierung an der Berliner Börse erfolgt, noch gemäß Abs. 1 Preise ermittelt und veröffentlicht werden, dürfen gegen inländische Zahlungsmittel zu keinem höheren als einem Preise erworben oder abgegeben werden, der auf der Grundlage einerseits eines letztbekannten ausländischen Briefkurses dieses Zahlungsmittels und andererseits des letztbekannten amtlich an der Berliner Börse notierten oder gemäß Abs. 1

ermittelten Briefkurses der Währung des ausländischen Börsenplatzes errechnet ist.

Anm.: Zu § 10 vgl. jetzt DevisVO. § 28.

§ 11.

Die Beschränkungen der § 2 Abs. 2 Satz 1, §§ 3, 4, 6, 7 gelten nicht, soweit die Zahlungsmittel, Forderungen, Wertpapiere oder Kredite im Einzelfalle dem Werte nach nicht den Betrag von dreitausend Reichsmark übersteigen. Gleichartige Tatbestände, die sich innerhalb eines Monats in Ansehung einer Person ergeben, die den Beschränkungen unterworfen ist, gelten dabei als ein Einzelfall.

Anm.: Die Freigrenze des § 11 ist später herabgesetzt worden, und zwar durch DurchfVO. a. F. III § 10 auf 1000 RM und durch DurchfVO. a. F. VI § 9 Abs. 1 weiter auf 200 RM. Vgl. zu § 11 auch die Ergänzungen der Freigrenzenbestimmungen durch DurchfVO. a. F. VI § 9 Abs. 2, 3, X § 12 und XI § 2.
Jetzt sind die Freigrenzen in DevisVO. § 21 geregelt.

§ 12.

Geschäfte, die gegen eine der Vorschriften der §§ 3 bis 11 verstoßen, sind nichtig.

Anm.: § 12 hat wichtige Ergänzungen erfahren durch DurchfVO. a. F. I § 4 und XII §§ 1, 12.
§ 12 mit Ergänzungen jetzt DevisVO. § 29.

§ 13.

Als inländische Kurse ausländischer Zahlungsmittel dürfen nur die amtlichen Notierungen der Berliner Börse oder ihnen gleichgestellte Preise (§ 10 Abs. 1) veröffentlicht werden.

Anm.: Jetzt DevisVO. § 30.

§ 14.

(1) Der Reichswirtschaftsminister und die Stellen für Devisenbewirtschaftung können von jedermann Auskünfte verlangen, die sich auf Geschäfte oder Handlungen beziehen,

die nach dieser Verordnung verboten oder Beschränkungen unterworfen sind. Dabei kann auch die Vorlage der Bücher und sonstiger Belege verlangt werden.

(2) Der Reichswirtschaftsminister kann anordnen, daß ihm oder den Stellen für Devisenbewirtschaftung gegenüber die Richtigkeit einer Auskunft nach Abs. 1 eidesstattlich versichert wird.

(3) Die Verordnung über Auskunftspflicht vom 13. Juli 1923 (Reichsgesetzbl. I S. 723) bleibt unberührt.

Anm.: Vgl. zu § 14 auch DurchfVO. a. F. III § 11. § 14 nebst dieser Ergänzung jetzt DevisVO. § 32. Vgl. auch die Anm. dazu.

§ 15.

(1) Die Reichsregierung kann anordnen, daß ausländische Zahlungsmittel, Forderungen in ausländischer Währung und nach dem 12. Juli 1931 erworbene, an einer deutschen Börse zum Handel nicht zugelassene ausländische Wertpapiere innerhalb einer von ihr zu bestimmenden Frist angemeldet oder der Reichsbank zu den allgemeinen Geschäftsbedingungen angeboten und auf Verlangen verkauft und übertragen werden. § 2 Abs. 3 Satz 1 gilt entsprechend.

(2) Die Reichsregierung kann bei der Anordnung den Kreis der hiervon Betroffenen nach ihrem Ermessen bestimmen. Pflichten, die dem Eigentümer eines anzumeldenden oder anzubietenden Gegenstandes obliegen, sind in gleicher Weise von dem zu erfüllen, der den Gegenstand als ihm gehörig besitzt oder der durch einen Treuhänder, durch eine Erwerbsgesellschaft oder in sonstiger Weise die Verfügungsmacht über den Gegenstand ausübt. Wer nach den Vorschriften der Reichsabgabenordnung, besonders nach den §§ 103 ff. die Pflichten eines Steuerpflichtigen zu erfüllen hat, ist auch verpflichtet, die Pflichten des Steuerpflichtigen zu erfüllen, die sich aus der Anordnung der Reichsregierung ergeben. Die Reichsregierung kann im übrigen die von der Anordnung betroffenen Werte nach

Währungen, Mindestwert des Einzelbesitzes oder anderen ihr zweckmäßig erscheinenden Merkmalen kennzeichnen.

Anm.: Zu §§ 15 und 16 vgl. auch DurchfVO. a. F. I § 3 Abs. 2, III §§ 1 ff., IV §§ 1, 2, VI §§ 1 ff., VII §§ 11, 12, X §§ 5 ff., XII § 5.
§ 15 jetzt DevisVO. § 33.

§ 16.

Hat die Reichsregierung angeordnet, daß Werte der Reichsbank anzubieten seien (§ 15), so kann ein Pflichtiger, welcher der Werte zu volkswirtschaftlich gerechtfertigten Zwecken bedarf, unter schriftlicher Darlegung seiner Gründe die Entscheidung der Stelle für Devisenbewirtschaftung anrufen. Soweit die Stelle die Zwecke als volkswirtschaftlich gerechtfertigt anerkennt, entfällt die Pflicht zur Anbietung; andernfalls sind die Werte unverzüglich anzubieten.

Anm.: Vgl. die Anm. zu § 15.
§ 16 jetzt DevisVO. § 34.

§ 17.

(1) Stellen für Devisenbewirtschaftung sind die Landesfinanzämter. Sie treffen ihre Maßnahmen und Entscheidungen nach Richtlinien, die der Reichswirtschaftsminister im Einvernehmen mit dem Reichsminister der Finanzen und dem Reichsminister für Ernährung und Landwirtschaft aufstellt. In diesen Richtlinien können Ausnahmen von den Vorschriften dieser Verordnung vorgesehen und kann den Stellen für Devisenbewirtschaftung das Recht verliehen werden, solche Ausnahmen zuzulassen.

(2) Zuständig ist jeweils die Stelle für Devisenbewirtschaftung, in deren Bezirk derjenige, der eine Entscheidung nachsucht, seinen Wohnsitz, gewöhnlichen Aufenthalt, Sitz oder Ort der Leitung hat. Ergibt sich hiernach nicht die Zuständigkeit einer Stelle, so ist das Landesfinanzamt Berlin zuständig.

Anm.: Zu § 17 vgl. auch Richtl. a. F. I 11 ff. und DurchfVO. a. F. XII § 2.
§ 17 jetzt DevisVO. § 35 Abs. 1, 2.

§ 18.

(1) Mit Gefängnis oder in besonders schweren Fällen mit Zuchthaus bis zu zehn Jahren sowie mit Geldstrafe bis zum Zehnfachen des Wertes der Zahlungsmittel, der Forderungen in ausländischer Währung, der Wertpapiere oder der Edelmetalle, auf die sich die strafbare Handlung bezieht, wird bestraft, wer vorsätzlich

1. dem § 2 zuwider ausländische Zahlungsmittel oder Forderungen in ausländischer Währung gegen inländische Zahlungsmittel erwirbt oder veräußert;
2. dem § 2 zuwider den Erwerb oder die Veräußerung von ausländischen Zahlungsmitteln oder Forderungen in ausländischer Währung gegen inländische Zahlungsmittel vermittelt;
3. einer der Vorschriften der §§ 3, 4, 6, 7 zuwiderhandelt;
4. ausländische Zahlungsmittel oder Forderungen in ausländischer Währung gegen inländische Zahlungsmittel zu einem höheren als dem nach den §§ 9, 10 zugelassenen Preise abgibt oder erwirbt oder einen solchen Erwerb vermittelt;
5. Termingeschäfte über ausländische Zahlungsmittel oder Forderungen in ausländischer Währung oder über Edelmetalle gegen inländische Zahlungsmittel abschließt oder vermittelt;
6. einer Anordnung, die von der Reichsregierung nach § 15 erlassen ist, nicht, nicht rechtzeitig oder nicht ordnungsmäßig nachkommt;
7. unrichtige oder unvollständige Angaben tatsächlicher Art macht oder benutzt, um für sich oder einen anderen eine Genehmigung zu erschleichen, die nach dieser Ver-

ordnung oder einer Durchführungsverordnung erforderlich ist.

(2) Der Versuch ist strafbar.

(3) Wird eine der Handlungen fahrlässig begangen, tritt nur die Geldstrafe ein. An Stelle einer Geldstrafe tritt bei Nichtbeitreibbarkeit Gefängnis.

(4) Mit der im Abs. 1 bezeichneten Strafe wird ferner bestraft, wer vorsätzlich zu einer im Abs. 1 mit Strafe bedrohten Handlung auffordert, anreizt oder sich erbietet.

(5) Neben der Strafe können die Werte, auf die sich die strafbare Handlung bezieht, zugunsten des Reichs eingezogen werden, auch wenn sie dem Täter oder einem Teilnehmer nicht gehören. Ist die Einziehung eines solchen Wertes nicht ausführbar, so kann auf Einziehung eines entsprechenden Geldbetrages erkannt werden; das Gericht kann dies auch nachträglich durch Beschluß anordnen. Die Einziehung unterbleibt, wenn der von der Einziehung Betroffene nachweist, daß er von der Straftat weder Kenntnis hatte noch haben konnte, er von der Straftat auch keinen Vorteil gehabt hat. Der Feststellung des Wertes ausländischer Zahlungsmittel und von Forderungen in ausländischer Währung ist der nach den Vorschriften dieser Verordnung errechnete mittlere Kurswert im Zeitpunkt der verbotenen Handlung zugrunde zu legen.

(6) Kann keine bestimmte Person verfolgt oder verurteilt werden, so kann auf die Einziehung selbständig erkannt werden.

(7) Zur Sicherung der Geldstrafe oder der Einziehung kann das Vermögen des Angeschuldigten ganz oder teilweise beschlagnahmt werden.

Anm.: Durch DevisVOÄndVO. I Art. 1 Ziff. 2 ist in Abs. 1 Ziff. 7, durch DevisVOÄndVO. II Art. I Ziff. 1, 3 sind Abs. 2 und 6 eingefügt worden, wodurch die früheren Abs. 2, 3 und 5 Abs. 3, 4 und 7 geworden sind. Durch die letztere VO. hat auch Abs. 5 (früher 4) eine neue Fassung erhalten. Die Bestimmung hat ursprünglich gelautet:

„Neben der Strafe können die Werte, auf die sich die strafbare Handlung bezieht, zugunsten des Reichs eingezogen werden, auch wenn sie dem Täter oder einem Teilnehmer nicht gehören. Die Einziehung unterbleibt, wenn der von der Einziehung Betroffene nachweist, daß er von der Straftat weder Kenntnis hatte noch haben konnte, er von der Straftat auch keinen Vorteil gehabt hat. Erweist sich die Einziehung als nicht durchführbar, so kann das Gericht nachträglich durch Beschluß die Einziehung des Gegenwerts in Geld anordnen. Der Feststellung des Wertes ..." (folgt Satz 4 des jetzigen Abs. 5).

§ 18 jetzt DevisVO. § 36.

§ 19.

Mit Geldstrafe wird bestraft, wer vorsätzlich oder fahrlässig

1. Kurse ausländischer Zahlungsmittel veröffentlicht, die nach § 13 nicht veröffentlicht werden dürfen;
2. die vom Reichswirtschaftsminister oder einer Stelle für Devisenbewirtschaftung erforderten Auskünfte nicht, nicht in der bestimmten Frist, unvollständig oder unrichtig erstattet oder die Bücher oder sonstigen Belege nicht, nicht in der bestimmten Frist oder unvollständig vorlegt;
3. die einer Stelle für Devisenbewirtschaftung gegenüber übernommenen Verpflichtungen oder von einer solchen Stelle gemachten Auflagen nicht, nicht in der bestimmten Frist oder nicht ordnungsgemäß erfüllt.

Anm.: Ziff. 3 eingefügt durch DevisVOÄndVO. II Art. I Ziff. 4. § 19 jetzt DevisVO. § 37.

§ 20.

In den Fällen der §§ 18 und 19 finden die Vorschriften der §§ 416, 417 der Reichsabgabenordnung entsprechende Anwendung.

Anm.: § 20 jetzt DevisVO. § 38.

§ 20 a.

Wird im Betrieb eines Unternehmens eine nach § 18 strafbare Handlung begangen, so kann gegen den Inhaber oder Leiter, unbeschadet ihrer strafrechtlichen Verantwortlichkeit, eine Ordnungsstrafe bis zu 300 000 Reichsmark festgesetzt werden, sofern sie nicht nachweisen, daß sie die im Verkehr erforderliche Sorgfalt zur Verhütung der strafbaren Handlung angewandt haben.

Die Ordnungsstrafe wird auf Antrag einer Stelle für Devisenbewirtschaftung vom Reichswirtschaftsgericht festgesetzt. Die Festsetzung ist unanfechtbar.

Anm.: Eingefügt durch DevisVOÄndVO. I Art. 1 Ziff. 3.
§ 20 a jetzt DevisVO. § 39.

§ 20 b.

Wegen einer Zuwiderhandlung gegen die Vorschriften der Verordnung über die Devisenbewirtschaftung und der Durchführungsverordnungen kann ein Deutscher auch dann bestraft und verfolgt werden, wenn er die Tat im Ausland begangen hat.

Anm.: Eingefügt durch DevisVOÄndVO. II Art. I Ziff. 5.
§ 20 b jetzt DevisVO. § 40.

§ 21.

Ist bei Inkrafttreten dieser Verordnung eine Anzeige, die nach § 1 Abs. 2 der Verordnung des Reichspräsidenten gegen die Kapital- und Steuerflucht vom 18. Juli 1931 (Reichsgesetzbl. I S. 373) zu erstatten ist, noch nicht erstattet, so ist sie der zuständigen Stelle für Devisenbewirtschaftung zu erstatten. Diese Stelle entscheidet auch, ob ein angegebener Zweck volkswirtschaftlich gerechtfertigt ist, soweit bei Inkrafttreten dieser Verordnung diese Entscheidung weder getroffen noch vorbereitet ist.

Anm.: Vgl. DurchfVO. a. F. I § 5.

§ 22.

Die Reichsregierung ist ermächtigt, die zur Durchführung dieser Verordnung erforderlichen Rechtsverordnungen und allgemeinen Verwaltungsvorschriften zu erlassen. Sie kann, soweit sie es zur Erreichung der Zwecke dieser Verordnung für erforderlich hält, auch weitere Vorschriften über Beschränkungen und Verbote erlassen. Sie kann ferner anordnen, daß und in welchem Umfang bei Zuwiderhandlungen gegen die von ihr erlassenen Bestimmungen die in den §§ 18 bis 20 angedrohten Strafen und sonstigen Maßnahmen Anwendung finden.

Anm.: § 22 jetzt DevisVO. § 42.

§ 23.

Diese Verordnung tritt am 4. August 1931 in Kraft. Zu derselben Zeit treten die Verordnung des Reichspräsidenten vom 15. Juli 1931 (Reichsgesetzbl. I S. 365), soweit sie den Verkehr mit ausländischen Zahlungsmitteln und Forderungen in ausländischer Währung betrifft, die Verordnung über den Verkehr mit ausländischen Zahlungsmitteln vom 15. Juli 1931 (Reichsgesetzbl. I S. 366) und die §§ 1 bis 5 der Verordnung des Reichspräsidenten gegen die Kapital- und Steuerflucht vom 18. Juli 1931 (Reichsgesetzbl. I S. 373) außer Kraft. Unberührt bleiben jedoch in Ansehung der bei Inkrafttreten dieser Verordnung noch nicht erledigten Fälle des Aufrufs ausländischer Zahlungsmittel usw. die Durchführungsverordnungen der Reichsregierung, die sich auf die §§ 1 bis 5 der vorbezeichneten Verordnung beziehen. Unberührt bleiben ferner die Bestimmungen, welche die Reichsbank gemäß § 1 Abs. 1 Satz 2, Abs. 2 der letztbezeichneten Verordnung vom 15. Juli 1931 getroffen hat, solange diese Bestimmungen nicht ausdrücklich aufgehoben sind.

Anm.: Zu § 23 vgl. jetzt DevisVO. § 43 und die Anm. dazu.

II.

Verordnung des Reichspräsidenten zur Abänderung der Verordnung über die Devisenbewirtschaftung vom 1. August 1931 (Reichsgesetzbl. I S. 421) und über die beschleunigte Aburteilung von Zuwiderhandlungen gegen diese Verordnung durch Schnellgerichte.

Vom 17. November 1931 (RGBl. I S. 679).
(In Kraft seit 20. November 1931.)

Auf Grund des Artikel 48 Abs. 2 der Reichsverfassung wird verordnet:

Artikel 1

hat die Änderung des § 1 Abs. 2 DevisVO. a. F. sowie die Einfügung der Ziff. 7 in § 18 und des § 20a in die DevisVO. a. F. gebracht. Siehe dort.

Artikel 2.

Zur Aburteilung der Zuwiderhandlungen gegen die Verordnung des Reichspräsidenten über die Devisenbewirtschaftung vom 1. August 1931 (Reichsgesetzbl. I S. 421) und der zu ihrer Durchführung erlassenen Verordnungen findet das Schnellverfahren nach § 212 der Strafprozeßordnung auch dann statt, wenn der Beschuldigte sich weder freiwillig stellt noch infolge einer vorläufigen Festnahme dem Gericht vorgeführt wird.

Anm.: Jetzt DevisVO. § 41.

Artikel 3.

Diese Verordnung tritt mit dem Tage ihrer Verkündung in Kraft.

III.

Verordnung des Reichspräsidenten über die Devisenbewirtschaftung.

Vom 15. April 1932 (RGBl. I S. 177).
(In Kraft seit 19. April 1932.)

Auf Grund des Artikels 48 Abs. 2 der Reichsverfassung wird verordnet:

Artikel I

hat die Änderungen und Ergänzungen der DevisVO. a. F. zu §§ 18, 19 sowie die Einfügung des § 20 b gebracht.

Artikel II.

(1) Wer gewerbsmäßig den Handel mit Wertpapieren betreibt oder vermittelt, ist verpflichtet, Wertpapiere, die ihm von Personen angeliefert werden, die nicht Devisenbanken (§ 2 Abs. 3 der Verordnung über die Devisenbewirtschaftung) sind, oder die er an solche Personen ausliefert, unter Angabe der Nummern der Stücke, des Namens und der Anschrift des Einlieferers oder Empfängers spätestens binnen einer Woche der örtlich zuständigen Stelle für Devisenbewirtschaftung anzuzeigen. Er hat sich die Gewißheit der Richtigkeit der die Person des Einlieferers oder Empfängers betreffenden Angaben zu verschaffen.

(2) Auf Zuwiderhandlungen gegen diese Vorschrift finden die in den §§ 19, 20 der Verordnung über die Devisenbewirtschaftung angedrohten Strafen und sonstigen Maßnahmen Anwendung.

Anm.: Jetzt DevisVO. §§ 31, 37 Ziff. 2.

Artikel III.

Die Reichsregierung wird ermächtigt, die Vorschriften über die Devisenbewirtschaftung, wie sie sich im Zeitpunkt der Bekanntmachung aus der Verordnung über die Devisenbewirtschaftung, den zu ihrer Änderung oder Durchführung erlassenen Verordnungen sowie dieser Verordnung ergeben, als Verordnung über die Devisenbewirtschaftung und als Durchführungsverordnung hierzu unter fortlaufender Paragraphenfolge und unter dem Datum des Tages der Bekanntmachung neu bekanntzumachen. Die Reichsregierung kann dabei gegenstandslos gewordene Vorschriften weglassen und den Wortlaut ändern, soweit der Inhalt dadurch nicht berührt wird.

Anm.: Auf Grund dieser Ermächtigung ist die Kodifikation erfolgt.

Artikel IV.

Diese Verordnung tritt mit dem Tage ihrer Verkündung in Kraft.

IV.

Erste Verordnung zur Durchführung der Verordnung des Reichspräsidenten über die Devisenbewirtschaftung.

Vom 12. August 1931 (RGBl. I S. 437).
(In Kraft seit 14. August 1931.)

Auf Grund der §§ 17 Abs. 1 Satz 3, 22 der Verordnung des Reichspräsidenten über die Devisenbewirtschaftung vom 1. August 1931 (Reichsgesetzbl. I S. 421) wird verordnet:

§ 1.

Über Forderungen, die auf Reichsmark oder Goldmark lauten und im Ausland oder im Saargebiet ansässigen Personen zustehen, darf ohne die im § 6 Nr. 3 der Verordnung über die Devisenbewirtschaftung vorgeschriebene schriftliche Genehmigung auch dann verfügt werden, wenn die Forderungen in der Zeit vom 16. Juli bis 3. August 1931 entstanden sind.

§ 2.

(1) Nur mit schriftlicher Genehmigung der Stelle für Devisenbewirtschaftung darf eine im Inland ansässige Person inländische Zahlungsmittel oder Gold einer im Ausland oder im Saargebiet ansässigen Person oder zugunsten einer solchen Person einer im Inland ansässigen Person im Inland aushändigen.

(2) Nur mit schriftlicher Genehmigung der Stelle für Devisenbewirtschaftung dürfen auf einem bei einem inländischen Kreditinstitut geführten Konto einer im Ausland oder im Saargebiet ansässigen Person Reichsmarkbeträge gutgeschrieben werden, die aus Bareinzahlungen, Überweisungen oder sonstigen Vergütungen von seiten einer im Inland ansässigen Person stammen. Als Kreditinstitut im Sinne dieser Vorschrift gilt auch ein Postscheckamt.

(3) § 11 der Verordnung über die Devisenbewirtschaftung gilt entsprechend.

Anm.: § 2 hatte ursprünglich folgenden Abs. 1:

„Über die Vorschriften des § 6 der Verordnung über die Devisenbewirtschaftung hinaus bedarf der schriftlichen Genehmigung der Stelle für Devisenbewirtschaftung auch eine im Inland ansässige Person, wenn sie Reichsmarkbeträge auf ein im Inland geführtes Konto einer im Ausland oder im Saargebiet ansässigen Person durch Bareinzahlungen, Überweisungen oder in sonstiger Weise gutschreiben lassen will."

Durch DurchfVO. a. F. VI § 11 erhielt die Bestimmung folgende Fassung:

„Über die Vorschriften des § 6 der Verordnung über die Devisenbewirtschaftung hinaus bedarf der schriftlichen Genehmigung der Stelle für Devisenbewirtschaftung auch eine im Inland ansässige Person, wenn sie Reichsmarkbeträge auf ein im Inland geführtes Konto einer im Ausland oder im Saargebiet ansässigen Person durch Bareinzahlungen, Überweisungen oder in sonstiger Weise gutschreiben lassen oder inländische Zahlungsmittel oder Gold einer im Ausland ansässigen Person im Inland aushändigen will."

An die Stelle auch dieser Vorschrift wurden schließlich durch DurchfVO. a. F. XII § 3 die jetzigen Abs. 1, 2 gesetzt, wodurch der frühere Abs. 2 Abs. 3 wurde.

§ 2 jetzt DevisVO. § 14 Abs. 1.

§ 3.

(1) Die Vorschrift des § 7 der Verordnung über die Devisenbewirtschaftung gilt auch für Edelmetalle im Sinne des § 8 Abs. 4 der Verordnung.

(2) Eine Anordnung der Reichsregierung nach § 15 der Verordnung über die Devisenbewirtschaftung kann sich auch auf Edelmetalle erstrecken.

§ 4.

Die Nichtigkeit eines Geschäfts (§ 12 der Verordnung über die Devisenbewirtschaftung) kann nicht zum Nachteil von Personen geltend gemacht werden, die

a) den die Nichtigkeit begründenden Sachverhalt beim Abschluß des Geschäfts nicht kannten oder

b) im Ausland ansässig sind, es sei denn, daß sie die Nichtigkeit des Geschäfts kannten.

Anm.: Fassung der DurchfVO. a. F. XII § 4.

Die ursprüngliche Fassung lautete:

„Die Nichtigkeit eines Geschäfts (§ 12 der Verordnung über die Devisenbewirtschaftung) kann nicht zum Nachteil von Personen geltend gemacht werden, die im Ausland ansässig sind oder die den die Nichtigkeit begründenden Sachverhalt beim Abschluß des Geschäfts nicht kannten."

§ 5.

Bis auf weiteres entscheiden in den im § 21 Satz 2 der Verordnung über die Devisenbewirtschaftung genannten Fällen die Reichsbank oder die von ihr ermächtigten Kreditinstitute.

V.

Zweite Verordnung zur Durchführung der Verordnung des Reichspräsidenten über die Devisenbewirtschaftung.

Vom 20. August 1931 (RGBl. I S. 453).
(In Kraft seit 26. August 1931.)

Auf Grund der §§ 17 Abs. 1 Satz 3, 22 der Verordnung des Reichspräsidenten über die Devisenbewirtschaftung vom 1. August 1931 (Reichsgesetzbl. I S. 421) wird verordnet:

§ 1.

In Abweichung von § 5 der Verordnung über die Devisenbewirtschaftung sind bis auf weiteres solche Termingeschäfte über ausländische Zahlungsmittel gegen inländische Zahlungsmittel zulässig, die mit schriftlicher Genehmigung der Stelle für Devisenbewirtschaftung entweder mit der Reichsbank oder mit einem der in § 2 Abs. 3 der Verordnung über die Devisenbewirtschaftung bezeichneten Kreditinstitute im Rahmen der ihm von der Reichsbank erteilten Ermächtigung abgeschlossen werden.

Anm.: Vgl. hierzu auch DurchfVO. IX § 1.

§ 2.

Geschäfte, die gegen die Vorschriften des § 1 dieser Verordnung oder des § 2 der Ersten Verordnung zur Durchführung der Verordnung über die Devisenbewirtschaftung vom 12. August 1931 (Reichsgesetzbl. I S. 437) verstoßen, sind nichtig. § 4 der Ersten Durchführungsverordnung gilt entsprechend.

Anm: Zu § 2 vgl. jetzt DevisVO. § 29.

§ 3.

Die in §§ 18, 20 der Verordnung über die Devisenbewirtschaftung angedrohten Strafen und sonstigen Maßnahmen finden auch Anwendung auf Zuwiderhandlungen gegen die Vorschriften des § 1 dieser Verordnung und des § 2 der Ersten Durchführungsverordnung.

Anm.: Ursprünglich lautete die Inbezugnahme zu Beginn „§§ 18 bis 20“. Berichtigt durch DurchfVO. a. F. X § 13.

VI.

Dritte Verordnung zur Durchführung der Verordnung des Reichspräsidenten über die Devisenbewirtschaftung.

Vom 29. August 1931 (RGBl. I S. 461, berichtigt S. 488).
(In Kraft seit 29. August 1931.)

Auf Grund der §§ 15, 22 der Verordnung des Reichspräsidenten über die Devisenbewirtschaftung vom 1. August 1931 (Reichsgesetzbl. I S. 421) und des § 3 der Ersten Verordnung zur Durchführung der Verordnung des Reichspräsidenten über die Devisenbewirtschaftung vom 12. August 1931 (Reichsgesetzbl. I S. 437) wird verordnet:

Vorbem. vor Art. I: Vgl. auch DurchfVO. a. F. VI Art. I und die Vorbem. dazu.

Artikel I.

§ 1.

(1) Natürliche Personen, die im Deutschen Reiche ihren Wohnsitz oder ihren gewöhnlichen Aufenthalt haben, ferner

a) Aktiengesellschaften, Kommanditgesellschaften auf Aktien, Kolonialgesellschaften, bergbautreibende rechtsfähige Vereinigungen und nichtrechtsfähige Berggewerkschaften, Gesellschaften mit beschränkter Haftung, Genossenschaften, Versicherungsvereine auf Gegenseitigkeit, Hypothekenbanken, Schiffsbeleihungsbanken,

b) rechtsfähige und nichtrechtsfähige Vereine, Anstalten, Stiftungen, andere Zweckvermögen und sonstige nicht unter a fallende Körperschaften des bürgerlichen Rechtes,

c) offene Handelsgesellschaften, Kommanditgesellschaften und ähnliche Gesellschaften des Handelsrechts, bei denen die Gesellschafter als Unternehmer (Mitunternehmer) anzusehen sind,

d) Kreditanstalten des öffentlichen Rechtes,

unter der Voraussetzung, daß der Sitz oder der Ort der Leitung im Inland liegt,

haben ihre ausländischen Zahlungsmittel, ihre Forderungen in ausländischer Währung, ihre nach dem 12. Juli 1931 erworbenen, an einer deutschen Börse zum Handel nicht zugelassenen ausländischen Wertpapiere und ihre Bestände an außer Kurs gesetzten Goldmünzen, an Feingold oder legiertem Golde (roh oder Halbfabrikate) der örtlich zuständigen Reichsbankanstalt oder einem Kreditinstitute, dem die Reichsbank die Befugnis zum An- und Verkauf von ausländischen Zahlungsmitteln verliehen hat, bis zum 19. September 1931 anzubieten und auf Verlangen zu verkaufen und zu übertragen, sofern diese Zahlungsmittel, Forderungen, Wertpapiere und Goldbestände am 29. August 1931 für einen Pflichtigen insgesamt den Gegenwert von eintausend Reichsmark übersteigen. Ehegatten, die nicht dauernd voneinander getrennt leben, ferner Eltern und minderjährige Kinder (§ 23 des Einkommensteuergesetzes), die in einer Haushaltung leben, gelten im Sinne dieser Bestimmung als ein Pflichtiger.

(2) Personen, die unter die Vorschriften des Abs. 1 fallen und sich beim Inkrafttreten dieser Verordnung im Ausland befinden, haben die Verpflichtungen nach Abs. 1 spätestens eine Woche nach Rückkehr in das Inland zu erfüllen.

(3) Für die im Abs. 1 genannten Personen, deren ausländische Zahlungsmittel, Forderungen in ausländischer Währung, Wertpapiere und Goldbestände den im Abs. 1 genannten Betrag nicht erreichen, bleibt die Festsetzung des Ablieferungszeitraums durch weiteren Aufruf vorbehalten.

(4) Die im Abs. 1 unter a und c aufgeführten Gesellschaften haben die Verpflichtungen auch dann zu erfüllen, wenn sie wirtschaftlich betrachtet als Zweigniederlassung eines ausländischen Unternehmens anzusehen sind.

Anm.: Das Datum „19. September“ ist durch DurchfVO. a. F. IV § 1 an Stelle des ursprünglichen Datums „5. September“ gesetzt.

§ 2.

(1) Von den Verpflichtungen nach § 1 Abs. 1 sind befreit:

a) Personen, soweit ihnen unter Wahrung der Gegenseitigkeit nach allgemeinen völkerrechtlichen Grundsätzen ein Anspruch auf Befreiung von den persönlichen Steuern zusteht;

b) konsularische Vertreter, die Berufsbeamte sind, und die ihnen zugewiesenen Beamten, sofern sie Angehörige des Entsendestaats sind, die deutsche Staatsangehörigkeit nicht besitzen und außerhalb ihres Amtes oder Dienstes im Inland keinen Beruf, kein Gewerbe und keine andere gewinnbringende Tätigkeit ausüben.

(2) Ferner ist von den Verpflichtungen nach § 1 Abs. 1 befreit, wer seinen Verpflichtungen nach der Ersten Verordnung zur Durchführung der Verordnung gegen die Kapital- und Steuerflucht vom 21. Juli 1931 (Reichsgesetzbl. I S. 387) nachgekommen ist, es sei denn, daß es sich um die Pflicht zur Anbietung von Gold (§ 1 Abs. 1) oder von solchen ausländischen Wertpapieren (§ 1 Abs. 1) handelt, die anders als gegen ausländische Zahlungsmittel oder Forderungen in ausländischer Währung erworben worden sind.

§ 3.

(1) Bis auf weiteres ist in den Fällen des § 16 der Verordnung über die Devisenbewirtschaftung statt einer Entscheidung der Stelle für Devisenbewirtschaftung eine

Entscheidung der Reichsbank oder eines von ihr ermächtigten Kreditinstituts (§ 1 Abs. 1) anzurufen.

(2) Die Reichsbank und die von ihr ermächtigten Kreditinstitute sollen über die Annahme der Angebote (§ 1 Abs. 1) unverzüglich, soweit es sich um Anträge gemäß § 16 der Verordnung über die Devisenbewirtschaftung handelt, innerhalb von zehn Tagen, Entscheidung treffen.

(3) Die Reichsbank kann die im § 1 Abs. 1, 2 bestimmten Fristen für gewisse Gruppen von Pflichtigen oder von Werten verlängern.

§ 4.

(1) Für die Anträge gemäß § 16 der Verordnung über die Devisenbewirtschaftung sind Vordrucke zu verwenden, die von der Reichsbank und den im § 1 Abs. 1 bezeichneten Kreditinstituten kostenfrei abgegeben werden.

(2) Die Vordrucke sind in doppelter Ausfertigung auszufüllen und einzureichen. Ein Stück ist dem Anzeigepflichtigen zurückzugeben. Die Kreditinstitute haben die zweite Ausfertigung bis zum 10. Oktober 1931 an die örtlich zuständige Reichsbankanstalt abzuliefern; dabei sind die Entscheidungen (§ 3) ersichtlich zu machen.

Anm.: Das Datum „10. Oktober" ist durch DurchfVO. a. F. IV § 1 an Stelle des ursprünglichen Datums „26. September" gesetzt.

§ 5.

Die im § 1 Abs. 1 bezeichneten Kreditinstitute haben, soweit sie selbst Verpflichtungen nach § 1 dieser Verordnung haben, diese Verpflichtungen gegenüber der zuständigen Reichsbankanstalt zu erfüllen.

§ 6.

Als Forderungen in ausländischer Währung im Sinne des § 1 dieser Verordnung gelten nicht:

a) Forderungen in ausländischer Währung gegen Personen, die im Inland (mit Ausnahme des Saargebiets) ihren

Wohnsitz, ihren Sitz oder den Ort der Leitung haben, mit Ausnahme von Ansprüchen aus Währungskonten bei inländischen (mit Ausnahme von saarländischen) Kreditinstituten;

b) vor dem 13. Juli 1931 begründete Forderungen, die nach einer am 17. Juli 1931 geltenden gesetzlichen oder vertraglichen Bestimmung später als am 29. November 1931 fällig werden, es sei denn, daß es sich um Ansprüche aus Konten bei ausländischen oder saarländischen Kreditinstituten handelt.

Anm.: Der letzte Halbsatz in b) ist durch DurchfVO. IV § 2 eingefügt.

§ 7.

Als ausländische Wertpapiere im Sinne des § 1 gelten nicht Wertpapiere in ausländischer Währung, deren Aussteller seinen Wohnsitz, seinen Sitz oder den Ort der Leitung im Inland (mit Ausnahme des Saargebiets) hat.

§ 8.

Die Reichsbank wird ermächtigt, anzuordnen, daß bestimmte Arten der im § 1 Abs. 1 bezeichneten Werte von dem Aufruf nicht betroffen werden.

Artikel II.

§ 9.

Die Reichsbank kann von der Vorschrift des § 2 Abs. 1 der Verordnung über die Devisenbewirtschaftung Ausnahmen zulassen.

§ 10.

Die im § 11 der Verordnung über die Devisenbewirtschaftung vorgesehene Freigrenze von dreitausend Reichsmark wird bis auf weiteres auf eintausend Reichsmark herabgesetzt.

§ 11.

Das im § 14 der Verordnung über die Devisenbewirtschaftung vorgesehene Recht, Auskünfte zu verlangen, steht auch der Reichsbank zu. Der Reichswirtschaftsminister kann auch anordnen, daß der Reichsbank gegenüber die Richtigkeit einer Auskunft eidesstattlich versichert wird.

Artikel III.

§ 12.

Diese Verordnung tritt mit dem Tage ihrer Verkündung in Kraft.

VII.

Vierte Verordnung zur Durchführung der Verordnung des Reichspräsidenten über die Devisenbewirtschaftung.

Vom 4. September 1931 (RGBl. I S. 477).
(In Kraft seit 4. September 1931.)

Auf Grund der §§ 15, 22 der Verordnung des Reichspräsidenten über die Devisenbewirtschaftung vom 1. August 1931 (Reichsgesetzbl. I S. 421) und des § 3 der Ersten Verordnung zur Durchführung der Verordnung des Reichspräsidenten über die Devisenbewirtschaftung vom 12. August 1931 (Reichsgesetzbl. I S. 437) wird verordnet:

§ 1

hat die Änderung der Daten in DurchfVO. a. F. III §§ 1 Abs. 1 und 4 Abs. 2,

§ 2

die Einfügung des letzten Halbsatzes in § 6 ebendort gebracht,

§ 3

angeordnet, daß die Verordnung mit dem Tage ihrer Verkündung in Kraft getreten ist.

VIII.

Fünfte Verordnung zur Durchführung der Verordnung des Reichspräsidenten über die Devisenbewirtschaftung.

Vom 24. September 1931 (RGBl. I S. 523).
(In Kraft seit 27. September 1931.)

Auf Grund der §§ 17 Abs. 1 Satz 3, 22 der Verordnung des Reichspräsidenten über die Devisenbewirtschaftung vom 1. August 1931 (Reichsgesetzbl. I S. 421) wird verordnet:

§ 1.

Der Überwachung durch die Reichsbank oder die von ihr bestimmten Stellen (§ 1 Abs. 2 der Verordnung über die Devisenbewirtschaftung) unter dem Gesichtspunkt der Devisenbewirtschaftung unterliegen auch

a) solche Rechtsbeziehungen zwischen inländischen Banken und ihren inländischen Schuldnern, die mit Verbindlichkeiten im Zusammenhange stehen, die den Gegenstand des Stillhalteabkommens bilden;

b) solche Rechtsbeziehungen zwischen ausländischen Bankgläubigern und inländischen Schuldnern, die den Gegenstand des Stillhalteabkommens bilden, wenn und solange der beteiligte ausländische Bankgläubiger seine Zustimmung zu dem Abkommen nicht erklärt hat.

In den Fällen zu a) und b) entscheidet statt der Stelle für Devisenbewirtschaftung die Reichsbank über die Anträge auf Grund der Verordnung über die Devisenbewirtschaftung und der Durchführungsverordnungen.

Anm.: Vgl. jetzt DevisVO. § 1 Abs. 3.

§ 2.

(1) Nur mit schriftlicher Genehmigung der Stelle für Devisenbewirtschaftung darf eine im Inland ansässige Person in das bei einer inländischen Bank geführte Depot

einer im Ausland oder im Saargebiet ansässigen Person Wertpapiere einlegen. Eine Genehmigung ist nicht erforderlich, wenn eine inländische Bank in das bei ihr für eine im Ausland oder im Saargebiet ansässige Person geführte Depot Wertpapiere einlegen will, die in Ausführung eines von dieser Person erteilten Auftrags angeschafft worden sind.

(2) Nur mit schriftlicher Genehmigung der Stelle für Devisenbewirtschaftung darf im Auftrag einer im Ausland oder im Saargebiet ansässigen Person eine inländische Einlösungsstelle Zinsscheine einlösen oder ein inländisches Kreditinstitut Zinsscheine zur Einziehung bringen, es sei denn, daß diese Person die ausdrückliche Versicherung (Affidavit) abgibt, daß die Zinsscheine nicht einer im Inland ansässigen Person gehören oder daß sie sie nicht von einer solchen Person zum Zwecke der Einziehung erworben hat.

(3) In den Fällen von Abs. 1 und 2 gelten §§ 11, 12 der Verordnung über die Devisenbewirtschaftung, § 4 der Ersten und § 10 der Dritten Durchführungsverordnung entsprechend.

(4) Die in §§ 18 bis 20 der Verordnung über die Devisenbewirtschaftung angedrohten Strafen und sonstigen Maßnahmen finden auch Anwendung auf Zuwiderhandlungen gegen die Vorschriften der Abs. 1 und 2.

Anm.: Abs. 2 ist durch DurchfVO. a. F. X § 9 neu gefaßt. Die Vorschrift lautete ursprünglich:

„Nur mit schriftlicher Genehmigung der Stelle für Devisenbewirtschaftung darf eine inländische Bank im Auftrag einer im Ausland oder im Saargebiet ansässigen Person inländische oder solche ausländischen Wertpapiere, die an einer deutschen Börse zum Handel zugelassen sind, verkaufen oder Zinsscheine zur Einlösung bringen, es sei denn, daß diese Person die ausdrückliche Versicherung (Affidavit) abgibt, daß die Wertpapiere und Zinsscheine nicht einer im Inland ansässigen Person gehören oder daß sie die Wertpapiere und Zinsscheine nicht von einer solchen Person zum Zwecke des Verkaufs oder der Einlösung erworben hat."

Zu § 2 vgl. jetzt DevisVO. § 15.

IX.

Sechste Verordnung zur Durchführung der Verordnung des Reichspräsidenten über die Devisenbewirtschaftung.

Vom 2. Oktober 1931 (RGBl. I S. 533, berichtigt S. 580).
(In Kraft seit 3. Oktober 1931.)

Auf Grund der §§ 15, 17 Abs. 1 Satz 3, 22 der Verordnung des Reichspräsidenten über die Devisenbewirtschaftung vom 1. August 1931 (Reichsgesetzbl. I S. 421) wird verordnet:

Vorbem. vor Art. I: Zu Art. I vgl. auch DurchfVO. a. F. III §§ 1 ff., IV §§ 1, 2, VII §§ 11, 12, X §§ 5 ff., XII § 5.

Artikel I.

§ 1.

(1) Natürliche Personen, die im Deutschen Reiche ihren Wohnsitz oder ihren gewöhnlichen Aufenthalt haben, ferner

a) Aktiengesellschaften, Kommanditgesellschaften auf Aktien, Kolonialgesellschaften, bergbautreibende rechtsfähige Vereinigungen und nichtrechtsfähige Berggewerkschaften, Gesellschaften mit beschränkter Haftung, Genossenschaften, Versicherungsvereine auf Gegenseitigkeit, Hypothekenbanken, Schiffsbeleihungsbanken,

b) rechtsfähige und nichtrechtsfähige Vereine, Anstalten, Stiftungen, andere Zweckvermögen und sonstige nicht unter a fallende Körperschaften des bürgerlichen Rechtes,

c) offene Handelsgesellschaften, Kommanditgesellschaften und ähnliche Gesellschaften des Handelsrechts, bei denen die Gesellschafter als Unternehmer (Mitunternehmer) anzusehen sind,

d) Kreditanstalten des öffentlichen Rechtes,

unter der Voraussetzung, daß der Sitz oder der Ort der Leitung im Inland liegt,

haben ihre ausländischen Zahlungsmittel, ihre Forderungen in ausländischer Währung, solche nach dem 12. Juli 1931 erworbene ausländische und auf eine ausländische Währung lautende inländische Wertpapiere, die an einer deutschen Börse zum Handel nicht zugelassen sind, und ihre Bestände an Gold (außer Kurs gesetzte Goldmünzen, Feingold, legiertes Gold, roh oder als Halbfabrikat) der örtlich zuständigen Reichsbankanstalt (unmittelbar oder durch Vermittlung eines Kreditinstituts, dem die Reichsbank die Befugnis zum An- und Verkauf von ausländischen Zahlungsmitteln verliehen hat) bis zum 10. Oktober 1931 anzubieten und auf Verlangen zu verkaufen und zu übertragen, wenn diese Zahlungsmittel, Forderungen, Wertpapiere und Goldbestände am 2. Oktober 1931 für einen Pflichtigen insgesamt den Gegenwert von zweihundert Reichsmark übersteigen; Ehegatten, die nicht dauernd voneinander getrennt leben, ferner Eltern und minderjährige Kinder (§ 23 des Einkommensteuergesetzes), die in einer Haushaltung leben, gelten im Sinne dieser Bestimmung als ein Pflichtiger.

(2) Personen, die unter die Vorschriften des Abs. 1 fallen und sich beim Inkrafttreten dieser Verordnung im Ausland befinden, haben die Verpflichtungen nach Abs. 1 spätestens eine Woche nach der Rückkehr in das Inland zu erfüllen.

(3) Für die im Abs. 1 genannten Personen, deren ausländische Zahlungsmittel, Forderungen in ausländischer Währung, Wertpapiere und Goldbestände den im Abs. 1 genannten Betrag nicht erreichen, bleibt die Festsetzung des Ablieferungszeitraums durch weiteren Aufruf vorbehalten.

(4) Die in Abs. 1 unter a und c aufgeführten Gesellschaften haben die Verpflichtungen auch dann zu erfüllen, wenn sie, wirtschaftlich betrachtet, als Zweigniederlassung eines ausländischen Unternehmens anzusehen sind.

§ 2.

(1) Der Verpflichtung des § 1 unterliegen auch die Personen, die ihre Verpflichtungen aus der Ersten und Zweiten Verordnung zur Durchführung der Verordnung des Reichspräsidenten gegen die Kapital- und Steuerflucht vom 21. und 25. Juli 1931 (Reichsgesetzbl. I S. 387 und 396) und aus der Dritten und Vierten Verordnung zur Durchführung der Verordnung des Reichspräsidenten über die Devisenbewirtschaftung vom 29. August und 4. September 1931 (Reichsgesetzbl. I S. 461 und 477) erfüllt haben, und zwar auch dann, wenn die Werte von der Reichsbank oder einem von ihr ermächtigten Kreditinstitut nach § 1 Abs. 2 der Verordnung über die Kapital- und Steuerflucht vom 18. Juli 1931 (Reichsgesetzbl. I S. 373) oder nach § 16 der Verordnung über die Devisenbewirtschaftung freigegeben worden sind.

(2) § 1 Abs. 2 des Dritten Teiles, Ersten Abschnitts der Verordnung des Reichspräsidenten über Aktienrecht, Bankenaufsicht und über eine Steueramnestie, vom 19. September 1931 (Reichsgesetzbl. I S. 493), bleibt unberührt.

§ 3.

(1) Die in § 1 Abs. 1 genannten Personen haben Zahlungsmittel, Forderungen, Wertpapiere und Goldbestände der in § 1 Abs. 1 genannten Art, die sie nach dem 2. Oktober 1931 in anderer Weise als auf Grund einer Genehmigung nach §§ 2 Abs. 2, 4 der Verordnung über die Devisenbewirtschaftung, § 10 dieser Verordnung erwerben, jeweils binnen drei Tagen der örtlich zuständigen Reichsbankanstalt (unmittelbar oder durch Vermittlung eines Kreditinstituts, dem die Reichsbank die Befugnis zum An- und Verkauf von ausländischen Zahlungsmitteln verliehen hat) anzubieten und auf Verlangen zu verkaufen und zu übertragen, auch wenn diese Werte für einen Pflichtigen insgesamt den Gegenwert von zweihundert Reichsmark nicht erreichen.

(2) Für die im Rahmen der Freigrenze nach § 9 Abs. 2 dieser Verordnung erworbenen Werte entsteht die Verpflichtung nach Abs. 1 einen Monat nach Erwerb, soweit der Pflichtige die Werte dann noch besitzt.

(3) § 1 Abs. 1 Halbsatz 2, Abs. 2 und 4 gelten entsprechend.

(4) Die Reichsbank kann von den Pflichtigen regelmäßige Aufstellungen über die Verwendung der innerhalb eines bestimmten Zeitraums erworbenen Werte der in § 1 Abs. 1 genannten Art verlangen.

Anm.: Zu § 3 vgl. auch DurchfVO. a. F. VII § 11, XII § 5.

§ 4.

Von den Verpflichtungen nach § 1 Abs. 1 sind befreit:

a) Personen, soweit ihnen unter Wahrung der Gegenseitigkeit nach allgemeinen völkerrechtlichen Grundsätzen ein Anspruch auf Befreiung von den persönlichen Steuern zusteht;

b) konsularische Vertreter, die Berufsbeamte sind, und die ihnen zugewiesenen Beamten, sofern sie Angehörige des Entsendestaats sind, die deutsche Staatsangehörigkeit nicht besitzen und außerhalb ihres Amtes oder Dienstes im Inland keinen Beruf, kein Gewerbe und keine andere gewinnbringende Tätigkeit ausüben.

§ 5.

(1) Bis auf weiteres ist in den Fällen des § 16 der Verordnung über die Devisenbewirtschaftung statt einer Entscheidung der Stelle für Devisenbewirtschaftung eine Entscheidung der örtlich zuständigen Reichsbankanstalt anzurufen.

(2) Die Reichsbankanstalt soll über die Annahme der Angebote (§ 1 Abs. 1) unverzüglich, soweit es sich um Anträge gemäß § 16 der Verordnung über die Devisenbewirtschaftung handelt, innerhalb von zehn Tagen Entscheidung treffen.

(3) Die Reichsbank kann die in § 1 Abs. 1, 2 bestimmten Fristen für gewisse Gruppen von Pflichtigen oder von Werten verlängern.

§ 6.

(1) Für die Anträge gemäß § 16 der Verordnung über die Devisenbewirtschaftung sind Vordrucke zu verwenden, die von der Reichsbank und den in § 1 Abs. 1 bezeichneten Kreditinstituten kostenfrei abgegeben werden.

(2) Die Vordrucke sind in doppelter Ausfertigung auszufüllen und einzureichen. Ein Stück wird dem Anzeigepflichtigen mit der Entscheidung der Reichsbank zurückgegeben.

(3) In den Fällen des § 1 hat der Pflichtige in dem Antrag anzugeben, ob ihm die angebotenen Werte bereits auf Grund des ersten oder des zweiten Aufrufs (vgl. § 2 Abs. 1) freigegeben worden waren, und ob bei einem Freigabeantrag auf Grund des zweiten Aufrufs eine Entscheidung noch nicht ergangen ist.

§ 7.

Als Forderungen in ausländischer Währung im Sinne des § 1 dieser Verordnung gelten nicht

a) Forderungen in ausländischer Währung gegen Personen, die im Inland (mit Ausnahme des Saargebiets) ihren Wohnsitz, ihren Sitz oder den Ort der Leitung haben, mit Ausnahme von Ansprüchen aus Währungskonten bei inländischen (mit Ausnahme von saarländischen) Kreditinstituten;

b) Forderungen auf Versicherungs- oder Rückversicherungsprämien sowie solche anderen Forderungen aus Versicherungs- oder Rückversicherungsverträgen, die noch nicht fällig sind.

§ 8.

Die Reichsbank kann anordnen, daß bestimmte Arten der in § 1 Abs. 1 genannten Werte von dem Aufruf nicht betroffen werden. Sie kann ferner die ihr nach § 5 zustehenden Entscheidungen auf andere Stellen übertragen.

Artikel II.

§ 9.

(1) Die im § 11 der Verordnung über die Devisenbewirtschaftung in Verbindung mit § 10 der Dritten Durchführungsverordnung vorgesehene Freigrenze von eintausend Reichsmark wird auf zweihundert Reichsmark herabgesetzt.

(2) Im Rahmen der Freigrenze können volljährige Personen ausländische Zahlungsmittel gegen Vorweisung eines amtlichen Reisepasses erwerben. In diesem hat die Reichsbankanstalt, das Kreditinstitut, dem die Reichsbank die Befugnis zum An- und Verkauf von ausländischen Zahlungsmitteln verliehen hat, oder die Wechselstube oder Bahnhofwechselstube (II der Bekanntmachung des Reichsbankdirektoriums vom 18. Juli 1931 — Deutscher Reichsanzeiger Nr. 166 —), von denen die Zahlungsmittel erworben werden, den Gegenwert in Reichsmark unter Angabe des Tages einzutragen.

(3) Für den Verkehr in Grenzgebieten kann der Reichswirtschaftsminister erleichterte Bestimmungen erlassen.

§ 10.

Gold (§ 1 Abs. 1) darf nur mit schriftlicher Genehmigung der Stelle für Devisenbewirtschaftung erworben oder ins Ausland oder ins Saargebiet versandt oder überbracht werden. Über Gold (§ 1 Abs. 1) darf nur mit schriftlicher Genehmigung der Stelle für Devisenbewirtschaftung verfügt werden.

Anm.: Vgl. DurchfVO. a. F. I § 3, VII § 12.

§ 11

hat die Neufassung des Abs. 1 des § 2 DurchfVO. a. F. I gebracht. Siehe dort.

§ 12.

Eine Verfügung im Sinne der §§ 3, 4, 6 der Verordnung über die Devisenbewirtschaftung, § 10 dieser Verordnung ist auch eine solche, die im Wege der Zwangsvollstreckung oder der Arrestvollziehung erfolgt.

Anm.: § 12 jetzt DevisVO. § 26.

X.

Siebente Verordnung zur Durchführung der Verordnung des Reichspräsidenten über die Devisenbewirtschaftung.

Vom 10. November 1931 (RGBl. I S. 673).
(In Kraft seit 12. November 1931.)

Auf Grund von § 17 Abs. 1 Satz 3, § 22 der Verordnung des Reichspräsidenten über die Devisenbewirtschaftung vom 1. August 1931 (Reichsgesetzbl. I S. 421) wird verordnet:

Artikel I.

§ 1.

(1) Nur mit schriftlicher Genehmigung der Stelle für Devisenbewirtschaftung darf über eine auf Reichsmark oder Goldmark lautende Forderung verfügt werden, die zugunsten einer im Ausland oder im Saargebiet ansässigen Person nach Inkrafttreten dieser Verordnung durch die Veräußerung von Wertpapieren oder dadurch entstanden ist, daß Wertpapiere ausgelost, gekündigt oder in anderer Weise rückzahlbar werden. Die Genehmigung ist nicht erforderlich, wenn die Forderung zum Ankauf inländischer, auf Reichsmark oder Goldmark lautender Wertpapiere verwendet wird.

(2) Nur mit schriftlicher Genehmigung der Stelle für Devisenbewirtschaftung darf eine im Inland ansässige Person Wertpapiere von einer im Ausland oder im Saargebiet ansässigen Person in Zahlung nehmen.

Anm.: Die Fassung des § 1 stammt aus der DurchfVO. a. F. XII § 6. Die Vorschrift lautete ursprünglich:

„Nur mit schriftlicher Genehmigung der Stelle für Devisenbewirtschaftung darf über eine auf Reichsmark oder Goldmark lautende Forderung verfügt werden, die zugunsten einer im Ausland oder im Saargebiet ansässigen Person nach Inkrafttreten dieser Verordnung durch den Verkauf von Wertpapieren entstanden ist. Die Genehmigung ist nicht erforderlich, wenn die Forderung zum Ankauf inländischer, auf Reichsmark oder Goldmark lautender Wertpapiere verwendet wird",

und durch DurchfVO. a. F. IX § 3 waren später hinter den Worten „durch den Verkauf" die Worte „oder infolge der Auslosung oder Kündigung" eingefügt worden. Zu § 1 vgl. jetzt DevisVO. § 18.

§ 2.

(1) Inländische Wertpapiere, die ausschließlich oder wahlweise auf eine ausländische Währung lauten und nicht an einer deutschen Börse zum Handel zugelassen sind, dürfen entgeltlich nur mit schriftlicher Genehmigung der Stelle für Devisenbewirtschaftung erworben werden. Über solche Wertpapiere darf nur mit schriftlicher Genehmigung der Stelle für Devisenbewirtschaftung verfügt werden, es sei denn, daß sie an die Reichsbank oder an ein Kreditinstitut nach § 2 Abs. 3 der Verordnung über die Devisenbewirtschaftung veräußert werden.

(2) Die Genehmigung zum Erwerbe solcher Wertpapiere und zur Verfügung über solche Wertpapiere ist dem Schuldner einer Anleihe zu erteilen, soweit die Wertpapiere zur planmäßigen Tilgung der Anleihe bestimmt sind.

Anm.: Abs. 2 ist durch DurchfVO. a. F. XII § 7 neugefaßt. Die Vorschrift lautete ursprünglich:

„Der Genehmigung bedarf der Schuldner einer Anleihe insoweit nicht, als der Erwerb oder die Verfügung zum Zwecke der planmäßigen Tilgung der Anleihe erfolgt."

Zu § 2 vgl. jetzt DevisVO. § 6.

§ 3.

Ausländische Wertpapiere, die an einer deutschen Börse zum Handel zugelassen sind, darf eine im Inland (mit Ausnahme des Saargebiets) ansässige Person nur mit schriftlicher Genehmigung der Stelle für Devisenbewirtschaftung entgeltlich von einer im Ausland oder im Saargebiet ansässigen Person erwerben. Dies gilt auch dann, wenn mehrere Personen, von denen mindestens eine im Ausland oder im Saargebiet ansässig ist, solche Wertpapiere für gemeinsame Rechnung erwerben (Meta-, Konsortial- und ähnliche Geschäfte).

Anm.: Zu § 3 vgl. jetzt DevisVO. § 7.

§ 4.

Den an einer deutschen Börse zum Handel zugelassenen Wertpapieren stehen im Sinne der Verordnung über die Devisenbewirtschaftung und der Durchführungsverordnungen die Wertpapiere gleich, deren Kurse regelmäßig von einem Ausschuß der Ständigen Kommission für Angelegenheiten des Handels in amtlich nicht notierten Werten beim Centralverband des Deutschen Bank- und Bankiergewerbes ermittelt werden. Diese Gleichstellung gilt nicht für den Anwendungsbereich des § 2.

Anm.: Satz 2 ist eingefügt durch DurchfVO. a. F. IX § 4.
Zu § 4 vgl. jetzt DevisVO. § 8.

§ 5.

Dem Erwerbe von Wertpapieren im Sinne der Verordnung über die Devisenbewirtschaftung und der Durchführungsverordnungen steht gleich der Erwerb eines Anspruchs auf Übereignung von Wertpapieren, insbesondere durch Gutschrift auf Stückekonto.

Anm.: Vgl. jetzt DevisVO. § 9.

§ 6.

(1) In den Fällen der §§ 1 bis 3 gelten die §§ 11, 12 der Verordnung über die Devisenbewirtschaftung, § 4 der Ersten und § 9 der Sechsten Durchführungsverordnung entsprechend.

(2) Die in §§ 18, 20 der Verordnung über die Devisenbewirtschaftung angedrohten Strafen und sonstigen Maßnahmen finden auch Anwendung auf Zuwiderhandlungen gegen die Vorschriften der §§ 1 bis 3 dieser Verordnung.

Anm.: Die Eingangsworte des Abs. 2 lauteten ursprünglich „Die in §§ 18 bis 20" und sind durch DurchfVO. a. F. X § 13 berichtigt worden.

Artikel II.

§ 7.

Soweit ein Schuldner seine Leistung nach den Vorschriften der Verordnung über die Devisenbewirtschaftung oder der Durchführungsverordnungen nicht ohne Genehmigung der Stelle für Devisenbewirtschaftung bewirken darf, ist auch der Gläubiger berechtigt, die Erteilung der zur Leistung des Schuldners erforderlichen Genehmigung zu beantragen.

Anm.: § 7 jetzt DevisVO. § 22.

§ 8.

(1) Wird auf eine genehmigungspflichtige Leistung (§ 7) geklagt, so ist das Verfahren auf Antrag einer Partei auszusetzen, bis die Entscheidung der Stelle für Devisenbewirtschaftung ergangen ist.

(2) Dasselbe gilt für die Klage auf Erlassung eines Vollstreckungsurteils im Sinne von §§ 722, 723 der Zivilprozeßordnung.

(3) Der Antrag kann zu Protokoll der Geschäftsstelle gestellt werden. Die Entscheidung über die Aussetzung kann ohne vorherige mündliche Verhandlung ergehen.

Anm.: § 8 jetzt DevisVO. § 23.

§ 9.

Ist der Schuldner auf Grund eines Schiedsspruchs oder eines vor einem Schiedsgericht abgeschlossenen Vergleichs zu einer genehmigungspflichtigen Leistung (§ 7) verpflichtet, so kann der Vollstreckbarkeitsbeschluß nach §§ 1042, 1044 a der Zivilprozeßordnung erst ergehen, wenn die erforderliche Genehmigung erteilt ist.

Anm.: § 9 jetzt DevisVO. § 24.

§ 10.

Ist zur Leistung des Schuldners eine Genehmigung (§ 7) erforderlich, so ist die Zwangsvollstreckung nur zulässig, wenn die Genehmigung erteilt ist.

Anm.: § 10 jetzt DevisVO. § 25.

Artikel III.

§ 11.

Zu den Werten, die nach § 3 der Sechsten Durchführungsverordnung der Reichsbank anzubieten sind, gehören auch fällige Zinsscheine von ausländischen und auf eine ausländische Währung lautenden inländischen Wertpapieren, die an einer deutschen Börse zum Handel nicht zugelassen sind, sowie ausgeloste oder zur Rückzahlung gekündigte Stücke solcher Wertpapiere, und zwar ohne Rücksicht darauf, wann die Wertpapiere erworben wurden.

§ 12.

Die in §§ 18, 20 der Devisenverordnung angedrohten Strafen und sonstigen Maßnahmen finden auch Anwendung auf Zuwiderhandlungen gegen die Vorschrift des § 10 der Sechsten Durchführungsverordnung.

Anm.: Auch hier gilt die Anm. zu § 6.

XI.

Achte Verordnung zur Durchführung der Verordnung des Reichspräsidenten über die Devisenbewirtschaftung vom 1. August 1931.

Vom 17. November 1931 (RGBl. I S. 682).

(In Kraft seit 1. Dezember 1931.)

Auf Grund der §§ 17 Abs. 1 Satz 3, 22 der Verordnung des Reichspräsidenten über die Devisenbewirtschaftung vom 1. August 1931 (Reichsgesetzbl. I S. 421) wird verordnet:

Vorbem.: Zu der DurchfVO. a. F. VIII vgl. DurchfVO. Art. II.

§ 1.

(1) Die Waren, die aus dem deutschen Wirtschaftsgebiet ausgeführt werden, sind für die Zwecke der Devisenbewirtschaftung anzumelden.

(2) Als Ausfuhr gilt der Ausgang über die Grenzen des deutschen Wirtschaftsgebiets.

(3) Das deutsche Wirtschaftsgebiet im Sinne dieser Verordnung umfaßt das Reichsgebiet, ohne die badischen Zollausschlüsse, ohne die Insel Helgoland und ohne das Saargebiet. Ferner gehören zum deutschen Wirtschaftsgebiete die österreichischen Gemeinden Jungholz und Mittelberg.

§ 2.

(1) Von der Anmeldung ist ausgenommen der Ausgang von Waren im Wege des Durchfuhr- und Zwischenauslandsverkehrs.

(2) Die Verpflichtung zur Anmeldung entfällt ferner:

a) bei der Ausfuhr im Reiseverkehr;

b) bei der Ausfuhr im kleinen Grenzverkehr;

c) bei dem Warenverkehr der grenzdurchschnittenen Grundstücke;

d) für die zur Versorgung ausgehender Schiffe dienenden Waren;

e) bei der Ausfuhr von in Briefen oder als Drucksachen versandten Waren.

(3) Der Reichswirtschaftsminister kann weitere Ausnahmen sowie Erleichterungen in der Anmeldungsweise zulassen.

§ 3.

(1) Die Anmeldung ist durch Übergabe einer Exportvaluta-Erklärung mit den Abschnitten A und B nach Vordruck I zu bewirken. Sie hat sich auf die in der Exportvaluta-Erklärung geforderten Angaben zu erstrecken.

(2) Die Exportvaluta-Erklärung ist von dem Exporteur der zur Ausfuhr anzumeldenden Ware auszustellen.

§ 4.

(1) Exporteur (§ 3) ist:

a) wer die Waren unmittelbar oder durch einen im Inland ansässigen Vermittler an eine im Ausland ansässige Person verkauft hat. Der Warenverkehr zwischen inländischen und ausländischen Niederlassungen des gleichen Unternehmens sowie der Reparations-Sachlieferungsverkehr ist einem Verkauf im Sinne dieser Bestimmung gleichzuachten;

b) wer die Waren für seine Rechnung einem Ausländer in Kommission (Konsignation) gibt oder zur Ansicht, zur Ausstellung, zum vorübergehenden Gebrauch oder zum Verkauf auf Messen und Märkten überläßt;

c) wer die Waren für seine Rechnung von einem Ausländer be- oder verarbeiten läßt;

d) wer die einem Ausländer gehörigen Waren für dessen Rechnung be- oder verarbeitet hat;

e) bei der Ausfuhr mit der Post der Absender.

(2) Werden die Waren aus anderem Anlaß ausgeführt als im Abs. 1 angegeben, so gilt als Exporteur derjenige, der den Vertrag über die Beförderung der Waren ins Ausland mit dem Frachtführer (Verfrachter) abgeschlossen hat. Liegt ein Frachtgeschäft nicht vor, so gilt der nach § 6 zur Anmeldung Verpflichtete als Exporteur.

(3) Ausland im Sinne dieser Verordnung ist das Gebiet außerhalb des deutschen Wirtschaftsgebiets.

§ 5.

(1) Die Anmeldung mit Abschnitt A der Exportvaluta-Erklärung (§ 3) liegt dem Exporteur (§ 4) ob. Die Erklärung ist binnen drei Tagen nach der Versendung der Ware der für den Exporteur örtlich zuständigen Reichsbankanstalt portofrei zu übersenden.

(2) Durch die Anmeldung erfüllt der Exporteur zugleich eine ihm obliegende Verpflichtung zur Anbietung der ihm aus dem Export erwachsenden Forderung (§ 3 der Sechsten Durchführungsverordnung). Werden durch den Export Zahlungsmittel in ausländischer Währung (Geldsorten, Auszahlungen, Anweisungen, Schecks und Wechsel) erworben, so sind sie der Reichsbank besonders anzubieten.

§ 6.

(1) Die Anmeldung mit Abschnitt B der Exportvaluta-Erklärung (§ 3) liegt ob:

a) beim Ausgang mit der Post dem Absender;

b) in anderen Fällen dem Frachtführer (Verfrachter) oder, wenn kein Frachtgeschäft vorliegt, demjenigen, der aus einem anderen Rechtsverhältnis zu der Zeit, zu der die Anmeldung stattzufinden hat, der Besitzer der Ware ist;

c) bei der Ausfuhr von Waren aus den Zollausschlüssen nach See dem Versender, falls dieser am Sitze der Anmeldestelle für den Zollausschluß Wohnsitz oder Niederlassung hat. Hat zwar nicht der Versender, aber sein Spediteur dort eine Niederlassung, so liegt diesem die Anmeldung ob.

(2) Der Reichswirtschaftsminister kann abweichend hiervon für besondere Fälle andere Anmeldepflichtige bestimmen.

§ 7.

(1) Der Abschnitt B der Exportvaluta-Erklärung (§ 3) ist bei den Anmeldestellen abzugeben.

(2) Als Anmeldestellen sind zuständig:

1. die Grenzzollstellen allgemein für die Anmeldung der Waren, die aus dem Zollgebiet unmittelbar in das Ausland oder nach See ausgehen;
2. die Zollstellen der Zollausschlüsse für die Anmeldung von Waren, die nach See über die Zollausschlüsse ausgehen;
3. die Zollstellen bei den Flughäfen für die Anmeldung der Waren, die im Luftfrachtverkehr ausgehen;
4. das Hamburgische Handelsstatistische Amt für die Anmeldung der Waren, die nach See aus dem Freihafen Hamburg ausgehen;
5. die Aufgabe-Postanstalten für die Waren, die mit der Post ins Ausland versandt werden.

§ 8.

(1) Die Anmeldung mit Abschnitt B der Exportvaluta-Erklärung (§ 3) hat ohne Verzug zu erfolgen, nachdem die Sendung am Sitze der Anmeldestelle eingetroffen oder dort zur Beförderung nach dem Ausland aufgegeben worden ist.

(2) Bei dem Ausgang von Waren aus den Zollausschlüssen nach See hat die Anmeldung innerhalb 14 Tagen nach der Verladung der Waren zu erfolgen.

§ 8.

Die Anmeldestellen haben die Abschnitte B der Exportvaluta-Erklärung alsbald der aus dem Abschnitt ersichtlichen Reichsbankanstalt zuzusenden.

§ 10.

(1) Die Frachtführer (Verfrachter) dürfen nach dem Ausland gerichtete Sendungen nur dann befördern, oder, falls ihnen die Bestimmung der Waren nach dem Ausland erst während der Beförderung bekannt wird, weiterbefördern, nachdem sie die erforderlichen Abschnitte B der Exportvaluta-Erklärung (§ 3) erhalten haben.

(2) Der Reichswirtschaftsminister kann Ausnahmen von dieser Vorschrift zulassen.

§ 11.

(1) Der Exporteur (§ 4) ist verpflichtet, zum 10., 20. und letzten jeden Monats der örtlich zuständigen Reichsbankanstalt unter Verwendung des Vordrucks II die Beträge der eingegangenen Exportvaluten in inländischer und ausländischer Währung mitzuteilen und gleichzeitig anzugeben

a) bei den der Anbietung unterliegenden Beträgen (§ 3 der Sechsten Durchführungsverordnung), an welche Devisenbank er sie abgeliefert hat oder von welcher Reichsbankanstalt die Freigabe erfolgt ist,

b) bei Reichsmarkbeträgen, in welcher Form (Schecks, Überweisung, Noten usw.) sie ihm zugegangen sind.

(2) Die Reichsbank wird ermächtigt, den Vordruck II entsprechend abzuändern.

Anm.: Die Vorschrift ist durch DurchfVO. a. F. X § 11 neugefaßt. Die ursprüngliche Fassung lautete:

„Der Exporteur (§ 4) ist verpflichtet, zum 10., 20. und letzten jedes Monats der örtlich zuständigen Reichsbankanstalt unter Verwendung des Vordrucks II die Beträge der eingegangenen Exportvaluten mitzuteilen und anzugeben, an welche Devisenbank er sie abgeliefert hat oder von welcher Reichsbankanstalt die Freigabe erfolgt ist."

§ 12.

Die in §§ 19, 20 der Verordnung über die Devisenbewirtschaftung angedrohten Strafen und sonstigen Maßnahmen finden auch Anwendung auf Zuwiderhandlungen gegen die Vorschriften der §§ 3, 5, 6, 7, 8, 10, 11 dieser Verordnung.

Anm.: Die Vorschrift ist durch DurchfVO. a. F. XII § 8 neugefaßt. Die ursprüngliche Fassung lautete:

„Die in §§ 18, 20 der Verordnung über die Devisenbewirtschaftung angedrohten Strafen und sonstigen Maßnahmen finden auch Anwendung auf Zuwiderhandlungen gegen die Vorschriften der §§ 3, 5, 6, 7, 8, 10, 11 mit der Maßgabe, daß in den Fällen der §§ 6, 7, 8, 10 auch bei Vorsatz auf Geldstrafe allein erkannt werden kann."

§ 13.

(1) Diese Verordnung tritt mit dem 1. Dezember 1931 in Kraft.

(2) Die Verpflichtung zur Anmeldung entfällt für alle Waren, die vor diesem Zeitpunkt zum Versand gebracht worden sind.

Anm.: Es folgen Vordrucke wie zur DurchfVO. Siehe dort.

XII.

Neunte Verordnung zur Durchführung der Verordnung über die Devisenbewirtschaftung.

Vom 7. Dezember 1931 (RGBl. I S. 749).

(In Kraft seit 10. Dezember 1931.)

Auf Grund von § 17 Abs. 1 Satz 3, § 22 der Verordnung des Reichspräsidenten über die Devisenbewirtschaftung vom 1. August 1931 (Reichsgesetzbl. I S. 421) wird verordnet:

§ 1.

In Abweichung von § 5 der Verordnung über die Devisenbewirtschaftung sind bis auf weiteres solche Termingeschäfte über ausländische Zahlungsmittel gegen inländische

Zahlungsmittel zulässig, die durch Vermittlung der Reichsbank oder einer von ihr bestimmten Stelle abgeschlossen werden.

§ 2.

Für die Devisenbewirtschaftung

a) stehen inländische, auf einen Sachwert lautende Wertpapiere inländischen, auf Reichsmark oder Goldmark lautenden Wertpapieren gleich;

b) stehen Gewinnanteilscheine Zinsscheinen gleich.

Anm.: Ein ursprünglich noch vorhandener Halbsatz c
„c) umfaßt der Begriff Gold auch Blattgold"
ist durch DurchfVO. a. F. XII § 9 in Wegfall gekommen.

§§ 3, 4

haben die Ergänzungen der §§ 1 und 4 DurchfVO. a. F. VII gebracht. Siehe dort.

XIII.

Zehnte Verordnung zur Durchführung der Verordnung über die Devisenbewirtschaftung.

Vom 18. Februar 1932 (RGBl. I S. 79).

(In Kraft seit 20. Februar 1932.)

Auf Grund der §§ 15, 17 Abs. 1 Satz 3, 22 der Verordnung des Reichspräsidenten über die Devisenbewirtschaftung vom 1. August 1931 (Reichsgesetzbl. I S. 421) wird verordnet:

Artikel I.

§ 1.

(1) Nur mit schriftlicher Genehmigung der Stelle für Devisenbewirtschaftung darf über eine auf Reichsmark oder Goldmark lautende Forderung verfügt werden, die

zugunsten einer im Ausland oder im Saargebiet ansässigen Person

a) nach dem Inkrafttreten dieser Verordnung durch die Veräußerung von inländischen Vermögensanlagen, insbesondere von Grundstücken, entstanden ist,

b) nach dem Inkrafttreten dieser Verordnung durch die Veräußerung von Gegenständen entstanden ist, die zu einer Erbschaft gehören,

c) nach dem Inkrafttreten der Verordnung über die Devisenbewirtschaftung entstanden ist, wenn sich die Stelle für Devisenbewirtschaftung bei der Entstehung der Forderung eine solche Genehmigung vorbehalten hat (Sperrkonto).

(2) Das gleiche gilt für Zahlungsmittel, die einer im Abs. 1 genannten Person nach dem Inkrafttreten dieser Verordnung durch Erbschaft anfallen.

(3) § 1 der Siebenten Durchführungsverordnung bleibt unberührt.

Anm.: Vgl. jetzt DevisVO. §§ 19, 20.

§ 2.

Nur mit schriftlicher Genehmigung der Stelle für Devisenbewirtschaftung darf über eine auf Reichsmark oder Goldmark lautende Forderung gegen ein inländisches Kreditinstitut verfügt werden, die zugunsten einer im Ausland oder im Saargebiet ansässigen Person nach dem Inkrafttreten dieser Verordnung

a) infolge der Einsendung von Reichsmarknoten aus dem Ausland oder dem Saargebiet oder

b) infolge der Einreichung inländischer Zahlungsmittel durch eine im Ausland oder im Saargebiet ansässige Person im Inland

entstanden ist.

Anm.: Vgl. jetzt DevisVO. § 17.

§ 3.

Über die Vorschrift des § 6 der Verordnung über die Devisenbewirtschaftung hinaus darf nur mit schriftlicher Genehmigung der Stelle für Devisenbewirtschaftung

1. über Forderungen, die auf Reichsmark oder Goldmark lauten, zugunsten einer im Ausland oder im Saargebiet ansässigen Person in anderer Weise als nach § 6 Nr. 2 der Verordnung über die Devisenbewirtschaftung verfügt werden;
2. über Forderungen verfügt werden, die auf Reichsmark oder Goldmark lauten und einer Person zustehen, die seit dem Inkrafttreten der Verordnung über die Devisenbewirtschaftung im Ausland oder im Saargebiet einen Wohnsitz begründet hat oder begründet oder ihren gewöhnlichen Aufenthalt genommen hat oder nimmt.

Anm.: Vgl. jetzt DevisVO. § 13 Abs. 2, 3.

§ 4.

(1) In den Fällen der §§ 1 bis 3 gelten die §§ 11, 12 der Verordnung über die Devisenbewirtschaftung, § 4 der Ersten und § 9 der Sechsten Durchführungsverordnung entsprechend.

(2) Die in den §§ 18, 20 der Verordnung über die Devisenbewirtschaftung angedrohten Strafen und sonstigen Maßnahmen finden auch Anwendung auf Zuwiderhandlungen gegen die Vorschriften der §§ 1 bis 3 dieser Verordnung.

Artikel II.

§ 5.

(1) Den Verpflichtungen der §§ 1 und 3 der Sechsten Durchführungsverordnung unterliegen auch Körperschaften und Anstalten des öffentlichen Rechtes, die nicht unter § 1 Abs. 1 Buchstabe d der Sechsten Durchführungsverordnung fallen.

(2) Die Verpflichtungen des § 1 der Sechsten Durchführungsverordnung beziehen sich bei den im Abs. 1 genannten Körperschaften und Anstalten auf die der Anbietung unterliegenden, im Zeitpunkt des Inkrafttretens dieser Verordnung vorhandenen Werte. Die Anbietung hat binnen zehn Tagen nach dem genannten Zeitpunkt zu erfolgen.

§ 6.

(1) Den Verpflichtungen der §§ 1 und 3 der Sechsten Durchführungsverordnung unterliegen auch natürliche Personen, die nach dem Inkrafttreten der Sechsten Durchführungsverordnung im Deutschen Reiche einen Wohnsitz begründet haben oder begründen oder ihren gewöhnlichen Aufenthalt genommen haben oder nehmen.

(2) Die Verpflichtungen des § 1 der Sechsten Durchführungsverordnung beziehen sich bei Personen, die im Zeitpunkt des Inkrafttretens dieser Verordnung bereits einen Wohnsitz oder ihren gewöhnlichen Aufenthalt im Deutschen Reiche haben, auf die der Anbietung unterliegenden, in diesem Zeitpunkt vorhandenen Werte, bei Personen, die später im Deutschen Reiche einen Wohnsitz begründen oder ihren gewöhnlichen Aufenthalt nehmen, auf die in dem späteren Zeitpunkt vorhandenen derartigen Werte.

(3) Die Anbietung hat binnen zehn Tagen nach den im Abs. 2 genannten Zeitpunkten, bei Personen, die sich zu diesen Zeitpunkten im Ausland befinden, binnen eines Monats nach diesen Zeitpunkten zu erfolgen.

§ 7.

(1) Werden der Reichsbank auf Grund der §§ 1 oder 3 der Sechsten Durchführungsverordnung Werte in ausländischer Währung angeboten, die noch nicht fällig sind, so kann sie von dem Verlangen der sofortigen Übertragung zunächst absehen und von dem Pflichtigen verlangen, daß er die Werte zu dem erstmöglichen Zeitpunkt fällig macht.

Der Pflichtige hat in diesem Falle den Erlös bei Fälligkeit der Reichsbank anzubieten und auf Verlangen zu verkaufen und zu übertragen.

(2) Ist weder die Reichsbank noch eine Devisenbank (§ 2 Abs. 3 der Verordnung über die Devisenbewirtschaftung) zum Ankauf von Werten in ausländischer Währung bereit, die ihr auf Grund der §§ 1 oder 3 der Sechsten Durchführungsverordnung angeboten werden, so ist der Pflichtige befugt, im Rahmen der gesetzlichen Bestimmungen eine andere Verwertungsmöglichkeit für die Werte zu suchen. Nimmt er eine andere Verwertung nicht vor, so hat er die Werte so rechtzeitig, daß im gewöhnlichen Geschäftsgang mit der ordnungsmäßigen Besorgung des Einzugs gerechnet werden kann, der Reichsbank (unmittelbar oder durch die Vermittlung einer Devisenbank) zum Einzug anzubieten und auf Verlangen zu übertragen. Der Anspruch des Pflichtigen auf Auszahlung des Gegenwerts in Reichsmark bestimmt sich auch in diesem Falle nach den allgemeinen Geschäftsbedingungen der Reichsbank (§ 15 der Verordnung über die Devisenbewirtschaftung).

§ 8.

Die in §§ 18, 20 der Verordnung über die Devisenbewirtschaftung angedrohten Strafen und sonstigen Maßnahmen finden auch Anwendung auf Zuwiderhandlungen gegen die nach Artikel 1 der Sechsten Durchführungsverordnung in Verbindung mit § 11 der Siebenten und § 2 der Neunten Durchführungsverordnung bestehenden Verpflichtungen, soweit es sich um Werte anderer als der im § 15 Abs. 1 der Verordnung über die Devisenbewirtschaftung genannten Art handelt, sowie Zuwiderhandlung gegen § 7 dieser Verordnung.

Artikel III.

§ 9

hat die Neufassung des § 2 Abs. 2 der DurchfVO. a. F. V gebracht.

§ 10.

Für die Vorschrift des § 1 der Siebenten Durchführungsverordnung stehen Reichsschuldbuchforderungen Wertpapieren gleich.

§ 11

hat die Neufassung des § 11 der DurchfVO. a. F. VIII gebracht.

§ 12.

Die Freigrenze (§ 11 der Verordnung über die Devisenbewirtschaftung, § 9 der Sechsten Durchführungsverordnung) gilt nicht für Leistungen der Versicherungsnehmer aus Versicherungsverträgen in fremder Währung, die nach dem Inkrafttreten dieser Verordnung abgeschlossen worden sind. Als Abschluß gilt auch die Umstellung einer Reichsmark- oder Goldmarkversicherung auf fremde Währung.

§ 13.

§ 3 der Zweiten, § 2 Abs. 4 der Fünften, § 6 Abs. 2 und § 12 der Siebenten Durchführungsverordnung werden dahin berichtigt, daß die Worte „§§ 18 bis 20" durch die Worte „§§ 18, 20" ersetzt werden.

XIV.

Elfte Verordnung zur Durchführung der Verordnung über die Devisenbewirtschaftung.

Vom 14. April 1932 (RGBl. I S. 178).

(In Kraft seit 16. April 1932.)

Auf Grund des § 17 Abs. 1 Satz 3, § 22 der Verordnung des Reichspräsidenten über die Devisenbewirtschaftung vom 1. August 1931 (Reichsgesetzbl. I S. 421) wird verordnet:

§ 1.

(1) Nur mit schriftlicher Genehmigung der Stelle für Devisenbewirtschaftung darf eine Person, die gewerbsmäßig den Handel mit Wertpapieren betreibt oder vermittelt, Wertpapiere aus dem Depot einer im Ausland oder im Saargebiet ansässigen Person im Inland aushändigen oder in das Depot einer im Inland ansässigen Person umlegen. Die Genehmigung ist nicht erforderlich, wenn die Wertpapiere an eine Devisenbank (§ 2 Abs. 3 der Verordnung über die Devisenbewirtschaftung) zugunsten einer im Ausland oder im Saargebiet ansässigen Person ausgehändigt werden. Sie ist ferner nicht erforderlich, wenn die Wertpapiere in Ausführung eines von einer im Ausland oder im Saargebiet ansässigen Person erteilten Verkaufsauftrags ausgehändigt oder umgelegt werden und mit dem Erlös nach § 1 der Siebenten Durchführungsverordnung verfahren wird.

(2) In den Fällen des Abs. 1 gelten § 12 der Verordnung über die Devisenbewirtschaftung, § 4 der Ersten Durchführungsverordnung entsprechend.

(3) Die in §§ 18, 20 der Verordnung über die Devisenbewirtschaftung angedrohten Strafen und sonstigen Maßnahmen finden auch Anwendung auf Zuwiderhandlungen gegen die Vorschriften der Abs. 1 und 2.

Anm.: Satz 3 des Abs. 1 ist durch DurchfVO. a. F. XII § 10 eingefügt.
§ 1 jetzt DevisVO. § 16.

§ 2.

Die Freigrenze (§ 11 der Verordnung über die Devisenbewirtschaftung, § 9 der Sechsten Durchführungsverordnung) gilt nicht für Verfügungen über Forderungen einer im Ausland oder im Saargebiet ansässigen Person, die vor dem 16. Juli 1931 entstanden sind (§§ 3, 6 Nr. 3 der Verordnung über die Devisenbewirtschaftung, § 1 der Ersten Durchführungsverordnung), und über Sperrguthaben, die durch die Veräußerung oder Rückzahlung von Wertpapieren oder die Veräußerung von anderen inländischen Vermögensanlagen und von Erbschaftsgegenständen entstanden sind (§ 1 der Siebenten in Verbindung mit § 3 der Neunten Durchführungsverordnung, § 1 der Zehnten Durchführungsverordnung).

Anm.: Zu § 2 vgl. DevisVO. § 21.

XV.

Zwölfte Verordnung zur Durchführung der Verordnung über die Devisenbewirtschaftung.

Vom 20. Mai 1932 (RGBl. I S. 230).

(In Kraft seit 22. Mai 1932, bez. §§ 1, 2 siehe jedoch § 12.)

Auf Grund von § 17 Abs. 1 Satz 3, § 22 der Verordnung des Reichspräsidenten über die Devisenbewirtschaftung vom 1. August 1931 (Reichsgesetzbl. I S. 421) wird verordnet:

§ 1.

Ein nach § 12 der Verordnung über die Devisenbewirtschaftung, § 2 der Zweiten, § 2 Abs. 3 der Fünften, § 6 Abs. 1 der Siebenten, § 4 Abs. 1 der Zehnten Durchführungsverordnung nichtiges Rechtsgeschäft ist vom Zeitpunkt seiner Vornahme an wirksam, wenn die erforderliche Genehmigung der Stelle für Devisenbewirtschaftung nachträglich erteilt wird.

Anm.: Vgl. auch §§ 4, 12 und DurchfVO. a. F. I § 4.
§ 1 jetzt DevisVO. § 29 Satz 2.

§ 2.

Der Reichswirtschaftsminister kann im Einvernehmen mit dem Reichsminister der Finanzen die örtliche Zuständigkeit der Stellen für Devisenbewirtschaftung abweichend von § 17 Abs. 2 der Verordnung über die Devisenbewirtschaftung regeln.

Anm.: Vgl. auch § 12.
§ 2 jetzt DevisVO. § 35 Abs. 2 Satz 3.

§ 3

hat die Neufassung des § 2 Abs. 1 der DurchfVO. a. F. I,

§ 4

die des § 4 dieser VO. gebracht. Siehe dort.

§ 5.

Die Verpflichtungen nach § 3 der Sechsten Durchführungsverordnung bestehen auch hinsichtlich der Werte, die ein Pflichtiger mit Genehmigung der Stelle für Devisenbewirtschaftung erworben hat, wenn die Genehmigung nachträglich unwirksam wird.

§ 6

hat die Neufassung des § 1 der DurchfVO. a. F. VII,

§ 7

die des § 2 Abs. 2 dieser VO.,

§ 8

die des § 12 der DurchfVO. a. F. VIII,

§ 9

die Streichung des Buchstaben c in § 2 der DurchfVO. a. F. IX,

§ 10

die Einfügung des Satz 3 in § 1 Abs. 1 der DurchfVO. a. F. XI gebracht. Siehe überall dort.

§ 11.

Nur mit schriftlicher Genehmigung der Stelle für Devisenbewirtschaftung dürfen Zahlungsmittel, Wertpapiere Gold und sonstige Edelmetalle aus dem Inland in die badischen Zollausschlußgebiete Jestetten, Büsingen und Büttenhardter Höfe versandt oder überbracht werden.

§ 12.

§§ 1 und 2 dieser Verordnung treten mit Wirkung vom 4. August 1931 in Kraft; doch bleiben entgegenstehende gerichtliche Entscheidungen, die vor Verkündung dieser Verordnung rechtskräftig geworden sind, unberührt. Im übrigen tritt diese Verordnung am Tage ihrer Verkündung in Kraft.

Anm.: Zu § 12 vgl. jetzt DurchfVO. § 22.

Sachregister.

Die Zahlen bedeuten die Seiten. Die sich auf das Devisenrecht alter Fassung beziehenden Verweisungen sind in Klammern und jeweils unmittelbar hinter die sich auf die entsprechenden Bestimmungen der Neufassung beziehenden Seitenangaben gesetzt.

B.

Z.

Otto Walter, Buchdruckerei, Berlin S 14

Nachweis wichtiger Gesetzesausgaben

mit und ohne Erläuterungen, größere und kleinere Kommentare, Lehrbücher, Sammelwerke, Entscheidungs-sammlungen, Zeitschriften

Verlag Walter de Gruyter & Co., Berlin W 10 Genthiner Str. 38

Frühjahr 1932

Inhaltsübersicht

I. Allgemeines, Sammelwerke.

Handwörterbuch der Rechtswissenschaft. Unter Mitberatung von Reichsgerichtspräsident Dr. Dr. E. Bumke, Reichsgerichtsrat Dr. L. Busch, Oberreichsanwalt Prof. Dr. Dr. L. Ebermayer, Geh. Rat Professor Dr. Dr. Fr. Endemann, Geh. Justizrat Professor Dr. Dr. E. Heymann, Senatspräsident am Reichsgericht Dr. O. Strecker, Präsident des Bayerischen Obersten Landesgerichts Staatsrat Dr. K. v. Unzner †, herausgegeben von Dr. jur. **Fritz Stier-Somlo,** o. Professor an der Universität Köln, und Dr. jur. **Alexander Elster,** Berlin. 6 Bände. Lexikon-Oktav. 1926/29. In Halbleder geb. RM. 304.—
Hierzu erschien 1931 ein **Ergänzungsband.** RM. 37.—, in Halbleder geb. RM. 43.—, der nicht weniger als 228 Stichworte enthält.

„Es zeigt sich doch jetzt immer mehr, daß Ihr Handwörterbuch ein ganz großer Wurf war. Wie ich höre, wird es auch in der Praxis in steigendem Maße benutzt." Professor Dr. Nipperdey, Köln.

Die Reichsgerichtspraxis im deutschen Rechtsleben. Festgabe der juristischen Fakultäten zum 50jährigen Bestehen des Reichsgerichts (1. Oktober 1929), unter Mitwirkung der Professoren Gerhard Anschütz, Heidelberg, Ernst Heymann, Berlin, Theodor Kipp, Berlin, Wilhelm Kisch, München, Alfred Schultze, Leipzig, Heinrich Siber, Leipzig, herausgegeben von Otto Schreiber, weiland Professor in Königsberg i. Pr. 6 Bde. Groß-Oktav. 1929.
Geh. RM. 110.—, in Halbfranz geb. RM. 134.—
I. Band: Öffentliches Recht. II. Band: Zivil- und Handelsrecht. III. Band: Zivil- und Handelsrecht (Fortsetzung). IV. Band: Handels- und Wirtschaftsrecht. V. Band: Strafrecht und Strafprozeß. VI. Band: Zivilprozeßrecht.
Die Bände werden einzeln abgegeben.

Mit dieser umfangreichen Festgabe wird eine große, systematisch geordnete Reihe hervorragender Monographien veröffentlicht, die durchweg besonders wichtige und schwierige Fragen aus allen Teilen des Rechts behandeln.

Fünfzig Jahre Reichsgericht am 1. Oktober 1929. Von Dr. Adolf **Lobe,** Senatspräsident am Reichsgericht i. R., M. d. R. unter Mitarbeit von Mitgliedern und Beamten des Reichsgerichts, der Reichsanwaltschaft und der Rechtsanwaltschaft am Reichsgericht. Mit 14 Porträts und 15 Abbildungen. Lexikon-Oktav. VI, 436 Seiten. 1929.
RM. 20.—, in Halbfranz RM. 24.—

Von den beiden Festschriften „Lobe, Fünfzig Jahre Reichsgericht" und der Festgabe der juristischen Fakultäten gibt die vorliegende ein Bild der organisatorischen Gestaltung des Reichsgerichts und seiner Einrichtungen, in deren Schutz sich seine Aufgaben und seine Arbeit gestalten. Ausführlicher Prospekt mit Inhaltsverzeichnis kostenlos.

Bürgerliches Rechtslexikon. (Nach dem Bürgerlichen Gesetzbuch, dem Handelsgesetzbuch und sonstigen Reichs- und Landesgesetzen.) Von E. **Christiani,** weil. Amtsgerichtsrat. Vierte, durchgearbeitete und verbesserte Auflage von Dr. Alexander **Elster,** Rechtsanwalt Dr. Hugo **Hoormann,** Amtsgerichtsrat Georg **Krause,** Lexikon-Oktav. IV, 474 Seiten. 1930 . . . . Geb. RM. 15.—

„Wir kennen kein zweites Werk, das das gleiche Material in so kurzer, trefflicher und verständlicher Weise enthält und das so brauchbar wäre wie das hiermit warm empfohlene Buch."
Zeitschrift für das gesamte Gebiet der direkten Steuern.

Hedemann, J. W., **Einführung in die Rechtswissenschaft.** Zweite, erweiterte und umgestaltete Auflage. Oktav. XXII, 566 Seiten. 1927. (Lehrbücher und Grundrisse der Rechtswissenschaft Bd. IX.)
RM. 14.—, geb. RM. 16.—

„... Das Buch Hedemanns, welches die Aufgabe einer Einführung am reichsten und umfassendsten auffaßt und löst ...“
Juristische Wochenschrift.

Wegner, Arthur, **Einführung in die Rechtswissenschaft.**
I. Band: Aufbau des Rechtes, geschichtlich und systematisch. Rechtswissenschaftliche Arbeitsweise. Bürgerliches Recht. Handelsrecht. Arbeitsrecht. 144 Seiten. 1931. (Sammlung Göschen Bd. 1047.)
Geb. RM. 1.80
II. Band: Drei Bücher Öffentliches Recht: Staat, Völkergemeinschaft, Kirche. 140 Seiten. 1931. (Sammlung Göschen Bd. 1048.)
Geb. RM. 1.80

Schröder, Richard, und **Künßberg**, F., **Lehrbuch der deutschen Rechtsgeschichte.** Siebente Auflage. Groß-Oktav. Mit einer Abbildung im Text und einem Bildnis. 1932. . . . . Im Druck.
Dieses bekannte Lehrbuch hat sich seit langen Jahren bestens bewährt.

Fehr, Hans, **Deutsche Rechtsgeschichte.** Zweite, verbesserte und ergänzte Auflage. Oktav. 416 Seiten. 1925. (Lehrbücher und Grundrisse der Rechtswissenschaft Bd. X.) RM. 13.—, geb. RM. 14.50
Das Buch gibt eine plastische Darstellung der deutschen Rechtsgeschichte, die eine Anhäufung von Stoff ausdrücklich vermeidet, vielmehr das Schwergewicht auf eine mehr ideengeschichtliche Behandlung des Gegenstandes legt.

Schröder, Richard, und **Glitsch**, Heinrich, **Deutsche Rechtsgeschichte.** Zweite Auflage. Neudruck.
I. Bis zum Ende des Mittelalters. 160 Seiten. 1929. (Sammlung Göschen Bd. 621.) . . . . Geb. RM. 1.80
II. Die Neuzeit. 90 Seiten. 1929. (Sammlung Göschen Bd. 664.)
Geb. RM. 1.80
Eine gemeinverständliche kurze Darstellung der deutschen Rechtsgeschichte.

Giese, Friedrich, **Preußische Rechtsgeschichte.** Übersicht über die Rechtsentwicklung der preußischen Monarchie und ihrer Landesteile. Ein Lehrbuch für Studierende. Groß-Oktav. 256 Seiten. 1920.
RM. 5.—, geb. RM. 6.50
„Das Buch ist nicht ein, sondern das (bisher fehlende) Lehrbuch der preußischen Rechtsgeschichte.“
Dr. Karl Strupp im „Verwaltungsarchiv“

von Mayr, Robert, **Römische Rechtsgeschichte.** I. Buch. Die Zeit des Volksrechtes. 1. Hälfte: Das öffentliche Recht. 150 Seiten. 1912. (Sammlung Göschen Bd. 577.) . . . . Geb. RM. 1.80
2. Hälfte: Das Privatrecht. 117 Seiten. 1912. (Sammlung Göschen Bd. 578.) . . . . Geb. RM. 1.80
II. Buch: Die Zeit des Amts- und Verkehrsrechtes. 1. Hälfte: Das öffentliche Recht. 158 Seiten. 1912. (Sammlung Göschen Bd. 645.)
Geb. RM. 1.80
2. Hälfte: Das Privatrecht I. 122 Seiten. 1913. (Sammlung Göschen Bd. 646.) . . . . Geb. RM. 1.80
Das Privatrecht II. 150 Seiten. 1913. (Sammlung Göschen Bd. 647.)
Geb. RM. 1.80
III. Buch. Die Zeit des Reichs- und Volksrechtes. 111 Seiten. 1913. (Sammlung Göschen Bd. 648.) . . . . Geb. RM. 1.80

IV. Buch. Die Zeit der Orientalisierung des römischen Rechtes. 155 Seiten. 1913. (Sammlung Göschen Bd. 697.) . . . . Geb. RM. 1.80

Schott, Richard, **Hilfsbüchlein für die Vorlesungen über Institutionen, Geschichte und Zivilprozeß des römischen Rechts.** Oktav. 42 Seiten. 1931 . . . . RM. 1.60

„Ein Büchlein, das sehr brauchbares Material bietet. Kein Lehrbuch, kein Grundriß, sondern eine gut aufgebaute und juristisch klar durchgearbeitete Sammlung von Belegstellen und Quellen zur Erleichterung des Studiums des römischen Rechts. . ." Der Referendar.

Stammler, Rudolf, **Lehrbuch der Rechtsphilosophie.** Dritte, vermehrte Auflage. Groß-Oktav. XVI, 396 Seiten. 1928. RM. 13.—, geb. RM. 15.—

„. . . Ein Werk aus einem Gusse, ein herbes Werk von größter wissenschaftlicher Strenge, eine Schule, durch die jeder gehen muß, der mit den rechtsphilosophischen Problemen der Gegenwart ringt." Schweizerische Juristenzeitung.

Stammler, Rudolf, **Rechts- und Staatstheorien der Neuzeit.** Leitsätze zu Vorlesungen. Zweite, vermehrte und verbesserte Auflage. Oktav. IV, 116 Seiten. 1925. . . . . RM. 3.50, geb. RM. 4.50

Ein unentbehrlicher Führer durch die Rechts- und Staatstheorien der Neuzeit.

Stammler, Rudolf, **Wirtschaft und Recht nach der materialistischen Geschichtsauffassung.** Eine sozialphilosophische Untersuchung. Fünfte, durch einen Nachtrag ergänzte Auflage. Oktav. VIII, 704 Seiten. 1924. . . . . RM. 14.—, geb. RM. 16.—

„Das Werk Stammlers darf den Ruhm in Anspruch nehmen, unter allen Büchern, die in der letzten Zeit auf dem hier in Betracht kommenden Gebiet erschienen sind, die stärkste Wirkung hervorgebracht zu haben." Historische Zeitschrift.

Friedrichs, Karl, **Der Allgemeine Teil des Rechts.** Eine Darstellung der gemeinsamen Lehren des öffentlichen und des privaten Rechts. Groß-Oktav. X, 306 Seiten. 1927. . . . . . RM. 12.—, geb. RM. 13.50

„Eine solche Arbeit fehlte bisher in der juristischen Literatur. Friedrichs ist wie kein anderer berufen, eine grundlegende Arbeit über dieses Gebiet zu schreiben." Mitteilungen des Preuß. Richtervereins.

Maas, Georg, und **Magnus,** Julius, **Abkürzungsverzeichnis der Rechtssprache.** Abkürzungen der Bezeichnungen von Rechtsquellen, Behörden, Entscheidungen usw. des deutschen und österreichischen Rechts. Oktav. IV, 140 Seiten. 1929. . . . . RM. 4.—

„Bis jetzt fehlte eine Zusammenstellung, die in zuverlässiger Weise die gebräuchlichsten Abkürzungen wiedergab. Diese Lücke füllt das neue Buch in glücklicher Weise aus." Der junge Rechtsgelehrte.

Endemann, Friedrich, **Grundriß des römischen Privatrechts.** Oktav. X, 256 und 30 Seiten. 1925. (Lehrbücher und Grundrisse der Rechtswissenschaft Bd. XII.) . . . . RM. 9.—, geb. RM. 10.50

„. . . Die Sprache ist einfach, klar, leicht und verständlich. Anmerkungen, die so oft in anderen Werken stören, sind ganz vermieden. . . So hat Endemann ein nach jeder Richtung hochstehendes Werk geschaffen." Der junge Rechtsgelehrte.

Stammler, Rudolf, **Aufgaben aus dem römischen Recht.** Der „Institutionenübungen für Anfänger" vierte Auflage. Oktav. IV, 92 Seiten. Mit Figuren im Text. 1919 . . . . Geb. RM. 5.—

Zum selbständigen Einarbeiten in das System des römischen Privatrechts.

II. Bürgerliches Recht

1. Bürgerliches Gesetzbuch

Lehmann, Heinrich, **Allgemeiner Teil des Bürgerlichen Gesetzbuches.** Dritte, vermehrte und verbesserte Auflage (9. bis 12. Tausend). Oktav. XIV, 439 Seiten. 1928. (Lehrbücher und Grundrisse der Rechtswissenschaft Bd. I.) . . . . RM. 12.—, geb. RM. 13.50

„Es liegt ein großer pädagogischer Wert in diesem Buch. Es wird sich unter den Studenten rasch großer Beliebtheit erfreuen."

Das Recht.

Leonhard, R., Der Allgemeine Teil des Bürgerlichen Gesetzbuches in seinem Einflusse auf die Fortentwicklung der Rechtswissenschaft. Groß-Oktav. XVI, 537 Seiten. 1900. (Recht des Bürgerlichen Gesetzbuches in Einzeldarstellungen Nr. X.) . . . . RM. 10.—

Die Sammlung „Recht des Bürgerlichen Gesetzbuches" umfaßt systematische Darstellungen des BGB. aus der Feder erster Juristen der Wissenschaft und Praxis.

Oertmann, Paul, **Allgemeiner Teil des Bürgerlichen Gesetzbuches.**

I. Einleitung. Lehre von den Personen und von den Sachen. Dritte, verbesserte Auflage. 136 Seiten. 1926. (Sammlung Göschen Bd. 447.) Geb. RM. 1.80

II. Erwerb und Verlust, Geltendmachung und Schutz der Rechte. Dritte, verbesserte Auflage. 147 Seiten. 1928. (Sammlung Göschen Bd. 448.) . . . . Geb. RM. 1.80

Nach der die Vorgeschichte des BGB. und einzelne für seine Bedeutung und Anwendung wichtige Hauptfragen behandelnden Einleitung bespricht der Verfasser die Lehre von den Personen und von den Sachen. Er verarbeitet den Inhalt der einzelnen Gesetzesparagraphen wissenschaftlich und erörtert dabei auch mehrfach Fragen, die im BGB. selbst nicht geregelt, höchstens gestreift werden.

Plancks Kommentar zum Bürgerlichen Gesetzbuch nebst Einführungsgesetz. Bisher herausgegeben von E. Strohal. Bearbeitet von E. Brodmann, L. Busch, J. Ebbecke, F. Flad, M. Greiff, K. Gunkel, P. Knoke, M. Landois, A. Lobe, Fr. Oegg, H. Siber, O. Strecker, K. von Unzner. Vierte, völlig neubearbeitete Auflage. Lexikon-Oktav. Bisher sind erschienen:

I. Band: Allgemeiner Teil. 606 Seiten. 1913. RM. 15.—, geb. RM. 17.—

II. Band, 1. Hälfte: Recht der Schuldverhältnisse. (Allgemeiner Teil.) 640 Seiten. 1914 . . . . RM. 15.—, geb. RM. 17.—

II. Band, 2. Hälfte: Recht der Schuldverhältnisse. (Besonderer Teil.) 1296 Seiten. 1928 . . . . RM. 49.—, geb. RM. 52.—

III. Band: Sachenrecht. 5. Auflage. 1. Lieferung: Einleitung und §§ 854 bis 902. 321 Seiten. 1931 . . . . RM. 14.—

IV. Band: Familienrecht. 1. Hälfte §§ 1297—1588. 701 Seiten. 1928. RM. 26.—, geb. RM. 28.—

V. Band: Erbrecht. Vierte, völlig neubearbeitete Auflage. Groß-Oktav. XII, 1136 Seiten. 1930 . . RM. 51.—, geb. RM. 54.—

„Für jeden Praktiker, der tiefer in den Rechtsstoff eindringen muß, um die zur Entscheidung stehende Frage zu prüfen, ist Plancks Kommentar immer ein zuverlässiger Ratgeber und seine Erläuterung und Meinung von hohem Wert und Gewicht, stets sorgfältiger Beachtung wert." Zentralblatt für freiwillige Gerichtsbarkeit.

Das Bürgerliche Gesetzbuch mit besonderer Berücksichtigung der Rechtsprechung des Reichsgerichts. Erläutert von Dr. Busch, Erler, Dr. Lobe, Michaelis, Oegg, Sayn, Schliewen und Seyffarth, Reichsgerichtsräten und Senatspräsidenten am Reichsgericht. Siebente, unveränderte Auflage. 5 Bände. §§ 1—2385. Lexikon-Oktav. 3182 Seiten. 1928 . . . . In Halbleder geb. RM. 150.— I. Band: Allgemeiner Teil. Recht der Schuldverhältnisse I. (Allgemeiner Teil.) — II. Band: Recht der Schuldverhältnisse II. (Einzelne Schuldverhältnisse.) — III. Band: Sachenrecht. — IV. Band: Familienrecht. — V. Band: Erbrecht. Alphabetisches Sachverzeichnis.

(Das Werk wird nur komplett abgegeben.)

„Eine neue Auflage dieses für die Praxis wertvollsten Kommentars ist ein Ereignis für die Juristenwelt.“

Blätter für Rechtspflege im Bezirk des Kammergerichts.

Achilles-Greiff, Bürgerliches Gesetzbuch nebst Einführungsgesetz. Mit Einleitung, Anmerkungen und Sachregister. Nach dem Tode des ersten Herausgebers Dr. A. Achilles in Verbindung mit J. Altstötter, Oberamtsrichter in München, O. Meyer, Oberlandesgerichtspräsident in Celle, Dr. J. Kieckebusch, Land- und Amtsgerichtsrat in Kassel, Dr. O. Strecker, Senatspräsident am Reichsgericht i. R. in Leipzig, herausgegeben von Dr. M. Greiff, Wirkl. Geh. Oberjustizrat, Oberlandesgerichtspräsident i. R. in Berlin. Dreizehnte, vermehrte und verbesserte Auflage. Mit Erläuterungen der Verordnung über das Erbbaurecht, des Gesetzes über die religiöse Kindererziehung und des Gesetzes für Jugendwohlfahrt. Groß-Oktav. XXIII, 1304 Seiten. 1930. (Guttentagsche Sammlung Deutscher Reichsgesetze Bd. 38/39.) . . . . . Geb. RM. 24.—, in Halbleder geb. RM. 26.—

„Das ausgezeichnete Buch, das einer weiteren Empfehlung kaum bedarf, wird seine führende Stellung unter den Handausgaben ohne Zweifel behaupten.“ *Juristische Rundschau.*

Bürgerliches Gesetzbuch nebst Einführungsgesetz. Vom 18. August 1896 mit Berücksichtigung der bis zum 1. Januar 1928 ergangenen Abänderungen. Textausgabe mit ausführlichem Sachregister. Sechzehnte Auflage. (61. bis 66. Tausend). Taschenformat. 758 Seiten. 1928. (Guttentagsche Sammlung von Textausgaben ohne Anmerkungen mit Sachregister.) . . . . Geb. RM. 2.80

Die vorliegende Ausgabe zeichnet sich durch Vollständigkeit und besondere Ausführlichkeit des Sachregisters aus.

Schulz, F. H., **Bürgerliches Gesetzbuch** und Einführungsgesetz. Taschenformat. Zweite, unveränderte Auflage. XI, 664 Seiten. 1931. Geb. RM. 5.—

(Lehrausgaben Deutscher Gesetze, Bd. I.)

Dieser Band bringt auch die Bezeichnung der entsprechenden römisch-rechtlichen bzw. gemeinrechtlichen Institute und verwirklicht damit einen Gedanken, der eigentlich wohl schon vor dreißig Jahren hätte ausgeführt werden sollen.

Lindemann, Otto, Ausführungsgesetz zum Bürgerlichen Gesetzbuche vom 20. September 1899 nebst einem Anhang: Verordnung zur Ausführung des Bürgerlichen Gesetzbuchs vom 16. November 1899. Nach dem Tode des früheren Herausgebers Kammergerichtsrat Dr. P. Siméon, erläutert von Geh. Oberjustizrat Otto Lindemann, Ministerialdirektor im Pr. Justizministerium. Vierte Auflage. Taschenformat. 208 Seiten. 1930. (Guttentagsche Sammlung Preußischer Gesetze Bd. 23.) Geb. RM. 5.—

„. . . Der Praxis ist aber mit einer solchen Ausgabe besonders gedient . . . die sich Aufklärung über die Tragweite und die Bedeutung einer Vorschrift des Preuß. AGBGB. verschaffen wollen, finden in Lindemanns Ausführungen einen nie versagenden Führer.“

Der junge Rechtsgelehrte.

Juristischer Anschauungsstoff. Herausgegeben von Helmut Rühl, o. Prof. d. Rechte a. d. Univ. Göttingen.

Heft 1:
Rühl, H., **Bürgerliches Recht und Arbeitsrecht.** Groß-Oktav. VIII, 148 Seiten. 1931 . . . . RM. 4.—

In der Sammlung „Juristischer Anschauungsstoff" werden für den Gebrauch im akademischen Unterricht Urkunden aus der Rechtspraxis zusammengestellt. So bringt das erste Heft 140 typische Beispiele für fast jedes Rechtsinstitut des BGB. und des Arbeitsrechts (Registereintragungen, Geschäftsbedingungen, Tarifverträge, Satzungen usf.). Die Anordnung folgt dem Gang des Gesetzes. Die gewählten Beispiele sind für die Praxis kennzeichnend. Sie gewähren einen Einblick in das lebendige Recht und zeigen die Abwandlung des Gesetzes durch die Wirtschaft.

Schück, Richard, **Zivilrechtspraktikum.** Zum Selbststudium und zum Lehrgebrauch. Vierte, vermehrte Auflage. Herausgegeben von Gustav Schreiber. Groß-Oktav. 160 Seiten. 1930. Geb. RM. 6.—

Das „Schücksche Zivilrechtspraktikum" bringt in einem billigen Band über 600 Fälle aus allen fünf Büchern des BGB. und dem Einführungsgesetz. Es hat sich seit seinem Erscheinen durch seine praktische Auswahl überall durchgesetzt und durch drei Auflagen hindurch bewährt. Die vorliegende vierte Auflage weist eine Anzahl Ergänzungen auf, die aber durch die besondere Art ihrer Einordnung den Gebrauch mehrerer Auflagen nebeneinander nicht stören.

von der Mosel, Heinrich, **Lösungen** zu dem von Kammergerichtsrat Dr. Richard Schück herausgegebenen **Zivilrechtspraktikum.** Nach dem Bürgerlichen Gesetzbuch bearbeitet für Studierende und Referendare. Fünfte Auflage. Oktav. 227 Seiten. 1931. RM. 6.—, kart. RM. 6.50

Die Lösungen behandeln fast alle in dem Praktikum enthaltenen Fälle.

v. Schwerin, Cl., Frhr., **Grundzüge des deutschen Privatrechts.** Zweite Auflage. Oktav. XII, 342 Seiten. 1928. (Lehrbücher und Grundrisse der Rechtswissenschaft Bd. XIII.) RM. 9.50, geb. RM. 11.—

„Was dem Studenten not tut, ist ein kurzgefaßtes Handbuch. . . . Ein ausgezeichnetes Hilfsmittel dieser Art ist das vorliegende Buch."
Zeitschrift für Rechtspflege in Bayern.

Wegner, Arthur, **Jugendrecht.** Ein Lehrbuch zur Einführung. Oktav. IX, 219 Seiten. 1929 . . . . RM. 6.—, geb. RM. 7.50

Schuldverhältnisse insbesondere

Hedemann, Justus Wilh., **Schuldrecht des Bürgerlichen Gesetzbuches.** Zweite Auflage. Oktav. XXIV, 503 Seiten. 1931. (Lehrbücher und Grundrisse der Rechtswissenschaft Bd. II.) RM. 14.50, geb. RM. 16.—

„Die Schrift bietet die beste mir bekannte Einführung in das schwierige Recht der Schuldverhältnisse." *Staats- und Selbstverwaltung.*

Oertmann, Paul, **Schuldrecht.** (BGB. II.)
I. Allgemeine Lehren. Dritte, verbesserte Auflage. 142 Seiten. 1927. (Sammlung Göschen Bd. 323.) . . . . Geb. RM. 1.80
II. Die einzelnen Schuldverhältnisse. Dritte, verbesserte Auflage. 159 Seiten. 1929. (Sammlung Göschen Bd. 324.) . . Geb. RM. 1.80

„In knapper Form und gemeinverständlicher Ausdrucksweise ist ein vorzüglicher Überblick über den Stoff gegeben."
Leipziger Zeitschrift für deutsches Recht.

Meyer, Georg, **Das Recht der Beschlagnahme von Lohn, Gehalt und Diensteinkommen.** Auf Grund des Reichsgesetzes vom 21. Juni 1869, der Verordnung über Lohnpfändung vom 25. Juni 1919 nebst Abänderungen und der Zivilprozeßordnung dargestellt. Siebente, vermehrte Auflage. Taschenformat. 174 Seiten. 1930. (Guttentagsche Sammlung Deutscher Reichsgesetze Bd. 55.) . . Geb. RM. 4.50

„Das Lohnbeschlagnahmegesetz wird hier in mustergültiger Weise erläutert. Die zahlreichen Zweifelsfragen werden gründlich erörtert.“ *Hessische Rechtsprechung.*

Seligsohn, Franz, **Kommentar zum Haftpflichtgesetz.** Zweite Auflage. Groß-Oktav. 360 Seiten. 1930 . . . . . . RM. 12.—, geb. RM. 13.50

„Das reiche Material hat der Verfasser mit logischer Schärfe und in knapper Form bearbeitet und damit ein mustergültiges Werk geschaffen, das für die meist veralteten Kommentare zum Reichshaftpflichtgesetz einen wertvollen Ersatz bietet.“
Blätter für Rechtspflege im Bezirk des Kammergerichts.

Krieg, O., **Mietrecht und Wohnungsmangelgesetzgebung** im Reiche, in Preußen und in Berlin, einschließlich Hauszinssteuer, Kostenwesen und Rechtsentscheiden des Kammergerichts und des Obersten Landesgerichts. Zusammengestellt und mit ausführlichem Schlagwortregister versehen. Vierte Auflage. Taschenformat. XII, 594 Seiten. 1928. (Guttentagsche Sammlung Deutscher Reichsgesetze Bd. 156.) Geb. RM. 10.—

„Eine solche Ausgabe zu besitzen, ist wertvoll. Diese Ausgabe verdient schon wegen ihrer Vollständigkeit besondere Beachtung. Ein vortreffliches Sachregister ist beigegeben.“ *Juristische Wochenschrift*

Bloch, Arthur, **Pulvermacher,** Ralph, **Wohnungswirtschaft.** (Siehe „Die Vierte Notverordnung“ Seite 12.)

Stölzle, Hans, Viehkauf nach Bürgerlichem Gesetzbuch und ausländischem Recht. Verordnung, betreffend die Hauptmängel und Gewährfristen beim Viehhandel. Von Eugen Fröhner. Sechste, vermehrte und wesentlich verbesserte Auflage. Taschenformat. 699 Seiten. 1926. (Guttentagsche Sammlung Deutscher Reichsgesetze Bd. 50.)
Geb. RM. 15.—

„Das Buch ist Juristen wie Laien als lichtvoller Ratgeber in allen Fragen nur auf das wärmste zu empfehlen.“
Deutsche Juristen-Zeitung.

Crisolli, Karl-August, Das Reichsgesetz, betreffend die **Abzahlungsgeschäfte** vom 16. Mai 1894. Mit Einleitung, Anmerkungen und Sachregister. Unter Mitwirkung von Julius Crisolli. Vierte, völlig umgearbeitete Auflage des Werkes von Hoffmann-Wilke. Taschenformat. 413 Seiten. 1931. (Guttentagsche Sammlung Deutscher Reichsgesetze Bd. 34.) . . . . Geb. RM. 8.—

„. . . Man kann wohl sagen, daß alle Streit- und Zweifelsfragen erschöpfend erörtert sind, so daß jeder, der sich mit diesem zu ungeahnter Bedeutung gekommenen Gesetz zu befassen hat, einen kaum versagenden Führer in diesem ausgezeichneten Kommentar finden wird.“ *Badische Rechtspraxis.*

Göppert, H., Gesetz, betreffend die gemeinsamen Rechte der Besitzer von Schuldverschreibungen. Zweite Auflage, bearbeitet von E. Trendelenburg. Taschenformat. 156 Seiten. 1915. (Guttentagsche Sammlung Deutscher Reichsgesetze Bd. 52.) . . . . . Geb. RM. 1.50

Kruse, Fr. Vinding, **Das Eigentumsrecht.** Aus dem Dänischen übersetzt von Knud Larsen. Groß-Oktav. XXIII, 881 Seiten. 1931.
Geb. RM. 25.—

„Das gewaltige Werk will eine allgemeine Rechtslehre und überhaupt Gesellschaftslehre unter Ausnützung des geltenden Rechts und

der Rechtsgeschichte geben... Die glückliche Verbindung juristischer und ökonomischer Betrachtung, die Fülle des Tatsachenmaterials und Rechtsstoffes lassen das Buch als wertvolle Bereicherung der Literatur gelten...“ *Prager juristische Zeitschrift.*

Beiträge zum ausländischen und internationalen Privatrecht, herausgegeben vom Institut für ausländisches und internationales Privatrecht.
Heft 1:
Nußbaum, Arthur, **Vertraglicher Schutz gegen Schwankungen des Geldwertes.** Goldklauseln und andere Abreden zur Minderung des Valutarisikos. Groß-Oktav. 95 Seiten. 1928 . . . . RM. 5.—
Heft 2:
Wolff, John, **Die Haftung des Verkäufers einer fremden beweglichen Sache in den Vereinigten Staaten von Amerika** in Vergleichung mit dem deutschen bürgerlichen Recht. Groß-Oktav. 84 Seiten. 1930. RM. 4.—
Heft 3:
Friedmann, Wolfgang, **Die Bereicherungshaftung** im anglo-amerikanischen Rechtskreis in Vergleichung mit dem deutschen bürgerlichen Recht. Groß-Oktav. 148 Seiten. 1930 . . . . RM. 7.—
Heft 4:
Raiser, Ludwig, **Die Wirkungen der Wechselerklärungen im internationalen Privatrecht.** Groß-Oktav. 124 Seiten. 1931 . . RM. 9.—
Heft 5:
Rheinstein, Max, **Die Struktur des vertraglichen Schuldverhältnisses** im anglo-amerikanischen Recht. Groß-Oktav. 256 Seiten. 1932. RM. 17.—
Heft 6:
Kessler, Friedrich, **Die Fahrlässigkeit im nordamerikanischen Deliktsrecht** unter vergleichender Berücksichtigung des englischen und des deutschen Rechts. Groß-Oktav. 183 Seiten. 1932 . . . RM. 10.—

Sachenrecht insbesondere

Hedemann, Justus Wilh., **Sachenrecht des Bürgerlichen Gesetzbuches.** Oktav. XXXII, 507 Seiten. 1924. (Lehrbücher und Grundrisse der Rechtswissenschaft Bd. III.) . . . . . RM. 12.—, geb. RM. 13.50
„Ein trotz seiner Kürze ausgezeichnetes und inhaltreiches Lehrbuch, nicht nur für den Studierenden, sondern auch für ältere Juristen. Die Arbeit ist wissenschaftlich tiefgründig und doch gemeinverständlich geschrieben.“ *Zeitschrift des Deutschen Notarvereins.*

Kretzschmar, F., **Sachenrecht.**
I. Allgemeine Lehren. Besitz und Eigentum. Zweite, verbesserte Auflage. 142 Seiten. 1922. (Sammlung Göschen Bd. 480.) Geb. RM. 1.80
II. Begrenzte Rechte. 144 Seiten. 1923. (Sammlung Göschen Bd. 481.) Geb. RM. 1.80
Diese Bändchen bieten die Grundzüge des Sachenrechts in gedrängter und klarer Form.

Lenzen, Georg, **Das Deutsche Pfandleihrecht.** Kommentar zum preußischen Pfandleihgesetz unter Berücksichtigung der außerpreußischen Gesetze. Oktav. XXVI, 266 Seiten. 1929 . . . . Geb. RM. 20.—
„Diese zusammenfassende Darstellung ist die erste ihrer Art und sehr verdienstlich. Das Buch regt zu allerhand Fragen an.“ *Juristische Wochenschrift.*

Günther, Hermann, **Erbbaurecht.** Taschenformat. 167 Seiten. 1919. (Guttentagsche Sammlung Deutscher Reichsgesetze Bd. 135.) Geb. RM. 2.—
„... Der Praxis wird das Werk von hervorragendem Nutzen sein.“ *Beiträge zur Erläuterung des deutschen Rechts.*

Arnheim, Hugo, **Grundbuchordnung**. Kommentar zur Grundbuchordnung für das Deutsche Reich nebst den für Preußen erlassenen Ausführungsbestimmungen. Zweite, völlig neubearbeitete Auflage. Lexikon-Oktav. 959 Seiten. 1913 . . . . RM. 15.—

„Der Band weist außerordentliche Gründlichkeit, Klarheit und Übersichtlichkeit auf. Man kann wohl sagen, daß kaum eine Frage auftauchen wird, die nicht wenigstens berührt wäre."
Zentralblatt für freiwillige Gerichtsbarkeit.

Fischer, Otto, und **Fischer**, Norbert, **Grundbuchordnung für das Deutsche Reich** nebst den preußischen Ausführungsbestimmungen. Neunte, durchgearbeitete und ergänzte Auflage. Taschenformat. 322 Seiten. 1927. (Guttentagsche Sammlung Deutscher Reichsgesetze Bd. 42.)
Geb. RM. 5.—

„Eine der vortrefflichen alteingeführten Handausgaben der Guttentagschen Sammlung, bei der schon die Auflagenziffer für die Brauchbarkeit in der Praxis spricht. Nach wie vor ist das Buch ein vortrefflicher Wegweiser und Berater." *Juristische Wochenschrift.*

Ricks, Gerhard, **Die Grundbuchpraxis.** Ein Handbuch für den täglichen Gebrauch in Grundbuchsachen. Achte Auflage. Mit Nachtrag. Groß-Oktav. XII, 412 Seiten. 1929 . . . RM. 12.—, geb. RM. 14.—

„Das Buch hat einen Anspruch darauf, in der Praxis geradezu verschlungen zu werden. Es ist aus der täglichen Praxis heraus für die Praxis lebensfrisch und unterhaltend geschrieben."
Mitteilg. a. d. Württemb. Notariats-Praxis.

Friedlaender, Martin, **Hypothekenbeschaffung für Wohn- und Geschäftshäuser.** Handbuch für die Praxis der Grundstückswirtschaft. Groß-Oktav. VIII, 151 Seiten. 1929 . . . . . RM. 6.—, geb. RM. 7.50

„Das Buch gibt einen außerordentlich praktischen Überblick über alle Fragen der Hypothekenbeschaffung." *Deutsche Sparkassen-Zeitung.*

Familienrecht, Erbrecht

Lehmann, Heinrich, **Familienrecht** des Bürgerlichen Gesetzbuches einschließlich Jugendfürsorgerecht. Oktav. XII, 352 Seiten. 1926. (Lehrbücher und Grundrisse der Rechtswissenschaft Bd. IV.)
RM. 11.—, geb. RM. 12.50

„Die Schilderung Lehmanns ist überall anregend und fesselnd. Das Werk kann allen Rechtsstudenten und Referendaren zur Anschaffung dringend empfohlen werden." *Der junge Rechtsgelehrte.*

Titze, Heinrich, **Familienrecht.** (BGB. IV.) 169 Seiten. Neudruck. 1924. (Sammlung Göschen Bd. 305.) . . . . Geb. RM. 1.80

Endemann, Fr., **Erbrecht.** Oktav. XII, 166 Seiten. 1923. (Lehrbücher und Grundrisse der Rechtswissenschaft Bd. V.) RM. 3.—, geb. RM. 4.50

„Dieser Leitfaden behandelt den spröden Stoff des schwierigen Erbrechts in meisterhafter, fesselnder Darstellung."
Zeitschrift des Bundes Deutscher Justizamtmänner.

v. Blume, Wilh., **Erbrecht.** (BGB. V.)
I. Einleitung. Die Grundlagen des Erbrechts. 75 Seiten. 1913. (Sammlung Göschen Bd. 659.) . . . . Geb. RM. 1.80
II. Die Nachlaßbeteiligten. Mit 23 Figuren. 131 Seiten. 1913. (Sammlung Göschen Bd. 660.) . . . . Geb. RM. 1.80

Riesenfeld, S., **Die Erbenhaftung nach dem Bürgerlichen Gesetzbuch.** Groß-Oktav. 2 Bände. 1916 . . . . . RM. 15.—, geb. RM. 18 —
I. Band: Die Grundsätze der Haftung. XII, 461 Seiten.
II. Band: Das Inventar und die Mittel der Haftungsbeschränkung. VIII, 455 Seiten.

„Ein hervorragendes Werk, das in allen Teilen die vollständige Beherrschung des schwierigen Stoffes erkennen läßt und sich dabei durch klare und gemeinverständliche Darstellung auszeichnet."
Sächsisches Archiv für Rechtspflege.

Aufwertung

Michaelis, Richard, **Das Aufwertungsrecht** nach den Aufwertungsgesetzen und nach allgemeinem bürgerlichem Rechte. Kommentar zu den Gesetzen vom 16. Juli 1925 über die Aufwertung von Hypotheken und anderen Ansprüchen und über die Ablösung öffentlicher Anleihen sowie systematische Darstellung des Aufwertungsrechts außerhalb dieser Gesetze. Zweite, gänzlich umgearbeitete Auflage des Kommentars zur Dritten Steuernotverordnung vom 14. Februar 1924 (Aufwertung). Mit einer Fristentabelle von H. Hoormann. Groß-Oktav. X, 516 Seiten. 1926. Mit Nachtrag 1927. (de Gruytersche Sammlung Deutscher Gesetze. Handkommentare.) . . . . Geb. RM. 16.—

„Es handelt sich um ein ganz erstklassiges Werk, das sich für jeden Aufwertungsinteressenten als unentbehrlich erweisen wird."
Deutsche Allgemeine Zeitung.

Michaelis, Richard, Die beiden **Aufwertungsnovellen** vom 18. Juli 1930. (Hypotheken-Fälligkeits- und Verzinsungsgesetz; Grundbuchbereinigungsgesetz.) Taschenformat. VI, 202 Seiten. 1930. (Guttentagsche Sammlung Deutscher Reichsgesetze Bd. 178.) . . . . Geb. RM. 4.—

Reichsgerichtsrat Michaelis, der im „Kommentar über das Bürgerliche Gesetzbuch von Reichsgerichtsräten" den Abschnitt „Aufwertung" bearbeitet hat, erläutert in der gleichen autoritativen Art auch die neuen Gesetze, die die Aufwertungsgesetzgebung ändern und abschließen.

Berliner, Ludwig, und **Pfaffenberger,** Ernst, **Aufwertung von Versicherungsansprüchen** mit Durchführungsbestimmungen.
I. Teil. Oktav. 235 Seiten. 1925. (Guttentagsche Sammlung Deutscher Reichsgesetze Bd. 164.) . . . . Geb. RM. 6.50
II. Teil: Sach- und Transportversicherung; Unfall- und Haftpflichtversicherung. Oktav. 112 Seiten. 1926. Mit Nachtrag. (Guttentagsche Sammlung Deutscher Reichsgesetze Bd. 164a.) . . Geb. RM. 3.50

„Eine ganz ausgezeichnete, wohldurchdachte Darstellung und Erläuterung des Aufwertungsrechtes des gesamten Versicherungswesens, eine unentbehrliche Ergänzung zu jedem Gesamtkommentar über das Aufwertungsgesetz." *Zentralblatt für Handelsrecht.*

2. Handelsrecht.

v. Gierke, Jul., **Handelsrecht und Schiffahrtsrecht.** Vierte Auflage. Im Druck.

„. . . . ein außerordentlich hochstehendes, immer den neuesten Stand der Lehre und der Rechtsprechung widerspiegelndes Lehrbuch des Handelsrechts im weitesten Sinn." *Der junge Rechtsgelehrte.*

v. Gierke, Jul., **Handelsgesetzbuch** nebst Wechselordnung und Scheckgesetz. Mit systematischen Paragraphenüberschriften und ausführlichem Sachregister. Oktav. VIII, 295 Seiten. 1931. (Lehrausgaben Deutscher Gesetze, Bd. IV.) . . . . Geb. RM. 5.—

Nicht nur dem Lernenden, auch dem Kaufmann, der ohne ermüdende Durcharbeitung des ganzen Gesetzwerkes seine wesentlichen Bestimmungen schnell und sicher kennenlernen und von Fall zu Fall nachlesen will, wird diese Lehrausgabe willkommen sein.

Lehmann, K., und **Hoeniger,** H., **Lehrbuch des Handelsrechts.** Dritte Auflage. Erster Halbband, enthaltend die Lehre vom Handelsstand und von den Handelsgesellschaften. Groß-Oktav. 432 Seiten. 1921 RM. 10.—

Ein großangelegtes Lehrbuch des Handels- und Schiffahrtsrechts.

Lehmann, K., und Hoeniger, H., Deutsches Handelsrecht.
I. Einleitung. Der Kaufmann und seine Hilfspersonen. Offene Handelsgesellschaft, Kommandit- und stille Gesellschaft. 117 Seiten. 1921. (Sammlung Göschen Bd. 457.) . . . . Geb. RM. 1.80
II. Aktiengesellschaften, Gesellschaften mit beschränkter Haftung, eingetragene Genossenschaften. Handelsgeschäft, 126 Seiten. 1924. (Sammlung Göschen Bd. 458.) . . . . Geb. RM. 1.80

Hein, Joh., Die Zusammenhänge zwischen Steuerrecht und Handelsrecht und ihre Entwicklung, untersucht an dem Gewinn und an der Bewertung. Eine bilanzrechtliche und bilanzkritische Darstellung mit praktischen Beispielen. Groß-Oktav. X, 280 Seiten. 1928.
RM. 10.—, geb. RM. 12.—

„Das Buch führt in klarer Gestaltung in die Probleme des Bilanzrechts ein. Eine übersichtliche Gliederung ermöglicht eine schnelle und doch gründliche Einführung. Darüber hinaus stellt das Buch eine wesentliche Förderung für die dringend notwendige wissenschaftliche Behandlung des Steuerbilanzrechts und seiner Zusammenhänge mit den verwandten Rechtsmaterien dar." Zeitschrift für Handelsrecht.

Die Vierte Notverordnung. (Vierte Notverordnung des Reichspräsidenten zur Sicherung von Wirtschaft und Finanzen und zum Schutze des inneren Friedens. Vom 8. XII. 1931.) Erläuterte Textausgabe mit Durchführungsverordnungen, bearbeitet von Rechtsanwalt Dr. A. Bloch, Gerichtsassessor Dr. K.-A. Crisolli, Gerichtsassessor Dr. W. Gallas, Rechtsanwalt Th. Heilborn, Rechtsanwalt Dr. A. Hollaender, Direktor im Reichsversicherungsamt Dr. K. Lippmann, Rechtsanwalt Dr. R. Pulvermacher, Amtsgerichtsrat Dr. Th. Rohlfing, herausgegeben von Dr. A. Elster. Taschenformat. (Guttentagsche Sammlung Dtsch. Reichsgesetze, Bd. 180.) . . . . .Geb. RM. 6.—

Diese erläuterte Ausgabe der 4. Notverordnung ist für jeden Staatsbürger von größter Wichtigkeit. Der vielfach nicht ohne weiteres verständliche Text erfordert Erklärungen durch sachkundige Beurteiler aus der Praxis. Diese Erläuterung, die bei den zahlreich zu erwartenden Streitfragen unentbehrlich ist, liegt hier vor. Man wird erstaunt sein, wieviel Wichtiges dieser Schlüssel zum Notrecht bietet. Wohl keine praktische Frage ist übersehen, die Ausdeutung der Bestimmungen ist von größter Klarheit.

Staub's Kommentar zum Handelsgesetzbuch. Zwölfte und dreizehnte Auflage. Bearbeitet von Heinrich Koenige, Albert Pinner, Felix Bondi. Vier Bände und ein Registerband. Groß-Oktav. 4000 Seiten. 1927 . . . . Zusammen RM. 157.—, in Halbleder RM. 183.60

Nachtrag zur 12. u. 13. Aufl., enthaltend **die Vorschriften der Verordnung über Aktienrecht** vom 19. September 1931. Verfaßt unter Mitarbeit von Dr. Walter Schmidt und Dr. Heinz Pinner, Rechtsanwälte in Berlin, von Dr. h. c. Albert Pinner, Justizrat in Berlin. Groß-Oktav. 256 Seiten. 1932 . . RM. 10.—, geb. RM. 12.—

Mit dem Erscheinen des Nachtragsbandes gibt Staub's Kommentar zum HGB. wieder eine einheitliche Darstellung des zurzeit geltenden Rechts. Der Nachtragsband ist so angelegt, daß er auch als selbständige Erläuterung der neuen aktienrechtlichen Bestimmungen verwendet werden kann.

Mosse, Albert, und **Heymann,** Ernst, **Handelsgesetzbuch** (ohne Seerecht). Mit den ergänzenden Vorschriften des Bürgerlichen Gesetzbuchs und einem Anhang, enthaltend das Einführungsgesetz, das Depotgesetz, die Bestimmungen über Börsentermin- und Differenzgeschäfte u. a. Nebst Erläuterungen. Im Anschluß an die Textausgabe von F. Litthauer. Siebzehnte Auflage. Unter Mitwirkung von Karl August Crisolli. Oktav. VIII, 693 Seiten. 1926 (Guttentagsche Sammlung Deutscher Reichsgesetze Bd. 4.) . . . . .Geb. RM. 14.—

Diese Ausgabe wurde durch Nachträge ergänzt.

„Die Litthauer-Mossesche Ausgabe des Handelsgesetzbuches hat bei allen Praktikern seit langem den wohlbegründeten Ruf größter Zuverlässigkeit und übersichtlicher Anordnung, die mit möglichster Knappheit des Ausdrucks gepaart sind. Das Buch ist ein zuverlässiger Führer durch das immer schwieriger werdende Gebiet des Handelsrechts.“ Vossische Zeitung.

Handelsgesetzbuch nebst Einführungsgesetz vom 10. Mai 1897, unter Berücksichtigung der bis 15. Juni 1930 ergangenen Novellen. Textausgabe mit Sachregister. Zwölfte Auflage. 370 Seiten. 1930. (Guttentagsche Sammlung von Textausgaben ohne Anmerkungen mit Sachregister.) . . . . Geb. RM. 3.50

Diese Ausgabe wurde durch einen Nachtrag ergänzt.

Baum, G., **Das vertragliche Wettbewerbsverbot** (Konkurrenzklausel). Nebst Kommentar zum Gesetze vom 10. Juni 1914. Taschenformat. XII, 231 Seiten. 1914. (Guttentagsche Sammlung Deutscher Reichsgesetze Bd. 115.) . . . . Geb. RM. 3.—

Gesellschaften

Brodmann, Erich, **Aktienrecht.** Kommentar. Groß-Oktav. XII, 580 Seiten. 1928. (Gewerbe- und Industrie-Kommentar Bd. IV.)
RM. 28.—, geb. RM. 30.—

„Mit unvergleichlichem Geschick hat der Verfasser Großartiges geleistet — Brodmann ist Trumpf!“ Zeitschrift für Aktiengesellschaften.

Brodmann, Erich, **Die Sanierung unseres Aktienwesens.** Groß-Oktav. 46 Seiten. 1931 . . . . RM. 3.—

Pinner, Albert, **Aktiennovelle und Bankenaufsicht.** Verordnung vom 19. 9. 1931. Textausgabe mit Einführung in die Aktiennovelle. Taschenformat. 101 Seiten. 1931. (Guttentagsche Sammlung Deutscher Reichsgesetze Bd. 179.) . . . . Geb. RM. 1.80

Das eindringliche und zuverlässige Orientierungsbuch über die Neuregelung des Aktienwesens führt schnell in die wichtigen Hauptfragen ein. Der Herausgeber ist als hervorragender Kenner des Aktienrechts und Mitarbeiter an Staubs berühmtem HGB.-Kommentar der Fachwelt bekannt.

Hachenburg, Max, **Kommentar zum Gesetz, betr. die Gesellschaften mit beschränkter Haftung.** (Früher **Staub-Hachenburg.**) Fünfte Auflage unter Mitarbeit von Fritz Bing und Walter Schmidt. 2 Bände . . . . RM. 43.—, geb. RM. 47.—
I. Band: §§ 1—34. Groß-Oktav. VI, 527 Seiten. 1926.
II. Band: §§ 35—84. Groß-Oktav. II, 452 Seiten. 1927.

*„Was Hachenburg in seinen Neubearbeitungen aus diesem Buche gemacht hat, ist erstaunlich. Sein reiches juristisches Wissen, sein überlegener und kritischer Verstand, seine vorzügliche Gestaltungskraft und seine nur wenigen Juristen eigene vielseitige Auslegungskunst haben etwas Großes, Unvergleichliches geschaffen. Man findet selten ein literarisches Werk, in welchem Rechtsgelehrsamkeit und praktisches Können vereint einem Spezialgesetz so zugute kamen wie hier.“
Zeitschrift für Aktiengesellschaften.*

Brodmann, Erich, **Gesetz, betr. die Gesellschaften mit beschränkter Haftung.** Kommentar. Zweite Auflage. Groß-Oktav. VIII, 304 Seiten. 1930. (Gewerbe- und Industrie-Kommentar Bd. I.)
RM. 16.—, geb. RM. 18.—

Parisius, Ludolf, und **Crüger**, Hans, **Das Reichsgesetz, betr. die Gesellschaften mit beschränkter Haftung.** Textausgabe mit Anmerkungen und Sachregister. Achtzehnte Auflage, bearbeitet von Adolf Crecelius und Fritz Citron. Taschenformat. 244 Seiten. 1929. (Guttentagsche Sammlung Deutscher Reichsgesetze Bd. 32.)
Geb. RM. 3.50

„Die äußerst sachkundig erläuterte Ausgabe wird von den interessierten Kreisen freudig begrüßt werden. Wir können das Bändchen der bekannten Sammlung bestens empfehlen."
Badische Wirtschafts-Zeitung.

Starke, Arthur, **Offene Handelsgesellschaften, Kommanditgesellschaften und stille Gesellschaften** von der Errichtung bis zur Auflösung. Nebst Vertrags- und Anmeldeformularen und mit Berücksichtigung des Steuerrechts. Oktav. XIV, 167 Seiten. 1928 . . . . RM. 5.—
Eine systematische Darstellung für Studium und Praxis.

Wechselordnung und Scheckrecht

Staubs Kommentar zur Wechselordnung. Fortgesetzt von J. Stranz und M. Stranz. Zwölfte Auflage, bearbeitet von M. Stranz und Martin Stranz. Groß-Oktav. 432 Seiten. 1929.
RM. 16.—, geb. RM. 18.—
„Staub-Stranz ist der Kommentar zur Wechselordnung. Auch die jüngste Auflage des Kommentars gibt einen echten Staub-Stranz. Weiterer Kommentar dazu ist überflüssig." Juristische Wochenschrift.

Stranz, J., und **Stranz,** M., **Wechselordnung** in der Fassung der Bekanntmachung vom 3. Juni 1908. Kommentar. Dreizehnte, der Neubearbeitung sechste Auflage. Taschenformat. 419 Seiten. 1930. (Guttentagsche Sammlung Deutscher Reichsgesetze Bd. 5.)
Geb. RM. 7.—
Diese Ausgabe enthält nicht etwa nur Hinweise und kurze Erläuterungen, sondern ist ihrer ganzen Anlage nach ein verkürzter Kommentar; außer der Wechselordnung bringt sie auch die bekannten Nebengesetze: sie umfaßt also das gesamte Wechselrecht.

Wechselordnung in der Fassung der Bekanntmachung vom 3. Juni 1908 (RGBl. S. 326 ff.). Mit einem Anhang, enthaltend den Wechselprozeß und Nebengesetze. Textausgabe mit Einleitung und Sachregister. Taschenformat. 102 Seiten. 1928. (Guttentagsche Sammlung von Textausgaben ohne Anmerkungen.) . . . . Geb. RM. 1.50
Vorteilhafte Anordnung, ein zuverlässiges Sachregister, das das Gesetz erschließt, Handlichkeit und sauberer Druck zeichnen auch die neue Auflage der Wechselordnung aus, deren Einleitung den letzten Stand dieser Materie erfaßt und deren Anhang „Nebengesetze" bis auf die letzte Zeit ergänzt ist.

Michaelis, Richard, **Scheckgesetz** mit allen einschlägigen Nebengesetzen, den ausländischen Gesetzen und dem Deutschen Postscheckgesetz mit Postscheckordnung. Kommentar. Groß-Oktav. VII, 339 Seiten. 1927. (Gewerbe- und Industrie-Kommentar Bd. II.) RM. 16.—, geb. RM. 18.—
„Wenn irgendein Buch, so entspricht dieses einem Bedürfnis."
Berliner Tageblatt.

Der Eigentumsvorbehalt in Wirtschaft und Recht. Herausgegeben von der Industrie- und Handelskammer zu Berlin. Oktav. 280 Seiten. 1931 . . . . RM. 4.—, geb. RM. 5.—
Die Industrie- und Handelskammer zu Berlin bringt in diesem Buche zum Thema „Kreditsicherung durch Eigentumsvorbehalt" eine geschlossene Reihe von Kapiteln erster Autoritäten bei, in denen diese zum Eigentumsvorbehalt von allen Gesichtspunkten (z.B. seiner Bedeutung in der Industrie, im Großhandel, im Einzelhandel, im Bankverkehr, im internationalen Verkehr, im Konkursverfahren, im Steuerrecht, im Strafrecht, seiner zweckmäßigsten Formulierung usw.) ausführlich Stellung nehmen. Seiner Zweckbestimmung nach ist dieses Buch gleicherweise nach der praktischen wie nach der wissenschaftlichen Seite hin orientiert.

Schiffahrtsrecht

Schaps, Georg, **Das deutsche Seerecht.** Kommentar zum vierten Buche des Handelsgesetzbuches (als Ergänzung zu Staub's Kommentar) nebst Erläuterungen zu den seerechtlichen Nebengesetzen. Zweite, vollständig umgearbeitete Auflage herausgegeben von Max Mittelstein † und Julius Sebba.
I. Band. (Handelsgesetzbuch: Viertes Buch.) Groß-Oktav. VIII, 1041 Seiten. 1921 . . . . RM. 25.—, geb. RM. 28.—
II. Band. (Seerechtliche Nebengesetze mit Nachtrag zur Ergänzung des I. Bandes nach dem Stand von 1929.) Bearbeitet von J. Sebba. XVI, 1108 Seiten. 1929 . . . . RM. 52.—, geb. RM. 55.—
„Die alte, auf der Staubschen Kommentierungsmethode beruhende Auflage erfreute sich mit Recht schon großen Ansehens. In diesen bewährten Bahnen leistet die zweite Auflage an Vollständigkeit, Übersichtlichkeit und Genauigkeit das Höchste, was Wissenschaft und Praxis nur wünschen können.“ Juristische Wochenschrift.

Brandis, Otto, **Das deutsche Seerecht** (mit Ausschluß des Seeversicherungsrechts.) I. Allgem. Lehren: Personen und Sachen des Seerechts. 130 Seiten. 1908. II. Die einzelnen seerechtlichen Schuldverhältnisse: Verträge des Seerechts und außervertragliche Haftung. 156 Seiten. 1908. (Sammlung Göschen Bd. 386/87.) . . . . . Geb. je RM. 1.80

Sebba, I., Das öffentliche Seerecht. Taschenformat. XVII, 597 Seiten. 1932. (Guttentagsche Sammlung Deutscher Reichsgesetze Bd. 19.) Geb. RM. 13.—

Sieveking, Gustav, **Das deutsche Seeversicherungsrecht.** Kommentar zum zehnten Abschnitt des vierten Buches des Handelsgesetzbuches. Lexikon-Oktav. 218 Seiten. 1912 . . . . RM. 5.—, geb. RM. 6.80

Allgemeine Deutsche Seeversicherungs-Bedingungen. Im Jahre 1919 herausgegeben von den deutschen Seeversicherern nach Beratung mit deutschen Handelskammern und Fachverbänden unter Vorsitz der Handelskammer Hamburg. 16.—20. Tausend. 50 Seiten. 1925 . RM. 2.—

General Rules of Marine. Insurance 1919 adopted by the German Underwriters. Authorised Translation by Dr. Alfred Sieveking, larger in Hamburg. 64 Seiten. 1920 . . . . RM. 3.—

Materialien zu den Allgemeinen Deutschen Seeversicherungs-Bedingungen. Im Auftrag der vereinigten Handelskammern herausgegeben von Prof. Dr. E. Bruck. Groß-Oktav. 2 Bände. 678 Seiten. 1920 . . RM. 10.—

v. Liebig, Eugen, **Die Transportversicherung.** Teil I: Die Seeversicherung. Systematische Darstellung des Seeversicherungswesens. Groß-Oktav. VIII, 226 Seiten. 1914 . . . . RM. 5.—

Bene, F., **Der Begriff des Versicherungsfalles in der Seeversicherung.** (Hamburger Rechtsstudien, herausgegeben von Mitgliedern der Rechts- und Staatswissenschaftlichen Fakultät der Hamburgischen Universität, Heft 1.) Groß-Oktav. 75 Seiten. 1928 . . . . RM. 4.50

Elkan, H. H., **Die Bedeutung des Interesses für die Veräußerung der versicherten Sache.** (Hamburger Rechtsstudien, herausgegeben von Mitgliedern der Rechts- und Staatswissenschaftlichen Fakultät der Hamburgischen Universität, Heft 2.) Oktav. 58 Seiten. 1928 . . RM. 4.—

Makower, H., **Gesetze, betreffend die privatrechtlichen Verhältnisse der Binnenschiffahrt und der Flößerei.** Nach den Materialien erläutert. Sechste, vermehrte Auflage, bearbeitet von E. Loewe. Taschenformat. 458 Seiten. 1923. (Guttentagsche Sammlung Deutscher Reichsgesetze Bd. 36.) . . . . Geb. RM. 4.—
„Das vorzüglich bearbeitete Buch dürfte mit seinen klaren und verständlichen Erläuterungen für jeden, der in irgendeiner Weise mit der Binnenschiffahrt und der Flößerei zu tun hat, ein nie versagender Ratgeber sein.“ Schiffbau.

Sebba, Jul., **Seewasserstraßenordnung.** (Polizeiverordnung zur Regelung des Verkehrs auf den deutschen Seewasserstraßen vom 31. März 1927.) Mit Nachtrag, enthaltend die Änderungen vom 31. März 1928 und vom 20. März 1930. Taschenformat. 493 Seiten. 1928. (Guttentagsche Sammlung Deutscher Reichsgesetze Nr. 171.) . . Geb. RM. 8.50

Die vorliegende Ausgabe ist für die an dem Gesetz interessierten beiden Fachgruppen, die der Nautiker und der Juristen, von gleich großer Bedeutung. Diese Verbindung zweier Kenntnisgebiete gibt dem vorliegenden Kommentar seine besondere Note und seinen großen Wert.

Genossenschaften

Parisius, Ludolf, **Crüger,** Hans, **Crecelius,** Adolf, und **Citron,** Fritz, **Das Reichsgesetz, betreffend die Erwerbs- und Wirtschaftsgenossenschaften.** Kommentar zum praktischen Gebrauch für Juristen, Genossenschaften und ihre Mitglieder. Zwölfte, neubearbeitete Auflage. Groß-Oktav. XVI, 605 Seiten. 1932 . . RM. 28.—, geb. RM. 30.—

In der neuen Auflage wurden alle seit Erscheinen der letzten Auflage eingetretenen Änderungen berücksichtigt, so daß der Kommentar in der neuen Form, seiner Aufgabe, dem praktischen Gebrauch für Juristen und Genossenschaften zu dienen, wieder in vollstem Maße gerecht wird.

Parisius, Ludolf, und **Crüger,** Hans, **Das Reichsgesetz, betreffend die Erwerbs- und Wirtschaftsgenossenschaften.** Textausgabe mit Anmerkungen und Sachregister. Zwanzigste, neubearbeitete und erweiterte Auflage von Hans Crüger, Adolf Crecelius und Fritz Citron. Taschenformat. 297 Seiten 1930. (Guttentagsche Sammlung Deutscher Reichsgesetze Bd. 29.) . . . . Geb. RM. 4.—

„In knapper und klarer Form werden die gesetzlichen Bestimmungen abgehandelt und alles zum Verständnis unbedingt Erforderliche in den Anmerkungen beigebracht. Das Werk kann nur empfohlen werden.“ Ministerialblatt f. d. Preuß. innere Verwaltung.

Verschiedenes

Schreiber, Otto, **Handelsrechtliche Nebengesetze.** Taschenformat. VIII, 1002 Seiten. 1926. (Guttentagsche Sammlung Deutscher Reichsgesetze Bd. 162.) . . . . Geb. RM. 14.—

„Die Sammlung ist ein unentbehrliches Hilfsmittel für den Praktiker. Die Zusammenstellung ist sehr zuverlässig; auch das Sachregister von Kleffel verdient volle Anerkennung.“
Zentralblatt für Handelsrecht.

Staffel, W., **Verordnung gegen Mißbrauch wirtschaftlicher Machtstellungen** vom 2. November 1923. Kommentar. Oktav. 108 Seiten. 1927. (Guttentagsche Sammlung Deutscher Reichsgesetze Bd. 167.) Geb. RM. 3.50

„Die für das Wirtschaftsrecht so wichtige Kartellverordnung findet hier eine eingehende Kommentierung. Die Erläuterungen werden daher um so unentbehrlicher für die wirtschaftliche Praxis auf diesem Gebiete sein.“ Industrie- und Handelszeitung.

Lusensky, F., **Gesetz über die Handelskammern.** Taschenformat. (Guttentagsche Sammlung Preußischer Gesetze Bd. 21.)
Neue Auflage in Vorbereitung.

Göppert-Seydel, Hypothekenbankgesetz vom 13. Juli 1899 (mit den Änderungen durch die Gesetze vom 14. Juli 1923, vom 26. Januar 1926 und 21. Dezember 1927). Textausgabe mit Einleitung, Anmerkungen und Sachregister. Dritte Auflage bearbeitet von Dr. **Martin Friedlaender.** Taschenformat. VIII, 202 Seiten. 1929. (Guttentagsche Sammlung Deutscher Reichsgesetze Nr. 51.) . . . . . Geb. RM. 5.—

„. . . In seiner neuen Gestalt ist der Kommentar eine vollständige, bis ins einzelne gehende, auf den neuesten Stand geführte Bearbeitung und Erläuterung des Gesetzes, die über alle einschlägigen Fragen erschöpfende Auskunft gibt.“ *Berliner Tageblatt.*

Behlert, Heinz, **Der Konnossement-Teilschein.** Groß-Oktav. 79 Seiten. 1930.
(Hamburger Rechtsstudien, Heft 5.) RM. 5.—
Die Schrift löst die Frage, ob ein Konnossement-Teilschein dem Konnossement gleichzusetzen ist, unter Zugrundelegung der Hamburger Verhältnisse und unter Berücksichtigung der Rechtsprechung, der Lehre und des ausländischen Rechtes.

Lion, Robert, **Reine Konnossemente gegen Revers.** Groß-Oktav. 78 Seiten. 1930.
(Hamburger Rechtsstudien, Heft 7.) RM. 5.—
Die Abhandlung beginnt mit einer ausführlichen Darstellung der Entwicklung, Anwendung und Funktion des Konnossementsreverses. Es folgt eine Untersuchung der rechtlichen Probleme, die sich bemüht, die wirtschaftlichen Interessen aller Beteiligten gegeneinander abzuwägen; eine eingehende Übersicht über die Rechtsprechung ist mit ihr verbunden. Den Abschluß bildet eine Darstellung und Würdigung der zahlreichen Reformvorschläge. Wirtschaft und Recht des Auslandes sind in weitestgehendem Umfange berücksichtigt.

Bank und Börse

Koch, R., und **Schacht,** Hjalmar, **Die Reichsgesetzgebung über das Münz- und Notenbankwesen.** Textausgabe mit Anmerkungen und Sachregister. Siebente, völlig neubearbeitete Auflage. Taschenformat. XVIII, 617 Seiten. 1925. (Guttentagsche Sammlung Deutscher Reichsgesetze Bd. 26.) . . . . Geb. RM. 14.—
Nachtrag im Druck.
„Dieser Kommentar zeichnet sich durch Vollständigkeit und Reichhaltigkeit aus und bietet außerdem in der Einleitung einen vortrefflichen Überblick über die Entwicklung des deutschen Noten- und Geldwesens während der letzten Jahrzehnte.“
Monatsschrift für Handelsrecht und Bankwesen.

Nußbaum, Arthur, **Bank- und Börsenrecht.** Eine Sammlung von Gesetzen und Geschäftsbedingungen. Taschenformat. XII, 622 Seiten. 1927. (Guttentagsche Sammlung Deutscher Reichsgesetze Bd. 169)
Geb. RM. 11.—
Die vorliegende Sammlung der verstreuten bank- und börsenrechtlichen Vorschriften fehlte bisher in der kaufmännischen und juristischen Bankpraxis ebenso wie im handelsrechtlichen und betriebswirtschaftlichen Unterricht. Ihr Erscheinen wurde daher vielseitig begrüßt. Die Sammlung berücksichtigt auch die dem freien Verkehr entstammenden Rechtsbildungen.

Kommentar zum Börsengesetz. Im Auftrage des Centralverbandes des Deutschen Bank- und Bankiergewerbes (E. V.) bearbeitet von H. Rehm, H. Trumpler, Heinrich Dove, Ernst Neukamp, R. Schmidt-Ernsthausen, James Breit. Mit einem Vorwort von J. Rießer. Lexikon-Oktav. VIII, 464 Seiten. 1909.
RM. 12.—, geb. RM. 13.50
„Einen so guten Kommentar zum Börsengesetz hat es noch nie gegeben. Wer sich darein vertieft, wird reiche Belehrung daraus schöpfen über das Börsenwesen im allgemeinen und über seine Rechtsübung und Rechtsprechung im besonderen.“
Sächsisches Archiv für Rechtspflege.

Hemptenmacher, Th., **Börsengesetz.** Dritte Auflage von O. Meyer. Taschenformat. XXIII, 373 Seiten. 1915. (Guttentagsche Sammlung Deutscher Reichsgesetze Bd. 41.) . . . . Geb. RM. 3.50

„Das Bändchen bringt neben einem kurzen Überblick und einem vorteilhaft erweiterten Anhang das Börsengesetz nebst Ausführungsbestimmungen." *Bayrische Handelszeitung.*

Lusensky, F., Gesetz, betreffend die Pflichten der Kaufleute bei Aufbewahrung fremder Wertpapiere (Depotgesetz). Neue Auflage in Bearbeitung. (Guttentagsche Sammlung Deutscher Reichsgesetze Bd. 40.)

Frohner, O., Aktiensonderdepot und Legitimationsübertragung. (Hamburger Rechtsstudien, herausgegeben von Mitgliedern der Rechts- und Staatswissenschaftlichen Fakultät der Hamburgischen Universität, Heft 3.) Groß-Oktav. VII, 114 Seiten. 1929 . . . . RM. 7.—

Schwerin, Frh. Cl. von, Recht der Wertpapiere (einschließlich Wechsel- und Scheckverkehr). Oktav. X, 234 Seiten. 1924. (Lehrbücher und Grundrisse der Rechtswissenschaft Bd. 7.) RM. 7.—, geb. RM. 8.50

„Das Buch löst seine Aufgabe, den Studierenden eine Einführung in die Materie des Wertpapierrechts zu geben, ausgezeichnet, vor allem deshalb, weil es eine gute theoretische Fundierung mit einer dem Lehrzweck entsprechenden Darstellung des praktischen Rechts und der Rechtstatsachen verbindet." *Deutsche Juristenzeitung.*

Hollaender, Adolf, Preis- und Zinssenkung. (Siehe „Die Vierte Notverordnung" Seite 12.)

Zeitgemäße Bankrechtsfragen. Festgabe der Rechtsabteilung der Disconto-Gesellschaft zum 70. Geburtstage des Herrn Dr. jur. Arthur Salomonsohn. Quart. 126 Seiten. 1929 . . . RM. 8.—, geb. RM. 10.—

„Der Band enthält 8 vorzügliche Aufsätze. Die Verfasser befassen sich mit Problemen, die in der Rechtsabteilung einer Großbank oft zur Debatte stehen und deren endgültige Klärung ein praktisches Bedürfnis ist." *Wirtschaftl. Nachrichten.*

Verhandlungen des VII. allgemeinen deutschen Bankiertages. Köln 9.—11. September 1928 auf Grund stenographischer Berichte. Groß-Oktav. 436 Seiten. 1928 . . . . RM. 10.—

III. Grenzgebiete des Bürgerlichen Rechts

1. Privat- und Sozialversicherung

Koenige, Heinrich, und Petersen, A., Gesetz über die privaten Versicherungsunternehmungen vom 12. Mai 1901. Textausgabe mit Anmerkungen und Sachregister. Dritte, umgearbeitete Auflage. Taschenformat. 856 Seiten. 1927. (Guttentagsche Sammlung Deutscher Reichsgesetze Bd. 62.) . . . . Geb. RM. 20.—

„Für Theorie und Praxis der Privatversicherung ein unentbehrliches Hilfsmittel." *Deutsche Versicherten-Zeitung.*

Ergänzt durch:

Koenige, Heinrich, Petersen, A. und Wirth, K., Gesetz über die Beaufsichtigung der privaten Versicherungsunternehmungen und Bausparkassen vom 6. Juni 1931. Textausgabe, enthaltend den vollständigen, geltenden Gesetzestext sowie Erläuterungen zu den neuen, auf dem Gesetz vom 30. März 1931 beruhenden Vorschriften. Nachtrag zu Koenige-Petersen, Private Versicherungsunternehmungen, dritte Auflage (Bd. 62 der Sammlung). Taschenformat. 238 Seiten. 1931. (Guttentagsche Sammlung Deutscher Reichsgesetze Bd. 62a.) . . . . Geb. RM. 6.—

Die vorliegende Ausgabe enthält den vollständigen Gesetzestext, nicht nur die geänderten und zugefügten Paragraphen. Sie erläutert jedoch nur die in der Neuschöpfung des Gesetzes geänderten Bestimmungen, während hinsichtlich der unverändert gebliebenen gesetzlichen Vorschriften auf den Kommentar von Koenige-Petersen verwiesen wird.

Bruck, E., Reichsgesetz über den Versicherungsvertrag nebst dem zugehörigen Einführungsgesetz vom 30. Mai 1908. Siebente, neubearbeitete Auflage. Taschenformat. 576 Seiten. 1932. (Guttentagsche Sammlung Deutscher Reichsgesetze Bd. 83.) Geb. RM. 14.—

„... Obwohl ich mit dem Worte „unentbehrlich" sparsam umgehe, muß ich anerkennen, daß niemand, der in irgendwelcher Art mit Versicherungsgeschäften zu tun hat, den Bruck'schen Kommentar entbehren könnte." Reichsgerichtsrat Schliewen i. d. Jurist. Rundschau.

Moldenhauer, Paul, Das Versicherungswesen.
I. Allgemeine Versicherungslehre. Vierte Auflage. 152 Seiten. 1925. (Sammlung Göschen Bd. 262.) . . . . Geb. RM. 1.80
II. Die einzelnen Versicherungszweige. Zweite Auflage. 130 Seiten. 1923. (Sammlung Göschen Bd. 636.) . . . . Geb. RM. 1.80

„Das Buch ist für jeden, der sich mit dem Versicherungswesen und seinen Zweigen vertraut machen will, ein trefflicher Führer."
Versicherungspost.

Die Entwicklung des privaten Versicherungswesens in dem Jahrfünft 1902—1906. Groß-Oktav. 53 Seiten. Mit 3 Tafeln. 1909. RM. 2.—
— in dem Jahrfünft 1907—1911. Groß-Oktav. 61 Seiten. 1912. RM. 2.50

Veröffentlichungen des Reichs-Aufsichtsamts für Privatversicherung. Groß-Oktav. 30. Jahrgang. Pro Band RM. 40.—, bis RM. 50.—

Gesamtregister zu den Veröffentlichungen des Reichs-Aufsichtsamts für Privatversicherung. 1912—26. 184 Seiten. 1928 . . . . RM. 14.—

Versicherungsstatistik für 1902 über die unter Reichsaufsicht stehenden Unternehmungen. Herausgegeben vom Reichsaufsichtsamt für Privatversicherung. Lexikon-Oktav. LXXVII, 384 Seiten. 1905. RM. 10.—
— für 1903 bis 1917 . . . . Je Jahrgang RM. 10.—
— für 1928 bis 1929. 1930 . . . . RM. 24.—
— für 1930. 1931 . . . . RM. 13.—

v. Liebig, Eugen, Das deutsche Feuerversicherungswesen. Groß-Oktav. 211 Seiten. 1911 . . . . RM. 5.—

„In einer außerordentlich klaren Darstellung gibt der Verfasser einen geschichtlichen Überblick von den Gilden an bis zum gegenwärtigen Stand der Feuerversicherung in Deutschland. Das Buch ist in so flüssiger, schöner Sprache geschrieben, daß auch der Anfänger und selbst der Laie durch die fesselnde Darstellung leicht einen tiefen Einblick in das Wesen der Feuerversicherung gewinnen wird." Archiv für Versicherungswirtschaft.

Weygand, J., Die Grundzüge der Kundenversicherung. (Generalversicherung der Speditions- und Lagergüter.) Mit einer Einleitung über das Interesse als Element der Sachversicherung. Groß-Oktav. 162 Seiten. 1914 . . . . RM. 4.—

„Das interessante Werk bietet namentlich für Juristen wertvolle Hinweise zur Rechtsbehandlung der Kundenversicherungsfrage."
Archiv für Gewerbepolitik und Volkswirtschaft.

Berliner, Ludwig, und Pfaffenberger, Ernst, Aufwertung von Versicherungsansprüchen mit Durchführungsbestimmungen.
I. Teil. Oktav. 235 Seiten. 1926. Mit Nachtrag. (Guttentagsche Sammlung Deutscher Reichsgesetze Bd. 164.) . . . . Geb. RM. 6.50
II. Teil: Sach- und Transportversicherung; Unfall- und Haftpflichtversicherung. Oktav. 112 Seiten. 1926. (Guttentagsche Sammlung Deutscher Reichsgesetze Bd. 164 a.) . . . . Geb. RM. 3.50

„Ein bedeutsamer Kommentar, durch den die gesetzlichen Bestimmungen von der juristischen und versicherungstechnischen Seite aus

eingehend erläutert werden. In seinem straffen, systematischen Aufbau, der Geschlossenheit der Darstellung muß man das Buch als ein Standardwerk für das gesamte versicherungsrechtliche Aufwertungsgebiet bezeichnen.

Ein unentbehrlicher Ratgeber in allen interessierten Kreisen.“

Versicherungs-Post, Berlin.

Tsirintanis, Alexander, **Die Order-Police.** Groß-Oktav. 95 Seiten. 1930. (Hamburger Rechtsstudien, Heft 6.) RM. 6.—

Der Verfasser behandelt die Frage, inwieweit das Versicherungsrecht, um den heutigen Verkehrsbedürfnissen zu entsprechen, die Orderklausel und das Indossament verwerten kann. Nach einer Darstellung und kritischen Würdigung der Ergebnisse aus der Anorderstellung des Versicherungsscheins in anderen Ländern, insbesondere in Frankreich, versucht der Verfasser die rechtlichen und wirtschaftlichen Folgen aus der Ausstellung von Order-Polizen darzulegen. In einem besonderen Teil wird die Order-Police mit anderen, auf denselben wirtschaftlichen Erfolg gerichteten Rechtsinstituten, namentlich der Versicherung für Rechnung wen es angeht, verglichen und die vorhandenen Unterschiede gestreift.

Lippmann, Karl, **Die Reichsversicherungsordnung** nebst dem Einführungsgesetze, den wichtigsten Ausführungsvorschriften, den ergänzenden Gesetzen und Verordnungen sowie den Verordnungen über das Verfahren. **Nach dem Stande vom 8. Dezember 1931.** Textausgabe mit Anmerkungen, Einleitung (Übersicht über den Inhalt der Reichsversicherungsordnung) und Sachregister. Taschenformat. XVI, 767 Seiten. 1932. (Guttentagsche Sammlung Deutscher Reichsgesetze, Kommentare und erläuterte Textausgaben, Bd. 161.) . Geb. RM. 18.—

Die Ausgabe wird durch Nachträge auf dem laufenden gehalten.

„Das Buch dürfte sich in der Bibliothek eines jeden finden, der sich mit der Reichsversicherungsordnung befaßt. Es gehört zu den praktisch wertvollsten. Deutsche Allgemeine Zeitung.

Lippmann, Karl, **Sozialversicherung und Fürsorge.** (Siehe „Die Vierte Notverordnung“ Seite 12.)

Reuß, Max, und **Hense,** Fritz. **Das Reichsknappschaftsgesetz** vom 1. Juli 1926 nebst Einführungsgesetz. 2. Aufl. Taschenformat. XVI, 640 Seiten. 1926. (Guttentagsche Sammlung Deutscher Reichsgesetze Bd. 155.) . . . . Geb. RM. 12.—

„Die Herausgabe des Gesetzes bedarf keiner besonderen Empfehlung. Das Buch kann allen, die auf dem Gebiete des Knappschaftswesens tätig sind, aufs wärmste empfohlen werden.“

Zeitschrift für Bergrecht.

Embden, Helmuth, **Versicherung für Rechnung wen es angeht.** Groß-Oktav. VIII, 39 Seiten. 1930 . . . . RM. 3.—
(Hamburger Rechtsstudien, Heft 8.)

Im ersten Teil wird der versicherungsrechtliche Interessenbegriff im streng individualistischen Sinne präzisiert. Im Hauptteil versucht dann der Verfasser, die universelle Vertragsform der Versicherung für Rechnung wen es angeht in Einklang mit einer so engen Auffassung des Interessenbegriffs zu bringen.

Angestelltenversicherungsgesetz vom 28. Mai 1924. Zweite Auflage. Taschenformat. 143 Seiten. 1927. Mit Nachtrag. (Guttentagsche Sammlung Deutscher Reichsgesetze. Textausgaben ohne Anmerkungen.) Geb. RM. 2.50

Manes, Alfred, **Sozialversicherung.** 7., ergänzte Aufl. 1928. Kl.-Oktav. 139 Seiten. (Sammlung Göschen Bd. 267.) . . . . Geb. RM. 1.80

„Es gibt keine andere Darstellung der geltenden Sozialversicherung, die in solch erfreulicher Kürze und Sachlichkeit durch die annähernd 2400 Paragraphen führt.“

Hanseatische Rechts- und Gerichts-Zeitschrift.

Schmeißer, Herbert, **Das Gesetz über Arbeitsvermittlung und Arbeitslosenversicherung** in der Fassung der Notverordnung vom 1. Dezember 1930. 2 Bände. Taschenformat. Band I: XVI, 639 Seiten. 1931. Band II erscheint im Sommer 1932. (Guttentagsche Sammlung Deutscher Reichsgesetze Bd. 165.) . . . . Geb. RM. 15.—

Der bekannte Verfasser bringt mit diesem Werk einen Kommentar zum gesamten Arbeitsvermittlungs- und Arbeitslosenrecht, das im Laufe der Jahre umfangreichen Änderungen unterworfen war und so unübersichtlich geworden ist, daß eine straffe, übersichtliche und allgemeinverständliche Kommentierung für den Fach- und Nichtfachmann immer dringlicher wird. Der Verfasser berücksichtigt das gesamte einschlägige Material: Rechtsprechung der Arbeitsgerichte, der Spruchbehörden, der Arbeitslosenversicherung und der Beschluß- und Spruchbehörden der RVO. Die grundsätzlichen Entscheidungen des Spruchsenats für die Arbeitslosenversicherung sind bis Ende Januar 1931 verarbeitet, ferner die Begründung zu den Gesetzentwürfen und die Verhandlungen der gesetzgebenden Körperschaften. — Auch die vielen Ausführungsbestimmungen sind erläutert.

2. Arbeitsrecht

Depène, Hans, **Das Arbeitsgerichtsgesetz.** Taschenformat. (Guttentagsche Sammlung Deutscher Reichsgesetze Bd. 168.) 2. Auflage im Druck.

Arbeitsrechtliche Spruchsammlung. Beilage zum Deutschen Handwerksblatt. Herausgegeben von Amtsgerichtsrat Dr. Theodor Rohlfing, hauptamtlicher Vorsitzender beim Arbeitsgericht Berlin.
Pro Quartal RM. 0.90

Die Sammlung berichtet fortlaufend über die obergerichtliche Rechtsprechung auf dem Gebiete des Arbeitsrechts. Sie bildet eine wertvolle Ergänzung der amtlichen Sammlung.

Günther, Adolf, und **Schneider,** Richard, **Arbeiterschutz und Arbeitsrecht.** Zweite Auflage. Taschenformat.

I. Teil: **Arbeitszeitschutz.** Das Arbeitszeitnotgesetz und die übrige arbeitszeitrechtliche Gesetzgebung des Reichs seit dem 9. November 1918. 386 Seiten. 1927 . . . . Geb. RM. 7.50

„Der Kommentar umfaßt die gesamte arbeitszeitrechtliche Gesetzgebung von der Staatsumwälzung bis zur Gegenwart.
Die Wirtschaftsgenossenschaft.

II. Teil: Gesetz über die **Beschäftigung Schwerbeschädigter** nebst den einschlägigen gesetzlichen Bestimmungen. 404 Seiten. 1928. (Guttentagsche Sammlung Deutscher Reichsgesetze Bd. 138a/138c.)
Geb. RM. 8.—

„Das Buch stellt nicht nur beim Studium des Gesetzes ein wertvolles Hilfsmittel dar, sondern ist auch für den Handgebrauch des Arbeitsrechtspraktikers unentbehrlich." Berliner Wohlfahrtsblatt.

IV. Teil: **Betriebsstillegungsverordnung.** 240 Seiten. 1929. (Guttentagsche Sammlung Deutscher Reichsgesetze. Bd. 138d.) Geb. RM. 6.50

Rohlfing, Theodor, **Arbeitsrechtliche Vorschriften.** (Siehe „Die Vierte Notverordnung" Seite 12.)

Warneyer, Otto, **Betriebsrätegesetz** vom 4. Februar 1920 nebst der Wahlordnung zum Betriebsrätegesetz, dem Aufsichtsratsgesetz samt Wahlordnung und den Ausführungsverordnungen des Reichs und der Länder. Auf der Grundlage der Güntherschen Textausgabe mit Anmerkungen erläutert unter besonderer Berücksichtigung der Rechtsprechung des Reichsgerichts und des Reichsarbeitsgerichts. Zweite Auflage. Taschenformat. 235 Seiten. 1931. (Guttentagsche Sammlung Deutscher Reichsgesetze Bd. 138b.) . . . . . . Geb. RM. 5.—

Diese Handausgabe ist ihrer Anlage nach ein verkürzter Kommentar, der die Entwicklung des Gesetzes, der Rechtsprechung — vor allem des Reichsarbeitsgerichts! — und der einschlägigen Literatur bis Ende 1930 berücksichtigt.

Tilly, Dr. Helmuth Tczerclas von, **Internationales Arbeitsrecht.** Unter besonderer Berücksichtigung der Internationalen Arbeitsorganisation. 120 Seiten. 1924. (Sammlung Göschen Bd. 882.) . . . . Geb. RM. 1.80

Es ist das erste Werk, das in klarer, kurzer und allen leicht verständlicher Weise das gesamte grundlegende Tatsachenmaterial — und zwar nur dieses — auf dem umfassenden Gebiete des internationalen Arbeiterschutzes von dessen ersten Anfängen bis in die neueste Zeit bietet.

v. Ungern-Sternberg, Die Auflösung und Fusion von Berufsvereinen und ihre arbeitsrechtliche Bedeutung. Oktav. IV, 52 Seiten. 1931. RM. 3.50

Für laufende Tarifverträge ebenso wie für Schlichtungsverfahren haben Auflösung und Fusion von Gewerkschaften bzw. Arbeitgeberverbänden erhebliche Bedeutung. Deshalb lohnt eine zusammenfassende Durchforschung und Darstellung der Materie wohl. An Hand von Literatur und Rechtsprechung werden alle Zweifelsfragen hier geklärt. Die Schrift bringt den Beteiligten wertvolle Unterlagen für die Praxis.

3. Gewerberecht

Hiller, Fr., und **Luppe,** H., **Gewerbeordnung für das Deutsche Reich** nebst **Kinderschutzgesetz und Hausarbeitsgesetz** sowie den für das Reich und Preußen erlassenen Ausführungsbestimmungen. Einundzwanzigste, veränderte Auflage. (143. bis 148. Tausend.) Taschenformat. 931 Seiten. 1928. Mit Nachtrag vom 11. 2. 1929. (Guttentagsche Sammlung Deutscher Reichsgesetze Bd. 6.) . . . . . . Geb. RM. 11.—

„Ein Wort der Empfehlung für dieses Buch zu sagen, erübrigt sich. Hervorgehoben sei, daß diese Auflage alle Vorzüge der früheren Auflagen in sich schließt. Die zahlreichen neuen Gesetze sind erschöpfend berücksichtigt.“ Zeitschrift des Deutschen Notarvereins.

Gewerbeordnung für das Deutsche Reich nebst **Gaststättengesetz, Kinderschutzgesetz und Hausarbeitsgesetz.** Textausgabe mit Einleitung und Sachregister. Taschenformat. IV, 200 Seiten. 1932. (Guttentagsche Sammlung von Textausgaben ohne Anmerkungen mit Sachregister . . . . Geb. RM. 3.40

Brassert, H., **Allgemeines Berggesetz** für die preußischen Staaten mit Kommentar. Zweite Auflage, bearbeitet von Hans Gottschalk. Groß-Oktav. XXIX, 1291 Seiten. 1914. RM. 27.—, geb. RM. 30.—

Sonnenfeld, Hugo, **Die reichsrechtlichen Bestimmungen,** betreffend den **Handel mit Drogen und Giften.** Dritte, veränderte Auflage. Taschenformat. 435 Seiten. 1926. (Guttentagsche Sammlung Deutscher Reichsgesetze Bd. 64.) . . . . Geb. RM. 12.—

„Die Arbeit gehört einem Spezialgebiet an, mit dem nicht jeder Jurist zu tun hat. Wird er einmal genötigt, sich auf dieses Gebiet zu begeben, so ist er um so dankbarer für eine Arbeit, die sofort den Eindruck größter Sachkunde und vollständiger Materialsammlung macht, und deren Führung man sich unbedenklich anvertrauen kann.“

Vossische Zeitung.

Friedrichs, Karl, **Gaststättengesetz** vom 28. April 1930 mit den Durchführungs- und Ausführungsverordnungen des Reichs und Preußens. Taschenformat. VIII, 144 Seiten. 1930. (Guttentagsche Sammlung Deutscher Reichsgesetze, Textausgabe mit Erläuterungen und Sachregister, Band 176.) . . . . RM. 3.50

Eine vollständige und zuverlässige Erläuterung des neuen Gesetzes; die Durch- und Ausführungsverordnungen für das Reich und Preußen sind wörtlich abgedruckt und, soweit notwendig, erläutert.

Lebbin, Georg, **Nahrungsmittelgesetze** mit Erläuterungen. Zweite, stark vermehrte Auflage in zwei Bänden.

I. Band: Das Lebensmittelgesetz vom 5. Juli 1927 mit Nebengesetzen (Margarine, Fleisch, Milch, Süßstoff, Essigsäure usw.). Erläutert von G. Lebbin und R. Gießner. Taschenformat. XVI, 419 Seiten. 1928. Geb. RM. 8.50

II. Band: Getränkegesetze und Getränkesteuergesetze (Wein, Bier, Branntwein, Mineralwasser). Unter Mitarbeit von Rechtsanwalt Dr. Kniebe. Taschenformat. XII, 400 Seiten. 1926. (Guttentagsche Sammlung Deutscher Reichsgesetze Bd. 54b.) . . . . Geb. RM. 10.—

„Das Werk ist für unsere Leser und überhaupt die ganze Fachwelt der Getränkeindustrie unentbehrlich, muß doch jedermann mit den einschlägigen Gesetzesbestimmungen sich soweit wie irgend möglich vertraut machen, wenn er nicht in Nachteile geraten will. Die Anschaffung des Buches kann bestens empfohlen werden." Branntweinmonopol.

Voß, Werner, **Die reichs- und landesrechtlichen Bestimmungen auf dem Gebiete des Gesundheitswesens.** Taschenformat. 608 Seiten. 1929. (Guttentagsche Sammlung Deutscher Reichsgesetze Bd. 172.) Geb. RM. 11.—

„Das Buch wird seiner Aufgabe, fast den gesamten Gesetzesstoff in einem einzigen kleinen Bande in die Hand zu geben, gewiß gerecht und wird sich schnell als unentbehrliches Hilfsmittel für jeden erweisen, der öfter mit dem Gesundheitswesen zu tun hat." Reichsverwaltungsblatt.

4. Geistig-gewerblicher Rechtsschutz.

Elster, Alexander, **Urheber- und Erfinder-, Warenzeichen- und Wettbewerbsrecht.** (Gewerblicher Rechtsschutz.) Zweite, stark erweiterte und völlig umgearbeitete Auflage. Mit Abdruck der Gesetzestexte. Oktav. XII, 611 Seiten. 1928. Mit Nachtrag 1931. (Lehrbücher und Grundrisse der Rechtswissenschaft Bd. VIII.) RM. 18.—, geb. RM. 19.50

„Seit Kohler und Osterrieth endlich wieder das lang entbehrte Lehrbuch. Hier unternimmt ein wahrhaft selbständiger und ideenreicher Kopf den Versuch, eine wirkliche Synthese zu schaffen." Juristische Rundschau.

Neuberg, J., **Der internationale gewerbliche Rechtsschutz.** 2. Auflage. 128 Seiten. 1923. (Sammlung Göschen Bd. 271.) . . . Geb. RM. 1.80

Daude, Paul, **Die Reichsgesetze über das Urheberrecht an Werken der Literatur und der Tonkunst und das Verlagsrecht** vom 19. Juni 1901 in der Fassung des Gesetzes vom 22. Mai 1910 zur Ausführung der revidierten Berner Übereinkunft. Oktav. VIII, 293 Seiten. 1910. RM. 6.—

„Der Zusammenhang der erläuterten Gesetze mit dem Strafgesetzbuch, dem Bürgerlichen Gesetzbuch und anderen Gesetzen ist in leichtverständlicher Weise praktisch dargestellt. Es wird vorzügliche Dienste leisten." Deutsche Literatur-Zeitung.

Lindemann, O., **Gesetz, betr. das Urheberrecht** an Werken der Literatur und der Tonkunst. Vierte Auflage. Taschenformat. 171 Seiten. 1921. (Guttentagsche Sammlung Deutscher Reichsgesetze Bd. 60.) Geb. RM. 1.80

„Die Arbeit ist nicht bloß eine Gesetzesausgabe, sondern ein wertvoller Kommentar des Gesetzes. Das Werk sei jedermann auf das beste empfohlen." Juristische Wochenschrift.

Fuld, Ludwig, **Gesetz, betr. das Urheberrecht an Werken der bildenden Künste und der Photographie.** Zweite Auflage. Taschenformat. 192 Seiten. 1925. (Guttentagsche Sammlung Deutscher Reichsgesetze Bd. 81.) . . . . Geb. RM. 6.—

„Der zwar kleine, aber inhaltreiche und daher sehr beliebte Kommentar von Fuld erscheint in zweiter, völlig neubearbeiteter Auflage. Überall ist dem Stande der heutigen Rechtsprechung und wissenschaftlichen Auffassungen Rechnung getragen. In einem Anhang sind die einschlägigen internationalen Übereinkommen abgedruckt. Alle Interessenten werden mit Freuden die neue Auflage begrüßen."

Danziger Juristische Monatsschrift.

Reininger, G., Der Schutz des Urheberrechts im deutschen Rundfunk. Oktav. 88 Seiten. 1929 . . . . RM. 4.—

„Eine interessante, zeitgemäße, namentlich auch für geistige Neuschöpfer wichtige Studie." Badische Rechtspraxis.

Giesecke, Hans, **Die juristischen Probleme des Bildfunks.** 1932. Im Druck.

Andritzky, Christoph, **Die Rechtsstellung des Drehbuchautors.** Oktav. XI, 80 Seiten. 1931 . . . . RM. 3.50

Andritzky äußert sich zu den Streitfragen um die Urheberschaft am Film. Er trennt scharf zwischen künstlerischer Leistung und künstlerisch-urheberischer Schöpfung und kommt zu der These: Der Filmurheber ist der Urheber des kurbelfertigen Drehbuches. — Die Verhältnisse beim Tonfilm sind, soweit dies möglich erschien, berücksichtigt.

Heinitz, Ernst, und **Marwitz,** Bruno, **Das Reichsgesetz über das Verlagsrecht.** Textausgabe mit Einleitung, Anmerkungen und Sachregister. Dritte Auflage. Taschenformat. 136 Seiten. 1922. (Guttentagsche Sammlung Deutscher Reichsgesetze Bd. 61.) . . . . Geb. RM. 1.60

„Dieser kurze Kommentar ist durch seine knappen, das Wichtige klar vortragenden Darlegungen dazu berufen, eine Lücke auszufüllen, die sich für den Praktiker des Verlagsrechts seit Jahren ergab. Man darf deshalb das Erscheinen dieser neuen Auflage aus der Feder des Spezialisten des Verlagsrechts mit größter Freude begrüßen."

Börsenblatt für den Deutschen Buchhandel.

Elster, A., Das deutsche Urheber- und Verlagsrecht. 128 Seiten. 1923. (Sammlung Göschen Bd. 863.) . . . . Geb. RM. 1.80

„Erstaunlich ist, wie Elster diese beiden so viel umstrittenen Gesetze auf so engem Raum in vortrefflicher Weise zur Darstellung gebracht hat." Deutscher Journalistenspiegel.

Heymann, E., Die zeitliche Begrenzung des Urheberrechts. Oktav. 74 Seiten. 1927. (Sitzungsberichte der Preußischen Akademie der Wissenschaften zu Berlin.) . . . . RM. 5.—

Pietzcker, Eduard, **Patentgesetz und Gebrauchsmusterschutzgesetz.** Kommentar unter Berücksichtigung der vorgeschlagenen und weiter beantragten Abänderungen des Patentgesetzes. Erster Halbband: §§ 1—12 PatG. Groß-Oktav. 427 Seiten. 1929. (Gewerbe- und Industrie-Kommentar Bd. V, 1.) Der zweite, das Werk abschließende Band, wird 1932 erscheinen. . . . . . RM. 26.—, geb. RM. 28.—

„Die überall zutage tretende geistige Leistung macht Pietzckers Kommentar für jeden, der sich mit diesem Rechtsgebiet zu beschäftigen hat, zum unentbehrlichen Rüstzeug."

Markenschutz und Wettbewerb.

Seligsohn, Arnold, **Patentgesetz und Gesetz, betr. den Schutz von Gebrauchsmustern.** Siebente Auflage. Oktav. 1932. Im Druck.

Lutter, R., **Patentgesetz.** Nebst Ausführungsbestimmungen, völkerrechtlichen Verträgen und Patentanwaltsgesetz, unter eingehender Berücksichtigung der Rechtsprechung des Reichsgerichts und der Praxis des Reichspatentamts. Neunte Auflage. Taschenformat. XV, 467 Seiten. 1928. (Guttentagsche Sammlung Deutscher Reichsgesetze Bd. 22.) Geb. RM. 10.—

„Der jetzige Verfasser hat einen völlig neuen Kommentar geschaffen, der in seiner Knappheit und Sparsamkeit dem ursprünglichen Zweck gerecht wird, aber an wissenschaftlicher Durcharbeitung und Gründlichkeit die vorangegangenen Auflagen weit überragt."
Gewerblicher Rechtsschutz und Urheberrecht.

Elster, A., Das deutsche Erfinderrecht. (Patent- und Musterschutzrecht). 118 Seiten. 1924. (Sammlung Göschen Bd. 891.) . . Geb. RM. 1.80
„Die Aufgabe, einen Überblick über das deutsche Erfinderrecht zu geben, ist im Rahmen der kurzen Erörterungen mit viel Geschick gelöst. Deshalb wird das Büchlein auch bei allen Gruppen der am Patentrecht interessierten Personen seine Freunde finden."
Gewerblicher Rechtsschutz und Urheberrecht.

Seligsohn, Jul., **Geheimnis und Erfindungsbesitz.** Groß-Oktav. 147 Seiten. 1921 . . . . RM. 3.—

Pinner-Elster, Gesetz gegen den unlauteren Wettbewerb. Achte, sehr vermehrte und umgestaltete Auflage. Taschenformat. 254 Seiten. 1927. (Guttentagsche Sammlung Deutscher Reichsgesetze Bd. 37.)
Geb. RM. 5.—
„Das Buch ist mehr als eine bloße ‚Textausgabe mit Anmerkungen', nämlich ein richtiger Kommentar, und wird in der Praxis ausgezeichnete Dienste tun."
Senatspräsident am Reichsgericht Dr. Lobe, Leipzig, i. d. Jurist. Wochenschrift.

Elster, A., **Zugaben-Verordnung.** (Erster Teil der Verordnung des Reichspräsidenten zum Schutze der Wirtschaft vom 9. März 1932.) Taschenformat. 80 Seiten. 1932 . . . . RM. 2.— (Guttentagsche Sammlung Deutscher Reichsgesetze Nr. 37a.)

Wassermann, Martin, **Der unlautere Wettbewerb** nach deutschem Recht. I. Generalklausel, Reklameauswüchse, Ausverkaufswesen, Angestelltenbestechung. 160 Seiten. 1911. II. Kreditschädigung, Firmen- und Namenmißbrauch, Verrat von Geheimnissen, Ausländerschutz. 151 Seiten. 1911. (Sammlung Göschen Bd. 339 u. 535.) . . . Geb. je RM. 1.80

Wolff, F., und Crisolli, K.-A., Das Recht der Reklame. Lexikon-Oktav. 424 Seiten. 1929 . . . . RM. 20.—, geb. RM. 22.—
„. . . Mit großer Umsicht ist ein umfänglicher Stoff gesammelt und in gründlicher Arbeit juristisch durchdrungen und dargestellt. Das Buch ist wohl in erster Reihe für Juristen bestimmt, aber auch für wirtschaftliche Kreise und Reklamefachleute wertvoll und jedenfalls für die Beschäftigung mit diesem Sondergebiet ein zuverlässiges Hilfsmittel." *Juristische Rundschau.*

Hagens, Alfred, **Warenzeichenrecht.** Kommentar. Groß-Oktav. VIII, 408 Seiten. 1927. (Gewerbe- und Industrie-Kommentar Bd. III.)
RM. 22.—, geb. RM. 24.—
„Eine ausführliche Darstellung, die zeigt, daß der Verfasser das gesamte Fachschrifttum and die reichhaltige Rechtsprechung restlos beherrscht. Ich habe gefunden, daß nicht ein einziger Fall von Bedeutung fehlt." *Markenschutz und Wettbewerb.*

Seligsohn, Arnold, **Gesetz zum Schutz der Warenbezeichnungen.** Dritte Auflage, bearbeitet in Gemeinschaft mit Martin Seligsohn in Berlin. Groß-Oktav. IV, 416 Seiten. 1925. RM. 15.—, geb. RM. 16.50
„Der Kommentar zeigt alle Vorzüge des in der Wissenschaft und Praxis des gewerblichen Rechtsschutzes gleich ausgezeichneten Juristen: volle theoretische und praktische Beherrschung des Stoffes, klare Darstellungsgabe, sorgsame Behandlung und treffsicheres Urteil."
Badische Rechtspraxis.

Freund, G. S., **Magnus,** Julius, und **Jüngel,** Friedrich, **Das deutsche Warenzeichenrecht.** Sechste, neubearbeitete Auflage. Teil I: Die internationalen Verträge. VI, 247 Seiten. Mit 4 Tafeln. 1924. (Guttentagsche Sammlung Deutscher Reichsgesetze Bd. 87a.) Geb. RM. 9.—

„Das ganze Werk mit seiner Fülle von Gesetzen, Verordnungen, Verträgen, Bekanntmachungen bildet eine Quellensammlung für das internationale deutsche Zeichenrecht, ohne die man fortan nicht mehr auskommen kann." Gewerblicher Rechtsschutz und Urheberrecht.

Teil II: Deutsches Recht. Im Druck.

Born, A., **Reichspreßgesetz** vom 7. Mai 1874 in der jetzt geltenden Fassung nebst den einschlägigen Bestimmungen der Reichsverfassung, des Reichsstrafgesetzbuches, der Gewerbeordnung usw. Mit Kommentar und Sachregister. Vierte, veränderte Auflage. Taschenformat. 234 Seiten. 1931. (Guttentagsche Sammlung Deutscher Reichsgesetze Bd. 53.) . . . . Geb. RM. 6.—

„Das Werk bringt eine sehr reichhaltige Kommentierung des Stoffes, die um so wertvoller ist, als den Entscheidungen der Wortlaut der Urteilsbegründungen beigefügt ist. Sämtliche einschlägigen Bestimmungen der das Pressewesen berührenden Gesetze sind aufgeführt, eingehend besprochen und in Beziehung zueinander gebracht worden. Als Nachschlagewerk in Zweifelsfällen wird das Buch von großem Nutzen sein." Ministerialblatt für die preußische innere Verwaltung.

IV. Zivilprozeß

Fischer, Otto, **Lehrbuch des deutschen Zivilprozeß- und Konkursrechts.** Groß-Oktav. XII, 488 Seiten. 1918 . . . RM. 8.—, geb. RM. 10.—

Kisch, Wilh., **Deutsches Zivilprozeßrecht.**
I. Band. Vierte, verbesserte Auflage. 115 Seiten. 1929. (Sammlung Göschen Bd. 428.) . . . . Geb. RM. 1.80
II. Band. Vierte, verbesserte Auflage. 168 Seiten. 1929. (Sammlung Göschen Bd. 430.) . . . . Geb. RM. 1.80
III. Band. Vierte, verbesserte Auflage. 148 Seiten. 1929 (Sammlung Göschen Bd. 430.) . . . . Geb. RM. 1.80

Diese Auflage wird jedem, der sich auf gemeinverständliche Weise über unser geltendes Zivilgerichtswesen unterrichten will, gute Dienste leisten, und kann namentlich den Studierenden des Rechts als Einführung bestens empfohlen werden.

Sydow, R., **Busch,** L., und **Krantz,** W., **Zivilprozeßordnung und Gerichtsverfassungsgesetz** nebst Anhang, enthaltend Entlastungsgesetze und die Notverordnung vom 1. Dezember 1930. Handkommentar unter besonderer Berücksichtigung der Entscheidungen oberster Gerichte. Neubearbeitete, zwanzigste Auflage. Zwei Bände. Groß-Oktav. VIII, VIII und 1540 Seiten. 1930 . . . . . . Geb. RM. 33.— (de Gruytersche Sammlung Deutscher Gesetze, Handkommentare.)

Nachtrag, enthaltend die durch den VI. Abschnitt der Dritten Verordnung des Reichspräsidenten vom 6. Oktober 1931 eingetretenen Änderungen und die Fortsetzung der Erläuterungen der ZPO. und des GVG. Groß-Oktav. 94 Seiten. 1932 . . . . RM. 2.50

„Auch innerlich ist der ausgezeichnete Handkommentar von Sydow-Busch-Krantz verändert. Es sind viele veraltete Entscheidungen ausgemerzt und dafür die Erläuterungen durch eingehendere Darlegungen zweckmäßig erweitert worden. An der Grundanlage des Buches wurde nichts geändert, die Druckanordnung ist noch übersichtlicher als bisher. So wird das Buch seine alten Freunde behalten und ohne Zweifel viele neue hinzuerwerben."

Leipziger Zeitschrift für deutsches Recht.

Rosenberg, L., **Zivilprozeßgesetzgebung.** Taschenformat. 580 Seiten. 1930. Geb. RM. 8.—
(Lehrausgaben Deutscher Gesetze, Bd. II.)

„Die Besonderheiten dieser handlichen und erschöpfenden Ausgabe der Zivilprozeßgesetzgebung bestehen in der sachlichen Ordnung des umfassenden Stoffes, in der Hervorhebung von besonders Wesentlichem durch Sperrdruck, und vor allem aber darin, daß den einzelnen Paragraphen in systematischer Weise Überschriften vorausgeschickt sind, die die hier besonders wichtige Aufgabe erfüllen, den Aufbau des Gesetzes und den Zusammenhang der einzelnen Vorschriften klar erkennen zu lassen." Juristische Wochenschrift.

Zivilprozeßordnung mit Gerichtsverfassungsgesetz und Einführungsgesetzen in der Fassung der Bekanntmachung vom 13. Mai 1924 mit den bis 1. April 1929 ergangenen Abänderungen. Textausgabe mit Sachregister. Taschenformat. 440 Seiten. 1929. (Guttentagsche Sammlung von Textausgaben ohne Anmerkungen.) . . . Geb. RM. 3.50

Die handliche Ausgabe enthält den genannten Gesetzestext mit einem das Zurechtfinden sehr erleichternden Sachregister.

Der neue **Entwurf einer Zivilprozeßordnung.** Veröffentlicht durch das Reichsjustizministerium. Lexikon-Oktav. 561 Seiten mit 2 Paragraphen-Verzeichnissen. 1931 . . . . RM. 10.—, geb. RM. 12.—

Sydow, R., **Busch**, L., und **Krantz**, W., **Gerichtsverfassungsgesetz** mit Einführungsgesetz. Unter besonderer Berücksichtigung der Entscheidungen des Reichsgerichts. Zehnte Auflage. Taschenformat. 347 Seiten. 1925. (Guttentagsche Sammlung Deutscher Reichsgesetze Bd. 14.) Geb. RM. 6.—

„Das Buch bedarf keiner Empfehlung, es empfiehlt sich selbst durch die Fülle dessen, was es bietet. Gesetzgebung und Rechtsprechung sind bis in die neueste Zeit berücksichtigt."
Leipziger Zeitschrift für Deutsches Recht.

Rausnitz, Julius, **Gebührenordnung für Notare** vom 28. Oktober 1922 (GS. 404) nebst den einschlägigen Vorschriften des Preußischen Gerichtskostengesetzes vom 28. Oktober 1922 (GS. 363), beide in der Fassung der Gesetze vom 12. April 1923 (GS. 107), 18. Dezember 1923 (GS. 556) und der Verordnung vom 28. Juni 1924 (GS. 573). Sechste, umgearbeitete Auflage. Oktav. 158 Seiten. 1925. (Guttentagsche Sammlung Preußischer Gesetze Bd. 4.) . . . Geb. RM. 7.—

„Der in seiner äußeren Form sehr handlich und gut ausgestaltete Kommentar kann nur auf das wärmste empfohlen werden. Er wird sehr bald ein unentbehrlicher, weil nie versagender Ratgeber werden, der die Berufsarbeit sehr erleichtern wird." Juristische Wochenschrift.

Sydow, R., **Busch**, L., und **Krieg**, O., **Die Deutsche Gebührenordnung für Rechtsanwälte**, das Gesetz, betreffend die Erstattung von Rechtsanwaltsgebühren in Armensachen, und die Preußische Landesgebührenordnung mit Erläuterungen. Auf der Grundlage der Sydow-Busch'schen Textausgabe mit Anmerkungen in dreizehnter Auflage unter Mitaufnahme des Gesetzes über die Erstattung in Armensachen neubearbeitet. Taschenformat 496 Seiten. 1929. (Guttentagsche Sammlung Deutscher Reichsgesetze Bd. 17.) . . . . Geb. RM. 9.—

„Die Erläuterung der Gebührenordnung bietet besonders Wertvolles. Sie steht schon lange unter den Anmerkungsausgaben mit an erster Stelle. Und das mit Recht."
Zeitschrift des Bundes Deutscher Justizamtmänner.

Isaac, Martin, **Leitfaden für Handelsrichter.** Oktav. 132 Seiten. 1932. RM. 4.—

Der Handelsrichter hat Rechte und Pflichten eines gelehrten Richters, ohne, wie es das Gesetz vorschreibt, geringste juristische Ausbildung. Die sich bei der Tätigkeit ergebenden Schwierigkeiten soll dieses Bändchen klären. Alles, was aus dem Prozeßrecht, vornehmlich aber der Prozeßtechnik von Interesse ist, wird in klarer Briefform dargestellt.

Sydow, R., **Busch,** L., und **Krieg,** O., **Deutsches Gerichtskostengesetz nebst Gebührenordnung** für Gerichtsvollzieher und für Zeugen und Sachverständige in den neuesten Fassungen. Auf der Grundlage der Sydow-Busch'schen Textausgabe mit Anmerkungen neubearbeitet in elfter Auflage. Taschenformat. XI, 433 Seiten. 1928. (Guttentagsche Sammlung Deutscher Reichsgesetze Bd. 15.) . . . . Geb. RM. 7.50

„Die neue Auflage bietet unter gründlicher Berücksichtigung der gesamten einschlägigen Rechtsprechung eine zeitgemäße, übersichtliche und erschöpfende Erläuterung des Gesetzes. Für den täglichen Gebrauch in der Praxis erscheint diese Textausgabe mit Anmerkungen als unentbehrlich."

Dr. Natter in der „Württembergischen Zeitschrift für Rechtspflege".

Lindemann, Otto, **Preußisches Gerichtskostengesetz** (neueste Fassung). Nach dem Tode des früheren Herausgebers P. Siméon erläutert. Achte, völlig umgearbeitete Auflage. Taschenformat. 439 Seiten. 1928. (Guttentagsche Sammlung Preußischer Gesetze Bd. 17.) Geb. RM. 8.—

„Die achte Auflage dieser bekannten Ausgabe des Preußischen Gerichtskostengesetzes ist entsprechend den bedeutsamen Änderungen der letzten Jahre völlig umgearbeitet. Die gesamte Rechtsprechung wurde eingehend berücksichtigt, so daß hier eine Erläuterung vorliegt, die Zuverlässigkeit und Vollständigkeit in sich verbindet."

Mitteilungen des Preußischen Richtervereins.

Freiwillige Gerichtsbarkeit

Jastrow, Hermann, und **Günther,** Hermann, **Die Gesetze des Reiches und Preußens über die freiwillige Gerichtsbarkeit.** Textausgabe mit Einleitung, Anmerkungen und Sachregister. Siebente, vermehrte Auflage. Taschenformat. 548 Seiten. 1928. (Guttentagsche Sammlung Deutscher Reichsgesetze Bd. 46.) . . . . Geb. RM. 9.—

„Die Anmerkungen unterrichten in zuverlässiger Weise über die wichtigste Rechtsprechung des Reichsgerichts und der deutschen Oberlandesgerichte auf dem Gebiete der freiwilligen Gerichtsbarkeit. Ein ausführliches Sachregister erhöht die Brauchbarkeit des bewährten Buches, das auch in der neuen Auflage seinen Zweck auf das beste erfüllen wird." *Juristische Wochenschrift.*

Die Gesetze des Reiches und Preußens über die freiwillige Gerichtsbarkeit. Textausgabe mit Sachregister. Taschenformat. 168 Seiten. 1930. (Guttentagsche Sammlung von Textausgaben ohne Anmerkungen mit Sachregister.) . . . . RM. 3.—

Das Buch enthält in der bekannten Art der Guttentagschen Gesetzesausgaben außer dem „Gesetz über die Angelegenheiten der freiwilligen Gerichtsbarkeit" alle in dieses Gebiet fallenden sonstigen Gesetze, Ausführungsbestimmungen, Abkommen, Verordnungen usw. in absolut zuverlässigem Abdruck und ein das Zurechtfinden sehr erleichterndes Sachregister.

Szkolny, Felix, und **Kober,** Leopold, **Das Notariatrecht,** unter besonderer Berücksichtigung des materiellen Rechts und des Steuer- und Stempelrechts erläutert. Oktav. 236 Seiten. 1926. (Guttentagsche Sammlung Deutscher Reichsgesetze Bd. 163.) . . . . Geb. RM. 8.50

„Die Darlegung des materiellen Rechts, soweit es in der täglichen Anwendung den Notar hauptsächlich beschäftigt. Es wird die Beurkundung einzelner Rechtsgeschäfte und anderer Rechtsvorgänge behandelt. Die Ausführungen verwerten die neueste Lehre und Recht-

sprechung eingehend, die Darstellung ist leicht faßlich und klar, einzelne Muster vervollkommnen das anschauliche Bild."
Zeitschrift des Deutschen Notarvereins.

Szkolny, Felix, **Die Belehrungspflicht des Notars.** Oktav. 52 Seiten. 1927. . . . . RM. 2.—
„Ein trotz seines geringen Umfanges sehr nützliches Buch, für das wir dem Verfasser Dank wissen müssen."
Zeitschrift des Deutschen Notarvereins.

Konkursordnung und Zwangsvollstreckung

Jaeger, Ernst, **Kommentar zur Konkursordnung** und den Einführungsgesetzen. Mit einem Anhang, enthaltend das Anfechtungsgesetz, die Vergleichsordnung, Auszüge aus den Kostengesetzen, Ausführungsgesetze und Geschäftsordnungen. Sechste und siebente, neubearbeitete Auflage. Lexikon-Oktav. Der Umfang des Gesamtwerkes umfaßt etwa 100 Bogen. Die Ausgabe erfolgt in Lieferungen.
Erster Band: §§ 1—46. XXVIII, 828 Seiten. 1928—1931.
RM. 45.—, geb. RM. 54.—
(Der Kauf des ersten Bandes verpflichtet zum Bezug des ganzen Werkes, das Erscheinen von Band 2 (Schlußband) ist 1932 zu erwarten.)
„. . . Kurz gesagt: das Buch ist das unübertreffliche Standardwerk, der Kommentar zur Konkursordnung." *Deutsche Richterzeitung.*

Jaeger, Ernst, **Lehrbuch des Konkursrechts.** Achte, erweiterte Auflage des Grundrisses zur Vorlesung über Konkursrecht. Groß-Oktav. 253 Seiten. 1932 . . . . Geb. RM. 15.—
Eine den heutigen Bedürfnissen entsprechende systematische Darstellung des Konkursrechts.

Sydow, R., **Busch,** L., und **Krieg,** O., **Konkursordnung,** Vergleichsordnung und Anfechtungsgesetz mit Erläuterungen. Auf der Grundlage der Sydow-Buschschen Textausgabe mit Anmerkungen in sechzehnter Auflage. V, 877 Seiten. 1932. (Guttentagsche Sammlung Deutscher Reichsgesetze Bd. 13.) . . . . Geb. RM. 12—
„Die Erläuterungsbücher von Sydow-Busch sind als Kommentare mittleren Umfanges seit vielen Jahren in der Juristenwelt rühmlichst bekannt." *Juristische Rundschau.*

Fischer, K., und **Schäfer,** L., **Die Gesetzgebung, betr. die Zwangsvollstreckung in das unbewegliche Vermögen** im Reiche und in Preußen. Bearbeitet von J. Krech und O. Fischer. Zweite Auflage. Lexikon-Oktav. XVI, 728 Seiten. 1910 . . . RM. 15.—, geb. RM. 18.—

Krech, J., und **Fischer,** O., **Die Gesetzgebung, betr. die Zwangsvollstreckung in das unbewegliche Vermögen** im Reiche und in Preußen. Textausgabe mit Einleitung, Anmerkungen und Sachregister. Zehnte Auflage, bearbeitet von O. Fischer. Taschenformat. 266 Seiten. 1929. (Guttentagsche Sammlung Deutscher Reichsgesetze Bd. 43.)
Geb. RM. 5.—
„Einer besonderen Empfehlung dieser handlichen Ausgabe, deren Hauptteil das Gesetz über die Zwangsversteigerung und Zwangsverwaltung bildet, bedarf es nicht, Gesetzgebung, Rechtsprechung und Rechtslehre sind bis zur Gegenwart berücksichtigt."
Sächsisches Archiv für Rechtspflege.

Kretzschmar, F., **Die Zwangsversteigerung und die Zwangsverwaltung.** 110 Seiten. 1911. (Sammlung Göschen Bd. 523.) . . Geb. RM. 1.80

Crisolli, Karl-August, **Maßnahmen auf dem Gebiete der Zwangsvollstreckung.** (Siehe „Die Vierte Notverordnung" Seite 12.)

Huyke, W., **Offenbarungseid und Haft im Zivilprozeß.** Taschenformat. 173 Seiten. 1930. (Guttentagsche Sammlung Deutscher Reichsgesetze, Bd. 177.) . . . . Geb. RM. 4.—

Dieser Band bietet eine ganz auf die Praxis zugeschnittene Erläuterung der das Offenbarungseidsverfahren betreffenden Paragraphen der ZPO. und gibt in einem allgemeinen Teil zuverlässig Auskunft über die sich auf diesem Gebiete ergebenden Streit- und Zweifelsfragen. Die Rechtsprechung der höheren Gerichte und die Literatur ist berücksichtigt worden.

V. Strafrecht und Strafprozeß

Strafgesetzbuch

Ebermayer, Ludwig, **Lobe,** Adolf und **Rosenberg,** Werner, **Das Reichsstrafgesetzbuch,** Leipziger Kommentar mit besonderer Berücksichtigung der Rechtsprechung des Reichsgerichts. Vierte, vermehrte und verbesserte Auflage. Lexikon-Oktav. X, 1282 Seiten. 1929. RM. 56.—, in Halbleder geb. RM. 63.—

„Zusammenfassend wird man sagen müssen, daß der Kommentar nun wohl endgültig an die Spitze der großen Kommentare zum StGB. getreten ist." *Zeitschrift für Rechtspflege in Bayern.*

Kohlrausch, Eduard, Strafgesetzbuch für das Deutsche Reich mit Nebengesetzen, Anmerkungen und Sachregister. Früher von Dr. Fr. v. Liszt † u. Dr. E. Delaquis. Dreißigste Auflage. Taschenformat. XII, 520, *48 Seiten. 1932. (Guttentagsche Sammlung Deutscher Reichsgesetze Bd. 2.) Geb. RM. 8.—

„Ein Buch, an Hand dessen eine schnelle und zuverlässige Orientierung über die wichtigsten Auslegungsfragen möglich ist. Es dient in gleicher Weise dem Studierenden zur Einführung in eine Lektüre des Gesetzes wie dem Praktiker zur schnellen Auffindung einer Entscheidung."

Rechtsanwalt Dr. Max Alsberg in der „Juristischen Wochenschrift".

v. Liszt, Fr., **Lehrbuch des deutschen Strafrechts.** Sechsundzwanzigste, vollkommen neubearbeitete Auflage (49.—51. Tausend), von Dr. E. Schmidt, Professor der Rechte in Hamburg.

I. Band: Einleitung und Allgemeiner Teil. Oktav. 496 Seiten. 1932. RM. 13, geb. RM. 15.—

II. Band: Erscheint im Sommer 1932.

Gerland, H. B., **Das deutsche Reichsstrafrecht.** Oktav. 600 Seiten. 1922. (Lehrbücher und Grundrisse der Rechtswissenschaft Bd. XVI.) RM. 10.—, geb. RM. 11.50

„Durch knappe, geradezu klassische Kürze zeigende Darstellung gelang es Gerland, auf engem Raume eine ungeheure Fülle des Stoffes zu bieten und auf jede Frage Antwort zu geben."

Juristische Wochenschrift.

Gerland, H., **Der Entwurf 1925.** Allgemeiner Teil. Kritische Bemerkungen. Oktav. 96 Seiten. 1925 . . . . RM. 5.—

„Eine außerordentlich interessante Abhandlung. Die Schrift stellt ein fast unentbehrliches Hilfsmittel für jeden dar, der sich mit den einschlägigen Fragen zu beschäftigen hat."

Mitteilungen des Preußischen Richtervereins.

Aschrott, P. F., u. **Kohlrausch,** Ed., **Reform des Strafrechts.** Kritische Besprechung des Amtlichen Entwurfs eines Allgemeinen Deutschen Strafgesetzbuchs. Auf Veranlassung der Deutschen Landesgruppe der Internationalen Kriminalistischen Vereinigung unter Mitwirkung erster Fachgenossen herausgegeben. Gr.-Oktav. V, 415 S. 1926. RM. 18.—

„Die gestellte Aufgabe ist glänzend gelöst. Kaum ein Punkt ist übersehen worden, der die Kritik herausfordert. — Niemand, der an der endgültigen Gestaltung unseres Strafrechts Anteil nimmt, darf an dieser Sammelkritik achtlos vorübergehen."

Geh. Hofrat Prof. Dr. v. Lilienthal in der „Deutschen Juristen-Zeitung".

Sammlung außerdeutscher Strafgesetzbücher in deutscher Übersetzung. Herausgegeben von den Schriftleitungen der Zeitschrift für die ges. Strafrechtswissenschaft u. d. Mitteilungen der Internationalen Kriminalistischen Vereinigung. Nr. 1—43. 1881—1914 . . Preise auf Anfrage.
Nr. 44:
Japanische Strafgesetze. I. Schwurgerichtsordnung vom 18. April 1923 und strafrechtliche Nebengesetze. Übersetzt von Hyoichiro Kusano, Reichsgerichtsrat in Tokio, Tadao Sugiura, Oberlandesgerichtsrat in Sapporo, und Dr. jur. Fritz Bartelt in Berlin. II. Strafvollzugsgesetz vom 28. März 1908 nebst Ausführungsverordnung vom 16. Juni 1908. Übersetzt von Dr. jur. Toshita Tokiwa, Gerichtsassessor in Tokio, und Dr. jur. Werner Gentz, Justizrat beim Strafvollzugsamt in Kiel. Groß-Oktav. 55 Seiten. 1927. RM. 3.—
Nr. 45:
Die Auslieferungsgesetze Norwegens, Schwedens und Finnlands. Mit einer systematischen Darstellung der Grundzüge des nordischen Auslieferungsrechts im Hinblick auf den Erlaß eines deutschen Auslieferungsgesetzes Von Dr. jur. Ernst Wolgast, Privatdozent in Königsberg i. Pr. Groß-Oktav. VIII, 487 Seiten. 1928. . . RM. 20.—
Nr. 46:
Das Türkische Strafgesetzbuch vom 1. März 1926. Gesetz Nr. 765. (Türkisches Gesetzblatt Nr. 320 vom 13. März 1926.) Das Ausführungsgesetz zum Türkischen Strafgesetzbuch vom 26. April 1926. Deutsche Übersetzung von Dr. K. Ziemke. Groß-Oktav. 138 Seiten. 1927 . . . . RM. 5.—
Nr. 47:
Entwurf eines griechischen Strafgesetzbuches. Übersetzt und eingeleitet von Demetrius G. Venturas, Rechtsanwalt in Korfu, Griechenland. Groß-Oktav. 123 Seiten. 1928 . . . . RM. 7.—
Nr. 48:
Italienischer Vorentwurf zu einem neuen Strafgesetzbuch. (Progetto di un nuovo codice penale.) In deutscher Übersetzung von Dr. K. Bunge, Landgerichtsrat in Berlin. Groß-Oktav. XXXII, 244 Seiten. 1928 . . . . RM. 10.—
Nr. 49:
Strafgesetzbuch (Ugolownyj Kodex) **der Russischen Sozialistischen Föderativen Sowjet-Republik** (R.S.F.S.R.) vom 22. November 1926, übersetzt von Dr. Wilhelm Gallas, Gerichtsassessor in Berlin. Groß-Oktav. 68 Seiten. 1930 . . . . RM. 4.—

Lindemann, Otto, **Sammlung der wichtigsten preußischen Strafgesetze.** Zweite Auflage. Taschenformat. 372 Seiten. 1912. (Guttentagsche Sammlung Preußischer Gesetze Bd. 34.) . . . . . Geb. RM. 3.50

Fraustädter, Werner, **Deutsches Auslieferungsgesetz** vom 23. Dezember 1929 und andere neuere Vorschriften der Rechtshilfe in Strafsachen, einschließlich der Auslieferung. Textausgabe mit Einleitung, Erläuterungen und Sachregister. Taschenformat. 143 Seiten. 1930. (Guttentagsche Sammlung Deutscher Reichsgesetze Bd. 86.) . Geb. RM. 4.—

Die neue Auflage enthält eine ausführliche Erläuterung der neuen Bestimmungen sowie einen Abdruck der wichtigsten Verträge und Vorschriften und ermöglicht einen vollständigen Überblick über den gegenwärtigen Stand des deutschen Auslieferungsrechtes.

Lindemann, Otto, **Polizeiverordnungen in Preußen.** Zweite Auflage. Taschenformat. 189 Seiten. 1912. (Guttentagsche Sammlung Preußischer Gesetze Bd. 36.) . . . . Geb. RM. 2.50

Abhandlungen des Kriminalistischen Instituts an der Universität Berlin. Herausgegeben von Dr. **Franz von Liszt,** o. Professor der Rechte. Sonderverzeichnis kostenlos. Vierte Folge. I. Band.

Heft 1:
Dannenberg, Herbert, **Liberalismus und Strafrecht im 19. Jahrhundert unter Zugrundelegung der Lehren Karl Georg von Waechters.** Oktav. IV, 66 Seiten. 1925 . . . . RM. 3.—

Heft 2:
Tarnowski, Hans, **Die systematische Bedeutung der adäquaten Kausalitätstheorie für den Aufbau des Verbrecherbegriffs.** Oktav. X, 340 Seiten. 1927 . . . . RM. 18.—

Heft 3:
Ehrlich, Lore, **Der Verrat von Betriebsgeheimnissen nach englischem und nordamerikanischem Recht.** Oktav. VIII, 75 Seiten. 1930. RM. 4.—

Heft 4:
Kuttner, Stephan, **Die juristische Natur der falschen Beweisaussage.** Ein Beitrag zur Geschichte und Systematik der Eidesdelikte, zugleich zur Frage einer Beschränkung der Strafbarkeit auf erhebliche falsche Aussagen. Oktav. VI, 76 Seiten. 1931 . RM. 6.—

Vierte Folge II. Band.

Heft 1:
Gallas, Wilhelm, **Kriminalpolitik und Strafrechtssystematik** unter besonderer Berücksichtigung des sowjetrussischen Rechts. Oktav. VIII, 88 Seiten. 1931 . . . . RM. 5.—

Heft 2:
Goldschmidt, Werner, **Das Bewußtsein der Rechtswidrigkeit** entwickelt an der Lehre vom Hausfriedensbruch. Oktav XI, 51 Seiten. 1931. RM. 4.—

Heft 3:
Hoefer, Friedrich, **Bewährungsfrist vor dem Urteil.** Oktav. 90 Seiten. 1931 . . . . RM. 4.—

Heindl, Robert, **System und Praxis der Daktyloskopie** und der sonstigen technischen Methoden der Kriminalpolizei. Dritte, neubearbeitete und vermehrte Auflage. 900 Abbildungen im Text und 21 Bildertafeln. 780 Seiten. Groß-Oktav. 1927 . . . . RM. 36.—, geb. RM. 40.—

„Ein Werk, mit dem wohl für geraume Zeit die Literatur dieses Gebiets ihren krönenden Abschluß gefunden haben dürfte. — Es darf erwartet werden, daß jeder Richter, Rechtsanwalt und Verteidiger sich dieses vorzüglichen Werkes bedient.“ Deutsche Juristenzeitung.

Kleine kriminalistische Bücherei.

Band 1:
Schneickert, Hans, **Die strafrechtlichen Aufgaben der Polizei.** Für den Polizeiunterricht und die Polizeipraxis. Taschenformat. 182 Seiten. 1921. RM. 2.—

Band 2:
Philipp, Lothar, **Beobachtungs- und Ermittlungspraxis im Polizei- und Detektivdienst.** Taschenformat. 180 Seiten. 1923 . . . RM. 2.—

Band 3:
Manteuffel, H. v., **Falschspieler.** Formen und Technik des Spielbetruges, nebst einem Anhange: Der Spielprofessor und sein angeblich sicheres System beim Spiele gegen eine öffentliche Roulettebank. Taschenformat 90 Seiten. 1923 . . . . RM. 2.—

Band 4:
Schneickert, Hans, **Kriminalistische Spurensicherung.** Sammlung dienstlicher Anweisungen und sachverständiger Ratschläge für den Dienstgebrauch und für Polizeischulen. Zweite, vermehrte und verbesserte Auflage. Taschenformat. 96 Seiten. Mit 2 Abbildungen. 1925. Geb. RM. 3.—

Band 5:
Rehfeld, P., **Gerichtsärztliche Tatbestandsfeststellungen** im Dienste der Polizei. Ein Leitfaden für Polizei- und Kriminalbeamte. Taschenformat. 133 Seiten. 1927 . . . . Geb. RM. 3.50

Gallas, Wilhelm, **Schutz des inneren Friedens.** (Siehe „Die Vierte Notverordnung" Seite 12.)

Strafprozeßordnung

Kohlrausch, Eduard, **Strafprozeßordnung** und Gerichtsverfassungsgesetz. Textausgabe mit Einleitung, Anmerkungen und Nebengesetzen. In Verbindung mit Dr. Hermann Mannheim, Landgerichtsrat und Professor in Berlin, bearbeitet von Dr. Eduard Kohlrausch, Professor der Rechte in Berlin. Zweiundzwanzigste Auflage (101. bis 104. Tausend). Taschenformat. XI, 510 Seiten. 1930. (Guttentagsche Sammlung Deutscher Reichsgesetze Bd. 12.) RM. 7.50

„Das Buch ist nicht nur für den Praktiker, der sich rasch unterrichten will, sondern auch für den Studierenden, zumal wenn ihm die wirtschaftlichen Verhältnisse die Anschaffung umfangreicher Kommentare nicht ermöglichen, von größtem Wert."
Oberreichsanwalt Dr. Ebermayer in der „Juristischen Wochenschrift".

Feisenberger, Albert, **Strafprozeßordnung und Gerichtsverfassungsgesetz.** Handkommentar. Groß-Oktav. IX, 517 Seiten. 1926. Mit Nachtrag. 1927. (de Gruytersche Sammlung Deutscher Gesetze. Handkommentare.) . . . . Geb. RM. 17.—

Beling, E., **Deutsches Reichsstrafprozeßrecht** mit Einschluß des Strafgerichtsverfassungsrechts. Oktav. XIV, 568 Seiten. 1928. (Lehrbücher und Grundrisse der Rechtswissenschaft Bd. XVII.)
RM. 15, geb. RM. 16.50

Die Eigenart des vorliegenden Lehrbuches des Reichsstrafprozeßrechts ist, daß es dem Verständnis der Gesetzestexte vorarbeiten und zu ihnen hinführen will. Gerade das, was nicht im Gesetz steht, ist die Hauptsache; die Gesetzesparagraphen sind Ziel, nicht Ausgangspunkt. Insbesondere aber stellt der Verfasser die Regelungsinhalte des geltenden Rechts in die heutige rechtspolitische Gedankenwelt hinein und gibt ein auch äußerlich scharf hervortretendes System, das den Lernenden befähigt, die Fülle der Einzelheiten unter allgemeinen Ordnungsgesichtspunkten zusammenzusetzen.

Rosenfeld, E. H., **Deutsches Strafprozeßrecht.** 2 Bände. 128 und 148 Seiten. 1926. (Sammlung Göschen Bd. 938/939.) Geb. je RM. 1.80

„Eine wissenschaftlich hochstehende, auf einem knappen Raum zusammengedrängte, klar und originell geschriebene Einführung in den deutschen Strafprozeß." *Schweizer. Zeitschrift für Strafrecht.*

Löwe, F., und **Rosenberg**, Werner, **Die Strafprozeßordnung für das Deutsche Reich** vom 22. März 1924 nebst dem Gerichtsverfassungsgesetz. Kommentar. Neunzehnte, neubearbeitete Auflage. Im Druck.

„Der Kommentar steht nach wie vor an erster Stelle und ist ein Meisterwerk in der Kunst einer klaren, übersichtlichen und erschöpfenden Darstellung dieses außerordentlich spröden Stoffes."
Zeitschrift des deutschen Notarvereins.

Feisenberger, Albert, **Strafprozeßordnung und Gerichtsverfassungsgesetz, in alter und neuer Fassung** synoptisch gegenübergestellt. Mit ausführlichem Sachregister. Taschenformat. 265 Seiten. 1924. Mit Nachtrag. 1927. (Guttentagsche Sammlung Deutscher Reichsgesetze Bd. 158.) . . . . Geb. RM. 4.50

Aschrott, P. F., **Die Reform des Strafprozesses.** Kritische Besprechungen der von der Kommission für die Reform des Strafprozesses gemachten

Vorschläge. Auf Veranlassung der Internationalen Kriminalistischen Vereinigung, Gruppe Deutsches Reich. Groß-Oktav. XII, 120 und 784 Seiten. 1906 . . . . RM. 12.—

Beiträge zur Reform des Strafprozesses. Herausgegeben von Dr. Franz **Adickes, Dr. P. F. Aschrott, Dr. K. von Lilienthal, Dr. Fr. von Liszt.** 2 Bände. Groß-Oktav. I. Bd. Heft 1—6. 1908. RM. 9.70. — II. Bd. Heft 1—5. 1909. RM. 15.10.

Boehringer, Margrit, **Die Eidesreform im Strafprozeß und Strafrecht.** Oktav. 203 Seiten. 1931 . . . . RM. 10.—

In der vorliegenden Arbeit wird versucht, einen möglichst vollständigen Überblick über die Grundfragen und die komplizierten Einzelfragen der Reform des Strafprozesses im Beeidigungsverfahren und dem damit unmittelbar zusammenhängenden Teil der Eidesreform im Strafrecht zu geben.

Frede, L., u. **Grünhut,** M., **Reform des Strafvollzugs.** Kritische Beiträge zu dem Amtlichen Entwurf eines Strafvollzugsgesetzes. Oktav. VII, 264 Seiten. 1927 . . . . RM. 10.—

Die in dem vorliegenden Buch zusammengefaßten Beiträge üben nicht nur eine Einzelkritik an den Bestimmungen des Entwurfs, sondern dienen zugleich unter dem Gesichtspunkt der gegenwärtigen gesetzgeberischen Aufgabe der wissenschaftlichen Grundlegung des ganzen Strafvollzugsproblems.

VI. Öffentliches Recht.

1. Staats- und Völkerrecht.

Fischbach, O. G., **Allgemeine Staatslehre.** Zweite Auflage. 136 Seiten. 1928. (Sammlung Göschen Bd. 358.) . . . . . Geb. RM. 1.80

„Das Buch darf einer breiten Öffentlichkeit als ausgezeichnete Einführung, den Fachgenossen aber, jung und alt, als Musterbeispiel wissenschaftlichen Bemühens um die denkbar beste Leistung anempfohlen werden, wie man ihm heute nicht allzu häufig mehr begegnet."
Reichsverwaltungsblatt.

Fischbach, O. G., **Allgemeines Staatsrecht.**
I. Teil. 139 Seiten. 1923. (Sammlung Göschen, Bd. 415.)
Geb. RM. 1.80
II. Teil. 151 Seiten. 1923. (Sammlung Göschen Bd. 416.)
Geb. RM. 1.80

Diese Bearbeitung bringt nicht bloß einen leicht faßlichen gemeinverständlichen Überblick über alle Zweige des Staatsrechtes, sondern auch in den einzelnen Partien viele gründliche wissenschaftliche Erörterungen der einschlagenden Probleme und kritischen Beleuchtung der verschiedenen Rechtsansichten.

Bühler, O., **Staatsrecht des Reichs und Preußens.** Taschenformat. 608 Seiten. 1931. (Lehrausgaben Deutscher Gesetze Bd. IIIa.)
Geb. RM. 9.—

Stier-Somlo, Fritz, **Deutsches Reichs- und Landesstaatsrecht I.** Oktav. XVI, 726 Seiten. 1924. (Lehrbücher und Grundrisse der Rechtswissenschaft Bd. XVIII.) . . . . RM. 16.50, geb. RM. 18.—

„. . . Von den zurzeit vorhandenen größeren Lehrbüchern des Reichsstaatsrechts das geeignetste." *Juristische Wochenschrift.*

Stier-Somlo, Fritz, **Reichsstaatsrecht.** I. Grundbegriffe des Staatsrechts. Verfassungsgeschichte vom Ende des 18. Jahrhunderts bis zur Reichsverfassung vom 11. August 1919. 108 Seiten. 1927. (Sammlung Göschen Bd. 967.) . . . . Geb. RM. 1.80
II. Das geltende Reichsstaatsrecht. 114 Seiten. 1927. (Sammlung Göschen Bd. 968.) . . . . Geb. RM. 1.80

Heft 7: Entwicklung und Reform des Beamtenrechts. — Die Reform des Wahlrechts. Berichte von Hans Gerber, Adolf Merkl, Heinrich Pohl und Gerhard Leibholz. Verhandlungen der Tagung der Deutschen Staatsrechtslehrer zu Halle am 28. und 29. Oktober 1931. Mit einem Auszug aus der Aussprache. Oktav IV, 212 Seiten. 1932. RM. 12.—

Sehling, Emil, **Kirchenrecht.** Zweite Auflage.
I. Teil. Einleitung. Quellen, Verfassung und Verwaltung der katholischen Kirche. Anhang: Die griechisch-orthodoxe Kirche. 119 Seiten. 1922. (Sammlung Göschen Bd. 377.) . . . . Geb. RM. 1.80
II. Teil: Das evangelische Kirchenrecht. Die Stellung des Staates zur Kirche und das Verhältnis der Religionsgesellschaften zueinander. 87 Seiten. 1927. (Sammlung Göschen Bd. 954.) . . . . Geb. RM. 1.80

Edler v. Hoffmann, H., **Deutsches Kolonialrecht.** 150 Seiten. 1907. (Sammlung Göschen Bd. 318.) . . . . Geb. RM. 1.80

Delius, H., **Die Beamtenhaftpflichtgesetze** des Reiches und der Länder. Vierte, vermehrte und vollkommen neubearbeitete Auflage. Taschenformat. 384 Seiten. 1929. (Guttentagsche Sammlung Deutscher Reichsgesetze Bd. 94.) . . . . Geb. RM. 10.—

Wörterbuch des Völkerrechts und der Diplomatie. Begonnen von Professor Dr. Julius **Hatschek** †. Fortgesetzt und herausgegeben von Dr. Karl **Strupp**, Professor an der Universität Frankfurt a. M., Associé de l'institut de droit international, membre de l'Academie Diplomatique Internationale. Lexikon-Oktav.
Band I: Aachen—Lynchfall. VI, 860 Seiten. 1924.
RM. 35.—, in Halbleder geb. RM. 40.—
Band II: Maas—Utschiali. 779 Seiten. 1925.
RM. 35.—, in Halbleder geb. RM. 40.—
Band III (Schluß): Vasallenstaaten—Zwangsverschickung. Ferner Anhang: Abessinien—Weltgerichtshof; Sachverzeichnis und Mitarbeiterregister. II, 1316 Seiten. 1929.
RM. 62.—, in Halbleder geb. RM. 67.—

„Der Vorsprung, den entsprechende Werke in französischem Sprachgewande bisher hatten, ist nunmehr in Deutschland eingeholt. Die Form der alphabetischen Zergliederung des Stoffes ermöglicht eine breitere Behandlung der Einzelfälle, die im internationalen Rechtsleben nicht selten von größerer Bedeutung als vorzeitig aufgestellte Abstraktionen sind." *Zeitschrift für Völkerrecht.*

Anzilotti, D., **Lehrbuch des Völkerrechts.** Übersetzt und herausgegeben vom Institut für ausländisches öffentliches Recht und Völkerrecht, Berlin. I. Band. Groß-Oktav. 444 Seiten. 1929. RM. 19.—, geb. RM. 20.—
Das Buch ist nicht schlechthin eine Übersetzung der italienischen Originalausgabe, sondern berücksichtigt auch die gesamte Rechtsprechung und Literatur der letzten Zeit und stellt somit das zurzeit modernste Lehrbuch des Völkerrechts überhaupt dar.

Niemeyer, Theodor, **Völkerrecht.** 168 Seiten. 1925. (Sammlung Göschen Bd. 865.) . . . . Geb. RM. 1.80
Dieses Bändchen gibt in gedrängter Form eine vollständige Übersicht über das Völkerrecht.

Beiträge zum ausländischen öffentlichen Recht und Völkerrecht. Herausgegeben im Auftrage des Instituts für ausländisches öffentliches Recht und Völkerrecht in Berlin in Gemeinschaft mit Friedrich Glum, Ludwig Kaas, Rudolf Smend, Heinrich Triepel von Viktor **Bruns**. Groß-Oktav.
Eine Sammlung einschlägiger wissenschaftlicher Abhandlungen, Materialsammlungen, Übersetzungen besonders wertvoller ausländischer Werke u. a.

Heft 1:
Triepel, H., Staatsrecht und Politik. Rede beim Antritt des Rektorats der Friedrich-Wilhelms-Universität zu Berlin am 15. Oktober 1926. 40 Seiten. 1927 . . . . RM. 2.—

Heft 2:
Schmitt, Carl, Volksentscheid und Volksbegehren. Ein Beitrag zur Auslegung der Weimarer Verfassung und zur Lehre von der unmittelbaren Demokratie. 54 Seiten. 1927 . . . . . . RM. 2.60

Heft 3:
Heck, K., Der Aufbau des britischen Reiches. (Der Verhandlungsbericht der Reichskonferenz von 1926.) 152 Seiten. 1927. RM. 6.—

Heft 4:
Heller, H., Die Souveränität. Ein Beitrag zur Theorie des Staats- und Völkerrechts. 177 Seiten. 1927. . . . . RM. 8.50

Heft 5:
Grentrup, Theodor, Die Missionsfreiheit nach den Bestimmungen des geltenden Völkerrechts. 112 Seiten. 1928 . . . . RM. 5.50

Heft 6:
Robinson, Jakob, Das Minoritätenproblem und seine Literatur. Kritische Einführung in die Quellen und die Literatur der europäischen Nationalitätenfrage der Nachkriegszeit, unter besonderer Berücksichtigung des völkerrechtlichen Minderheitenschutzes.
Allgemeiner Teil. 265 Seiten. 1928 . . . . RM. 9.—

Heft 7:
Bilfinger, Karl, Der Reichssparkommissar. 68 Seiten. 1928. RM. 3.60

Heft 8:
Bumiller, J. M., Die völkerrechtliche Stellung der fremden Truppen im Saargebiet. 156 Seiten. 1928 . . . . RM. 9.—

Heft 9:
Das Recht des Ausnahmezustands im Auslande (Frankreich, Belgien, Niederlande, Italien, England, Irland). 296 Seiten. 1928. RM. 14.—

Heft 10:
Gerland, B., Die Beziehungen zwischen dem Parlament und den Gerichten in England. Eine rechtsvergleichende Studie. 137 Seiten. 1928. RM. 8.—

Heft 11:
Leibholz, Gerhard, Zu den Problemen des fascistischen Verfassungsrechts. Akademische Antrittsvorlesung. 112 Seiten. 1928. RM. 5.—

Heft 12:
Glum, Friedrich, Der deutsche und der französische Reichswirtschaftsrat. Ein Beitrag zu dem Problem der Repräsentation der Wirtschaft im Staat. 188 Seiten. 1929 . . . . RM. 9.—

Heft 13:
Leibholz, Gerhard, Das Wesen der Repräsentation unter besonderer Berücksichtigung des Repräsentativsystems. Ein Beitrag zur allgemeinen Staats- und Verfassungslehre. Groß-Oktav. 214 Seiten. 1929. RM. 14.—

Heft 14:
Schenk, v. Stauffenberg, G., Das Recht der russischen Handelsvertretungen. Oktav. 95 Seiten. 1930 . . . . RM. 6.—

Heft 15:
Hsü Dau-Lin, Die Verfassungswandlung. Oktav. 182 Seiten. 1932. RM. 6.—

Heft 16:
Menzel, Kurt, Das deutsche Vorkriegs-Vermögen in Rußland und der deutsche Entschädigungsvorbehalt. Eine Übersicht, zugleich über die Entschädigungsbemühungen der anderen Staaten. Oktav. IV, 236 Seiten. 1931 . . . . RM. 9.—

Heft 17:

Kaufmann, Erich, **Zur Problematik des Volkswillens.** Oktav. 19 Seiten. 1931 . . . . RM. 1.50

Heft 18:

Braunias, Karl, **Das parlamentarische Wahlrecht.** Ein Handbuch über die Bildung der gesetzgebenden Körperschaften in Europa. I. Band: Das Wahlrecht in den einzelnen Staaten. XVIII, 640 Seiten. 1932. RM. 25.—

Kraus, H., **Internationale Schiedssprechung.** Eine Sammlung der für das Deutsche Reich verbindlichen Verträge und Vertragsbestimmungen, die sich auf internationale Gerichtsbarkeit, Schiedsgerichtsbarkeit, sowie Vergleichsverfahren beziehen, nebst den dazugehörigen deutschen Regierungsdenkschriften. Taschenformat. XXXVI, 348 Seiten. 1929. (Guttentagsche Sammlung Deutscher Reichsgesetze Bd. 174.) . . . . Geb. RM. 10.—

„Die vorliegende Dokumentensammlung füllt eine Lücke aus, da es bisher schwer war, alle schiedsrichterlichen Verpflichtungen des Deutschen Reiches auf einmal einzusehen.“ *Friedenswarte.*

Strupp, Karl, **Das Werk von Locarno.** Eine völkerrechtlich-politische Studie. Oktav. 180 Seiten. 1926 . . . . RM. 10.—

„Die lückenlose Mitteilung aller für das Verständnis und die Auslegung wichtiger Urkunden macht das aktuelle Buch zu einem außerordentlich wertvollen Mittel der Erkenntnis des Inhalts und der Tragweite dieser grundlegenden Staatsverträge.“ *D. A. Z.*

Sering, Max, **Deutschland unter dem Dawes-Plan.** Entstehung, Rechtsgrundlagen, wirtschaftliche Wirkungen der Reparationslasten. Oktav. VIII, 237 Seiten. 1928 . . . . RM. 10.—

„Nicht nur dem Juristen und Volkswirtschaftler, sondern auch dem Laien verständlich, gibt das Werk einem jeden wertvollen Einblick in Deutschlands wirtschaftspolitische Abhängigkeit, die sich bis in die kleinsten Betriebe hineinzieht, die jedes einzelne Glied des deutschen Volkes betrifft.“ *Prakt. Rundschau.*

2. Verwaltungsrecht.

a) Reichsrecht

Bühler, O., **Verwaltungsgesetze des Reiches und Preußens.** Taschenformat. XI, 682 Seiten. 1930. Mit Nachtrag 1931. Geb. RM. 11.—

(Lehrausgaben Deutscher Gesetze, Bd. III.)

Außer den preußischen Verwaltungsgesetzen bringt der vorliegende Band als erster auch die immer wichtiger werdenden Verwaltungsgesetze des Reichs. Durch Weglassung aller für den Unterricht überflüssigen Gesetze, Weglassung auch unwichtiger Bestimmungen in den oft sehr weitschweifigen Verwaltungsgesetzen (wobei aber der Inhalt weggelassener Bestimmungen jeweils kurz angedeutet ist) ist es ermöglicht worden, auch hier einen Band erstehen zu lassen, der nicht schon durch seinen Umfang abschreckt.

Blume, E., und **Weirauch,** W., **Die Eisenbahn-Verkehrsordnung** vom 16. Mai 1928 mit Allgemeinen Ausführungsbestimmungen sowie dem Internationalen Übereinkommen über den Eisenbahnfrachtverkehr vom 30. Mai 1925 und dem Internationalen Übereinkommen über den Eisenbahn-Personen- und Gepäckverkehr vom 12. Juni 1925. Textausgabe mit Anmerkungen. Vierte Auflage. Taschenformat. X, 482 Seiten. 1928. (Guttentagsche Sammlung Deutscher Reichsgesetze Bd. 91.) Geb. RM. 9.—

„Ein treffliches Hilfsbuch für alle, die sich mit dem Eisenbahnverkehrsrecht theoretisch und praktisch zu beschäftigen haben. Der Kommentar wird besonders auch den Gerichten und den Anwälten

gute Dienste leisten, da die Ausführungsbestimmungen zur Eisenbahnverkehrsordnung, die vollständig abgedruckt werden, sonst nur in den Tarifen veröffentlicht werden, die in den Kreisen der Juristen weniger bekannt sind. Allen, die es angeht, kann daher die Anschaffung der neuen Auflage dringend empfohlen werden."

Juristische Wochenschrift.

Fischbach, O. G., **Das Reichsbeamtengesetz vom 31. März 1873 in der Fassung der Bekanntmachung vom 18. Mai 1907 mit allen Abänderungen und Ergänzungen.** Taschenformat. 311 Seiten. 1930. (Guttentagsche Sammlung Deutscher Reichsgesetze, Bd. 82.) Geb. RM. 6.—

Die vorliegende Erläuterung des Beamtengesetzes entspricht den neuesten Fortschritten der Wissenschaft und Rechtsprechung. Bemerkenswert ist, daß auch verwandte Gesetze und Verordnungen der einheitlichen Erläuterung unterzogen wurden, so daß dieses Buch für die Praxis ein der Sache wie der Erläuterungsart wichtiges Hilfsmittel darstellt.

Fischer, D., und **Staedler**, E., **Die deutsche Post- und Telegraphengesetzgebung.** Teil I: Postrecht (mit Ausschluß des internationalen Rechts). Siebente Auflage. 47*, 586 Seiten. 1929. Mit Nachtrag 1932. (Guttentagsche Sammlung Deutscher Reichsgesetze Bd. 7.) Geb. RM. 15.—

„Die Texte sind mit großer Sorgfalt und mit dem Streben nach einschlägiger Vollständigkeit zusammengestellt. Eine Verbesserung gegenüber den früheren Auflagen bedeutet der der Sammlung neu vorangestellte systematische Abriß des geltenden Postrechts."

Württembergische Industrie.

Teil II: **Telegraphen- und Fernsprechrecht** (mit Ausschluß des internationalen Rechts). Taschenformat. 495 Seiten. 1930. (Guttentagsche Sammlung Deutscher Reichsgesetze Band 7a.) . . RM. 13.—

Wie im ersten Teil, so werden auch hier die Erläuterungen unter die folgenden Gesichtspunkte gestellt: 1. die wechselseitige juristische und tatsächliche Berührung zwischen den sehr zersplitterten Rechtsquellen. 2. die rechtsgeschichtlichen Zusammenhänge, die zur kritischen Beurteilung des Gegenstandes unerläßlich sind. 3. die öffentlich-rechtliche Eigenschaft des gesamten Rechtsstoffes. Rechtsprechung und Literatur sind bis in die letzte Zeit berücksichtigt.

Sebba, Julius, **Seewasserstraßenordnung.** (Polizeiverordnung zur Regelung des Verkehrs auf den deutschen Seewasserstraßen vom 31. März 1927.) Taschenformat. 493 Seiten. 1928. (Guttentagsche Sammlung Deutscher Reichsgesetze Bd. 171.) . . . . Geb. RM. 8.50

„Es bedarf hierbei wohl nicht der besonderen Hervorhebung, daß die Kommentierungsmethode des rühmlichst bekannten Neu-Herausgebers von Schaps-Seerecht auch in dem vorliegenden Werke eine knappe und doch gründliche geworden ist."

Verkehrsrechtliche Praxis.

Busse, Rudolf, **Luftrecht einschließlich Luftverkehrsgesetz und Pariser Luftverkehrsabkommen.** Taschenformat. XVIII, 448 Seiten. 1928. (Guttentagsche Sammlung Deutscher Reichsgesetze Bd. 170.) Geb. RM. 10.—

Das vorliegende Buch sucht in einem nationalen und internationalen Teil einen klaren Überblick über das gesamte Luftrecht zu geben; der neueste Stand der Rechtsprechung ist hierbei berücksichtigt. Den erläuterten Gesetzesabkommenstexten ist eine systematische Einführung in das gesamte Luftrecht mit seinen vielseitigen Rechtsdisziplinen vorausgeschickt.

Volkmann, Kurt, **Die Straßenverkehrsordnungen nebst den einschlägigen Nebenbestimmungen.** Taschenformat. 312 Seiten. 1929. (Guttentagsche Sammlung Deutscher Reichsgesetze Bd. 175.) . . . Geb. RM. 7.—

„Das übersichtliche Werkchen, das uns eine schnelle Information über auftauchende Rechtsfragen auf diesem besonderen Verkehrgebiete verschafft', kann Polizeibeamten, Gerichten, Anwälten, Fuhrwerksbesitzern, Kraftfahrern und Radfahrern zur Anschaffung empfohlen werden."
Verkehrsrechtl. Rundschau.

Holzapfel, W., **Die Siedlungsgesetzgebung** im Reich und in Preußen. 347 Seiten. 1920. (Guttentagsche Sammlung Deutscher Reichsgesetze Bd. 140.) . . . . Geb. RM. 3.—

„Die zur Ausführung jener Gesetze bestimmten Behörden und auch die literarische Forschung wird dem Verfasser für seine mühevolle Arbeit Anerkennung zollen." *Archiv für öffentliches Recht.*

Behrend, Ernst, und **Stranz-Hurwitz,** Helene, **Sammlung von Wohlfahrtsgesetzen** des Deutschen Reichs und Preußens nebst den allgemeinen Wohlfahrtsgesetzen von Sachsen, Thüringen, Hamburg, Mecklenburg-Schwerin und -Strelitz, Oldenburg, Lippe und Lübeck.
Teil I: Taschenformat. 560 Seiten. 1923 . . . . . Geb. RM. 5.—
Teil II: Nebst Ausführungsgesetzen sämtlicher Länder zum Reichsjugendwohlfahrtsgesetz. Taschenformat. XVI, 551 Seiten. 1925. (Guttentagsche Sammlung Deutscher Reichsgesetze Bd. 152 und 152a.)
Geb. RM. 9.—
Teil I und II zus. RM. 12.—

„Das Werk ist für alle in der Wohlfahrtspflege Arbeitenden unentbehrlich und sehr praktisch."
Nachrichtendienst des Deutschen Vereins für öffentliche Fürsorge.

Wegner, Arthur, **Jugendrecht.** Ein Lehrbuch zur Einführung. Oktav. IX, 219 Seiten. 1929 . . . . RM. 6.—, geb. RM. 7.50

„. . . Dieses Lehrbuch bringt alle das Kind und den jugendlichen Menschen betreffenden Rechtskomplexe, die an zahlreichen Stellen kodifiziert sind, zu einem Ganzen vereint. Alle, die in Recht, Jugendrecht, Jugendpflege und Erziehung wirken, müssen es lesen."
Kommunale Nachrichten.

Drewes, Paul, und **Sandré,** Emil, **Das Reichsgesetz für Jugendwohlfahrt** vom 9. Juli 1922 und **Jugendgerichtsgesetz** vom 16. Februar 1923 nebst Nebengesetzen. Zweite Auflage. Taschenformat. XVI, 496 Seiten. 1928. (Guttentagsche Sammlung Deutscher Reichsgesetze Bd. 154.)
Geb. RM. 11.—

„Eine sehr handliche Gesetzesausgabe. Sie bietet in ausführlichen geschichtlichen und rechtlichen Vorbemerkungen und Einleitungen wertvolles Material zur Einführung in den Willen und Geist beider Gesetze und gibt in knappen, aber ausreichenden Erläuterungsbemerkungen zu den einzelnen Bestimmungen dem Praktiker die erforderlichen Unterlagen zur richtigen Anwendung. Das Werk dürfte sich in der Praxis beliebt machen." *Blätter für öffentliche Fürsorge*

Sandré, Emil **Verordnung über die Fürsorgepflicht.** Vom 14. Februar 1924. Mit Einschluß der für die Durchführung dieser Verordnung in Frage kommenden reichs- und landesgesetzlichen Bestimmungen. Taschenformat. 342 Seiten. 1925. (Guttentagsche Sammlung Deutscher Reichsgesetze Bd. 160.) . . . . Geb. RM. 6.—

„Die Zusammenstellung der bis in die jüngste Zeit ergangenen gesetzlichen Bestimmungen, die in Beziehung zur Fürsorgepflichtverordnung stehen, gibt der Sandréschen Arbeit ihre besondere Bedeutung. Die Anmerkungen sind zahlreich und zeichnen sich durch einen feinen, klaren Stil aus. Das Buch ist übersichlich geordnet und leicht zu handhaben." *Schleswig-Holsteinsche Wohlfahrtsblätter.*

Szczesny, Viktor, **Das Lichtspielgesetz** vom 12. Mai 1920 mit der Ausführungsverordnung Einleitung, Gebührenordnung und Sachregister. Taschenformat. 106 Seiten. 1920. (Guttentagsche Sammlung Deutscher Reichsgesetze Bd. 147.) . . . . Geb. RM. 1.50

„Das neue Lichtspielgesetz hat hier eine ausführliche Kommentierung gefunden. Das Buch kann bei der gründlichen Behandlung des Stoffes als ein geeignetes Hilfsmittel für die Praxis bezeichnet werden.“ *Preußische Gemeinde-Zeitung.*

Wündisch, Ernst, **Das Gesetz über Schußwaffen und Munition** vom 12. April 1928 (RGBl. I S. 143) nebst der Ausführungsverordnung der Reichsregierung vom 13. Juli 1928 (RGBl. I S. 198) und dem Preußischen Erlaß zur Durchführung des Gesetzes vom 7. September 1928 (MBliV. S. 925). Taschenformat. 139 Seiten. 1928. (Guttentagsche Sammlung Deutscher Reichsgesetze Bd. 173.) . . . . Geb. RM. 5.—

Ein klares zuverlässiges Erläuterungsbuch für den praktischen Gebrauch.

Fraustädter, W., und **Kreutzberger,** M., **Das deutsche Ausländerrecht.** Die Bestimmungen des Reichsrechts und preußischen Landesrechts. Textausgabe mit Erläuterungen und Sachregister. Taschenformat. 396 Seiten. 1927. (Guttentagsche Sammlung Deutscher Reichsgesetze Bd. 166.) Geb. RM. 9.—

„Eine höchst begrüßenswerte Veranstaltung, aus dem Bedürfnis der Praxis hervorgegangen und mit vollendetem Sachverständnis unternommen. Sowohl die Vollständigkeit der mannigfach verstreuten gesetzlichen Bestimmungen als deren Anordnung, Registrierung und Erläuterung durch Ausführungsbestimmungen, Gerichtsentscheidungen, Verwaltungspraxis ist vortrefflich.“ *Niemeyers Zeitschrift für internationales Recht.*

Voß, Werner, **Die reichs- und landesrechtlichen Bestimmungen auf dem Gebiete des Gesundheitswesens.** Zusammengestellt und mit Anmerkungen versehen. Taschenformat. 608 Seiten. 1929. (Guttentagsche Sammlung Deutscher Reichsgesetze Bd. 172.) . . . . . . Geb. RM. 11.—

„Der Band enthält eine Sammlung der Gesetze, Verordnungen und Bestimmungen auf dem Gebiete des Gesundheitswesens, wie sie in dieser Vollständigkeit sonst nicht besteht. Dadurch erst ist ein zuverlässiger und rascher Überblick über die einschlägigen weit verstreuten Bestimmungen gewährleistet.“ *Württ. Zeitschr. f. Rechtspflege.*

Hippel, W. von, **Reichsviehseuchengesetz** vom 26. Juni 1909 nebst Ausführungsvorschriften und dem preußischen Ausführungsgesetz. Zweite Auflage. Taschenformat. 486 Seiten. 1913. (Guttentagsche Sammlung Deutscher Reichsgesetze Bd. 103.) . . . . Geb. RM. 4.—

Boxberger, L. von, **Vogelschutzgesetz** vom 30. Mai 1908 nebst den das Flugwild betreffenden Bestimmungen der Preußischen Jagdordnung. Taschenformat. 57 Seiten. 1909. (Guttentagsche Sammlung Deutscher Reichsgesetze Bd. 89.) . . . . Geb. RM. 1.—

b) Landesrecht

Bitter, von, **Handwörterbuch der Preußischen Verwaltung.** Dritte, vollständig umgearbeitete Auflage. Unter Mitwirkung zahlreicher hoher Reichs- und preußischer Staatsbeamten herausgegeben von Dr. Bill Drews, Staatsminister a. D., Präsident des Pr. Oberverwaltungsgerichts, und Dr. Franz Hoffmann, Wirklicher Geheimer Oberregierungsrat, Berlin. Lexikon-Oktav. 1928.
RM. 120.—, in Halbleder geb. RM. 132.—

Erster Band, 1. Halbband: Abbaugerechtigkeiten—Fleisch- und Viehagenten. 552 Seiten.

2. Halbband: Fleischvergiftung—Kyffhäuserbund. Seite 553 bis 1134 und IX Seiten.

Zweiter Band: Lackfabriken—Zwischenkredit. VII, 1220 Seiten.

(Im Verlage der Firmen: Walter de Gruyter & Co., Berlin; Carl Heymanns Verlag, Berlin; Roßberg'sche Verlagsbuchhandlung, Leipzig.)

Das zentrale Werk der Praxis des Verwaltungsrechts.

Reichelt, H., Verwaltungsgesetzbuch für Preußen. Systematische Zusammenstellung der wichtigsten Verwaltungsgesetze und Verordnungen für Praxis und Unterrichtszwecke. Lexikon-Oktav. VII, 1302 Seiten. 1914 . . . . Geb. RM. 7.60

„Das Buch ist sehr wertvoll, dem Praktiker unentbehrlich und leistet demjenigen, der sich auf eine Prüfung vorbereitet, vorzügliche Dienste. Allen Verwaltungsbehörden wird das Buch warm empfohlen."
Preußische Verwaltungs- und Finanz-Zeitung.

Friedrichs, K., Die Gesetzgebung über die allgemeine Landesverwaltung und Zuständigkeit der Verwaltungs- und Verwaltungsgerichtsbehörden. Dritte, durchgesehene Auflage. Taschenformat. XXIII, 295 Seiten. 1927. (Guttentagsche Sammlung Preußischer Gesetze Bd. 42.) Geb. RM. 5.—

„Der Wert dieser Arbeit liegt darin, daß er eine erschöpfende und klare Übersicht über das tatsächlich geltende Verwaltungsrecht bringt. Das Werk ist ein vorzügliches und nie versagendes Hilfsmittel."
Gesetz und Recht.

Pfafferoth, Carl, Preußische Beamtengesetzgebung. Fünfte Auflage. XIV, 280 Seiten. 1916. (Guttentagsche Sammlung Preußischer Gesetze Bd. 2.) . . . . Geb. RM. 2.40

Hagemann, Rudolf, Hinterlegungsordnung vom 21. April 1913. Taschenformat. 175 Seiten. 1914. (Guttentagsche Sammlung Preußischer Gesetze Bd. 53.) . . . . Geb. RM. 2.20

Aschrott, P. F., Gesetz über die Fürsorgeerziehung Minderjähriger. Vom 2. Juli 1900. Nebst Ausführungsanweisungen. Dritte Auflage. Taschenformat. 374 Seiten. 1917. (Guttentagsche Sammlung Preußischer Gesetze Bd. 28.) . . . . Geb. RM. 2.80

Marcks, A., Gesetz, betr. die Unterhaltung der öffentlichen Volksschulen. Taschenformat. 194 Seiten. 1906. (Guttentagsche Sammlung Preußischer Gesetze Bd. 39.) . . . . Geb. RM. 1.80

Ledermann, W., und Brühl, L., Die Städteordnung für die sechs östlichen Provinzen Preußens. Zweite Auflage. Taschenformat. 593 Seiten. 1913. (Guttentagsche Sammlung Preußischer Gesetze Bd. 32.) Geb. RM. 6.—

„Der Kommentar, eine hervorragende Arbeit, ist von der Kritik und der Praxis so einmütig günstig aufgenommen worden, daß er auch in seiner zweiten durch Gesetzgebung, Literatur und Rechtsprechung der letzten zehn Jahre bereicherten Ausgabe keiner weiteren Empfehlung bedarf." *Kommunale Praxis.*

Wölbling, P., Bildung der neuen Stadtgemeinde Berlin. Zweite Auflage Taschenformat. 114 Seiten. 1920. (Guttentagsche Sammlung Preußischer Gesetze Bd. 59.) . . . . Geb. RM. 1.40

„Die Ebenmäßigkeit mit den Kommentaren anderer Gesetze der Guttentagschen Sammlung erringt der Verfasser durch seine strenge Sachlichkeit. Damit muß seinem Werk die Beachtung bei der Durchführung des Gesetzes und bleibender Wert gesichert erscheinen."
Soziale Praxis.

Caro, H., Gesetz, betr. Austritt aus der Landeskirche, vom 14. Mai 1873. Taschenformat. 190 Seiten. 1911. (Guttentagsche Sammlung Preußischer Gesetze Bd. 46.) . . . . Geb. RM. 2.40

„Ein sehr praktisches Buch, das in den Anmerkungen zum Wortlaut des Gesetzes eine reiche Fülle von Material bietet für alle möglichen Fragen, die mit Aus- und Übertritt zusammenhängen. Das genau ge-

arbeitete Inhaltsverzeichnis ermöglicht bei gelegentlicher Benutzung ein leichtes Auffinden des Nötigen."
Deutsch-Protestantische Bücherschau.

Meyer, O., **Gesetz, betr. die Anlegung und Veränderung von Straßen und Plätzen in Städten und ländlichen Ortschaften.** Taschenformat. 211 Seiten. 1913. (Guttentagsche Sammlung Preußischer Gesetze Bd. 50.) RM. 3.—

Strauß-Torney, Hugo von und **Saß,** Carl, früher **Friedrichs,** R., **Gesetz, betr. Anlegung und Veränderung von Straßen und Plätzen** in Städten und ländlichen Ortschaften. (Straßen- und Baufluchtengesetz.) Kommentar. Sechste Auflage. Groß-Oktav. 211 Seiten. 1920. Mit Nachtrag 1932 . . . . RM. 9.—, geb. RM. 10.50

„Das Werk zeigt eine Reichhaltigkeit und Vollständigkeit, die sonst wenigen Kommentaren eigen ist, und übertrifft hierin noch weit die früheren Auflagen. Besonders erwähnenswert ist die geschickte Anordnung der Erläuterungen und das praktische Inhaltsverzeichnis."
Wochenschrift des Architektenvereins zu Berlin.

Saß, Enteignung auf dem Gebiete des Städtebaues nach der dritten Notverordnung Kapitel III (zweite Verordnung des Reichspräsidenten zur Sicherung von Wirtschaft und Finanzen) vom 5. Juni 1931. Nachtrag zum Straßen- und Baufluchtengesetz von v. Strauß und Torney und Saß. 6. Aufl. . . . . RM. 1.—

Meyer, O., **Gesetz, betr. Enteignung von Grundeigentum.** Dritte Auflage. Taschenformat. 249 Seiten. 1927 . . . . . . Geb. RM. 5.50

Heine, H., **Die preußischen Baupolizeigesetze** nebst den sonstigen einschlägigen **Reichs- und Landesgesetzen. Taschenformat. 404 Seiten. 1928. (Guttentagsche Sammlung Preußischer Gesetze Bd. 64.)** Geb. RM. 8.—

Diesem Band ist die Aufgabe gestellt, die in erster Linie in Betracht kommenden Gesetze und sonstigen Vorschriften und die im Zusammenhang hiermit entstehenden Rechtsfragen in übersichtlicher Weise zusammenzufassen und zu erörtern. Die Rechtsprechung des Oberverwaltungsgerichts und anderer Gerichte ist hierbei berücksichtigt worden.

Goldschmidt, O., Gesetze gegen die Verunstaltung landschaftlich hervorragender Gegenden mit Ausführungsanweisungen. Taschenformat. **152 Seiten. 1912. (Guttentagsche Sammlung Preußischer Gesetze Bd. 49.)** Geb. RM. 2.40

„Der Kommentar bietet eine sachgemäße, sorgfältige und erschöpfende Erläuterung der einzelnen gesetzlichen Bestimmungen. Er wird als ein durch Vollständigkeit und Zuverlässigkeit ausgezeichnetes Hilfsmittel jedem Freunde des Heimatschutzes ein willkommener Ratgeber sein." *Jahrbuch des Verwaltungsrechts.*

Stier-Somlo, Fritz, **Polizeiverwaltungsgesetz** vom 1. Juni 1931 und **Gesetz zur Aufhebung** veralteter **Polizei- und Strafgesetze** vom 23. Mai 1931. Mit den **Ausführungsbestimmungen** vom 1. Oktober 1931 und einschlägigen Gesetzen. Taschenformat. 447 Seiten. 1932. (Guttentagsche Sammlung Preußischer Gesetze, Nr. 65.) . . . Geb. RM. 8.50

Ein Kommentar, der eine sachkundige und zuverlässige Erläuterung des neuen Rechts bietet.

Wulff, O., und Herold, F., Wassergesetz vom 7. April 1913. Mit Einleitung, Erläuterungen und Sachregister. Zweite, umgearbeite Auflage von O. Wulff. Taschenformat. XVI, 665 Seiten. 1928. (Guttentagsche Sammlung Preußischer Gesetze Bd. 52.) . . Geb. RM. 12.—

„Gründlichkeit und trefflichere Kürze bilden einen besonderen Vorzug des Werkes." Ministerialblatt f. d. preuß. innere Verwaltung.

Holtgreven, A., und **Wolff,** Th., **Das Wildschadengesetz** vom 11. Juli 1891. Kommentar. Vierte, vermehrte und verbesserte Auflage. Oktav. VIII, 216 Seiten. 1902 . . . . RM. 4.—

Born, A., **Das preußische Fischereigesetz** vom 11. Mai 1916 in der geltenden Fassung. Taschenformat. 428 Seiten. 1928. (Guttentagsche Sammlung Preußischer Gesetze Nr. 62.) . . . . Geb. RM. 7.50

Die Ausgabe bietet eine übersichtliche, zusammenfassende Darstellung des Fischereigesetzes, in der die Rechtsprechung eingehend verwertet ist. Außer dem Fischereigesetz, das eine ausführliche Erläuterung gefunden hat, sind die wichtigen Ausführungsverordnungen und im Anhang die einschlägigen Bestimmungen anderer für die Anwendung des Fischereigesetzes in Frage kommenden Gesetze berücksichtigt.

Born, A., **Die preußischen Jagdgesetze** in ihrer geltenden Fassung. Mit Erläuterungen versehen. Taschenformat. 433 Seiten. 1928. (Guttentagsche Sammlung Preußischer Gesetze Nr. 63.) . . . Geb. RM. 8.—

„Das Buch kann zur Belehrung und Handgebrauch den Gerichten, Landratsämtern, Gemeinden und Forstbehörden sowie allen jagdlich interessierten Personen warm empfohlen werden."

Leipziger Ztsch. f. dtsch. Recht.

Holzapfel, W., **Umlegungsordnung.** Taschenformat. 144 Seiten. 1921. (Guttentagsche Sammlung Preußischer Gesetze Bd. 60.) . . RM. 1.80

„Holzapfel, der hervorragende Kenner der Auseinandersetzungsgesetze, erläutert die Vorschriften der Umlegungsordnung in seiner scharfsinnigen Art in durchaus erschöpfender Weise und gibt in diesen Erläuterungen ein außerordentlich anschauliches Bild von der Umlegung der Grundstücke. Das Buch ist auch für Laien leicht und gut verständlich und kann jedem, der für die Umlegung Interesse hat, zur Benutzung angelegentlich empfohlen werden."

Preußisches Verwaltungsblatt.

Holzapfel W., **Gesetz über Landeskulturbehörden.** Taschenformat. 176 Seiten. 1919. (Guttentagsche Sammlung Preußischer Gesetze Bd. 57.) Geb. RM. 2.—

„Der Titel gibt den Inhalt des Werkchens vollständig an, hinzuzufügen ist aber, daß die Erläuterung, die umfangreich und eingehend ist und der praktischen Handhabung des Gesetzes Schritt für Schritt folgt, aus der Feder eines Mannes herrührt, der durch seine sachliche Qualifikation als gründlicher Kenner der Materie für eine zuverlässige Führung die größte Gewähr bietet. Dankenswert ist die Gründlichkeit der im bescheidenen Rahmen geleisteten Arbeit."

Verwaltungs-Archiv.

Kollenscher, M., **Rechtsverhältnisse der Juden in Preußen.** Taschenformat. VIII, 199 Seiten. 1910. (Guttentagsche Sammlung Preußischer Gesetze Bd. 45.) . . . . RM. 2,40

„Eine zusammenfassende, erschöpfende Darstellung der in den verschiedensten Quellen zerstreuten zahlreichen Judengesetze und Verordnungen. Jede Synagogengemeinde und jeder, der sich mit jüdischen Angelegenheiten beschäftigt, müßte dieses Buch besitzen."

Jüdische Rundschau.

3. Steuerrecht

Nieberl, A., **Reichsabgabenordnung** vom 13. Dezember 1919 nebst Einführungsverordnung vom 18. Dezember 1919 und Übergangsverordnung vom 11. Oktober 1921. Textausgabe mit Anmerkungen und ausführlichem Sachregister. Zweite, neubearbeitete Auflage. Taschenformat. 1927. (Guttentagsche Sammlung Deutscher Reichsgesetze Bd. 143.) . . . . Mit folgendem Nachtrag geb. RM. 12.—

„Die Darstellung ist leicht verständlich und klar. Das Sachregister ist gründlich bearbeitet. Jedenfalls wird das Buch, das einen mit der praktischen Handhabung der RAbgO. vertrauten Verfasser erkennen läßt, nicht nur den Steuerbeamten, sondern auch dem rechtsuchenden Publikum und seinen Beratern ein willkommener guter Führer auf diesem Gebiet sein." *Juristische Wochenschrift.*

Nieberl, A., Die Änderungen der Reichsabgabenordnung durch die Verordnung vom 1. Dezember 1930. Taschenformat. 127 Seiten. 1931. RM. 2.—

Heilborn, Theodor, **Sicherung der Haushalte.** (Siehe „Die Vierte Notverordnung" Seite 12.)

Michaelis, Richard, **Die Dritte Steuernotverordnung vom 14. Februar 1924.** Mit besonders ausführlicher Berücksichtigung der Vorschriften über die Aufwertung und die öffentlichen Anleihen. Taschenformat. VIII, 388 Seiten. 1924. (Guttentagsche Sammlung Deutscher Reichsgesetze Bd. 157.) . . . . Geb. RM. 7.—

„Ganz besonders zu rühmen ist der Kommentar von Michaelis, der dank seiner eingehenden und gründlichen Bearbeitungsweise erheblichen Einfluß auf die Praxis gewonnen hat." *Juristische Wochenschrift.*

Hollaender, Adolf, **Einkommensteuergesetz und Körperschaftsteuergesetz** nebst den zugehörigen Aus- und Durchführungsbestimmungen, Verordnungen und Erlassen. Taschenformat. XXXIX, 697 Seiten. 1926. Mit Nachtrag. 1928. (Guttentagsche Sammlung Deutscher Reichsgesetze Bd. 151.) . . . . Geb. RM. 24.—

„Das auf die Bedürfnisse der Praxis abgestellte und ihnen gerecht werdende Buch wird jedem gute Dienste leisten, der sich handelnd oder leitend auf dem äußerst unsicheren, ohne Hilfsmittel überhaupt nicht begehbaren Boden der heutigen Einkommensteuer zurechtfinden muß." *Juristische Rundschau.*

Pick, Reichsbewertungsgesetz. Textausgabe mit Anmerkungen. In Bearbeitung.

Schachian, Herbert, **Erbschaftsteuergesetz,** Fassung vom 5. Juni 1931, mit Anmerkungen. Fünfte Auflage. Taschenformat. 77 Seiten. 1931 . . . . RM. 2.50

„Eine vollständige Darstellung des Erbschaftssteuerrechts und der zugrunde liegenden bürgerlich-rechtlichen Vorschriften des Erbrechts. Als wissenschaftliche und praktische Leistung steht der klar und scharf geschriebene Kommentar in vorderster Reihe unter seinen Rivalen; er ist als Wegweiser besonders zu empfehlen." *Juristische Wochenschrift.*

Lindemann, Otto, **Umsatzsteuergesetz** (neueste Fassung) mit Ausführungsbestimmungen. Vierte, vermehrte und verbesserte Auflage. Taschenformat. 518 Seiten. 1926. (Guttentagsche Sammlung Deutscher Reichsgesetze Bd. 132.) . . . . Geb. RM. 10.—

„Es handelt sich um einen ausführlichen, gediegenen und klar abgefaßten Kommentar, der den weiteren Vorzug besitzt, auf dem laufenden zu sein. Das Werk kann allen Interessenten nur warm empfohlen werden." *Industrie- und Handelszeitung.*

Lindemann, Otto, **Grunderwerbsteuergesetz** (neueste Fassung) mit den Ausführungsbestimmungen. Zweite, völlig umgearbeitete Auflage. Taschenformat. 186 Seiten. 1926. Mit Nachtrag 1927. (Guttentagsche Sammlung Deutscher Reichsgesetze Bd. 139.) . . . . Geb. RM. 4.—

„Das Buch wird manchem in den mannigfachen Streitfragen des in der Praxis sehr einschneidenden Gesetzes ein willkommener Ratgeber sein. Die Erläuterungen zeichnen sich durch Klarheit und Gemeinverständlichkeit im besten Sinne aus." *Württembergische Industrie.*

Hagelberg, E., und **Krämer,** L., **Grunderwerbsteuergesetz** vom 12. September 1919 (RGBl. S. 1617) in der Fassung des Gesetzes vom 11. März 1927 (RGBl. I S. 72) nebst Einleitung, Sachregister und Ausführungsbestimmungen und der einschlägigen Vorschriften des Finanzausgleichs-Steuermilderungsgesetzes und Steuerstrafrechts. Für die Praxis erläutert. Zweite, völlig umgearbeitete und erweiterte Auflage. Groß-Oktav. 355 Seiten. 1928 . . . . Geb. RM. 15.—

„Die verhältnismäßige Kürze ihrer Erläuterungen bei großer Vollständigkeit ist zu rühmen. Das Buch ist nicht nur für den Juristen, sondern auch für den gebildeten Laien, namentlich Grundstücksmakler und Hausbesitzer, von großem, praktischem Wert."
Zeitschrift d. Deutsch. Notarvereins.

Hagelberg, E., und **Krämer,** L., **Wertzuwachssteuerrecht.** Kommentar. Groß-Oktav. 256 Seiten. 1929 . . . . . RM. 12.—, geb. RM. 13.50

„. . . Ein guter Leitfaden für Steuerpflichtige und Behörden. Die Anmerkungen sind auch hier eingehend und anschaulich. . ."
Juristische Rundschau.

Hoepker, Heinrich, **Die Industriebelastungsgesetze** vom 30. August 1924 nebst den Durchführungsbestimmungen zum Gesetz über die Industriebelastung. Taschenformat. XV, 200 Seiten. 1925. Mit Nachträgen. (Guttentagsche Sammlung Deutscher Reichsgesetze Bd. 159.)
Geb. RM. 4.—

„Die Anmerkungen sind erschöpfend und führen den Leser mit Geschick in die schwierige Materie ein." Industrie- und Handels-Zeitung.

von Lympius, W., **von Elbe,** K., **Das Kommunalabgabengesetz und das Kreis- und Provinzialabgabengesetz.** Dargestellt in der Rechtsprechung des Oberverwaltungsgerichts. Groß-Oktav. X, 440 Seiten. 1930.
RM. 22.50, geb. 24.—

„. . . Das vorliegende Buch ist unzweifelhaft im Augenblick der beste und zuverlässigste Ratgeber in den einschlägigen Fragen."
Finanz-Archiv.

Eiffler, Kurt, **Staatliche Verwaltungsgebühren.** Gesetz über staatliche Verwaltungsgebühren vom 29. September 1923 nebst Gebührenordnungen und Ausführungsbestimmungen. Taschenformat. 192 Seiten. Mit Nachtrag. 1925. (Guttentagsche Sammlung Preußischer Gesetze Bd. 61.)
Geb. RM. 6.—

„Das Buch ist für alle preußischen, staatlichen und kommunalen Behörden unentbehrlich." Deutsches Beamtenarchiv.

Loeck, P., und **Eiffler,** K., **Preußisches Stempelsteuergesetz** mit den gesamten Ausführungsbestimmungen. Unter besonderer Berücksichtigung der Entscheidungen der Verwaltungsbehörden und der Gerichte herausgegeben. Elfte Auflage. Taschenformat. 1931. (Guttentagsche Sammlung Preußischer Gesetze Bd. 18.) In Bearbeitung.

Lebbin, Georg, **Nahrungsmittelgesetze** mit Erläuterungen. Zweite, stark vermehrte Auflage in zwei Bänden.
Zweiter Band: **Getränkegesetze und Getränkesteuergesetze** (Wein, Bier, Branntwein, Mineralwasser). Unter Mitarbeit von Rechtsanwalt Dr. Kniebe. Taschenformat. XII, 400 Seiten. 1926. (Guttentagsche Sammlung Deutscher Reichsgesetze Bd. 54b.) . . . . Geb. RM. 10.—

„Die wichtigsten Gesetze sind eingehend kommentiert und so vollständig ergänzt, daß die Sammlung als unentbehrliches Hilfsmittel, wie es in dieser Art bislang noch fehlte, zu begrüßen ist."
Württembergische Wirtschafts-Zeitschrift.

Wündisch, Friedrich, **Das Tabaksteuergesetz** vom 12. September 1919 nebst den Ausführungsbestimmungen vom 26. Februar 1920. Taschenformat. 286 Seiten. 1920. Mit Nachtrag 1925. (Guttentagsche Sammlung Deutscher Reichsgesetze Bd. 146.) . . . . Geb. RM. 4.—

„Endlich ein Kommentar zum Tabaksteuergesetz! Die Ausgabe kommt den Wünschen der Praxis nach einer erschöpfenden Darstellung des neuen Gesetzes in umfassender Weise entgegen. Das Buch bildet eine ausgezeichnete Informationsquelle für alle Fragen, die in der Praxis vorkommen." *Deutsche Tabak-Zeitung.*

VII. Entscheidungs-Sammlungen und Zeitschriften.

Entscheidungen des Reichsarbeitsgerichts. Herausgegeben von den Mitgliedern des Reichsarbeitsgerichts. Oktav.
Band I. 1928. Band II. 1928/29. Band III. 1929. Band IV. 1929/30. Band V u. VI 1930, Band VII 1931, Band VIII 1931.
Je RM. 6.50, geb. RM. 8.—

Entscheidungen des Reichsgerichts. Herausgegeben von den Mitgliedern des Gerichtshofes u. d. Reichsanwaltschaft. Oktav. (2 Sammlungen.)
1. **Entscheidungen in Zivilsachen.** (Werden in Heften im Umfange von etwa 5 bis 6 Bogen sowie in vollständigen Bänden, geheftet und gebunden, ausgegeben. Jährlich 4 Bände.) 1.—134. Band.
Je RM. 6.50, geb. RM. 8.—
Generalregister zum 111.—120. Bande der von den Mitgliedern des Gerichtshofes und der Reichsanwaltschaft herausgegebenen **Entscheidungen des Reichsgerichts in Zivilsachen.** Bearbeitet von **Hans Triebel.** Oktav. XXIII, 509 Seiten. 1929. . RM. 15.—, in Halbleder RM. 18.—
— Zum 121.—130. Band. Oktav. XXIV, 755 Seiten. 1931.
Geb. RM. 22.—
2. **Entscheidungen in Strafsachen.** (Werden in Heften im Umfange von 5 bis 6 Bogen sowie in vollständigen Bänden, geheftet und gebunden, ausgegeben. Jährlich 1 Band.) 1.—65. Band. Je RM. 6.50, geb. RM. 8.—

Generalregister zum sechsundfünfzigsten bis fünfundsechzigsten Bande der von den Mitgliedern des Reichsgerichts und der Reichsanwaltschaft herausgegebenen **Entscheidungen des Reichsgerichts in Strafsachen.** Bearbeitet von Hans Gündel. Oktav. 438 Seiten. 1932.
In Halbleder geb. RM. 16.—

Schiedsgericht für Oberschlesien. Trybunal Rozjemczy dla Górnego Slaska. Amtliche Sammlung von Entscheidungen des Schiedsgerichts für Oberschlesien, veröffentlicht gemäß der Bestimmung des Art. 592 des Genfer Abkommens vom 15. Mai 1922. Zbiór urzedowy orzeczeń Trybunalu Rozjemczego dla Górnego Ślaska ogloszony wedle postanowienia art. 592 Konwencji Genewskiej z dnia 15 maja 1922r. Oktav. Band I. Tom. I. Nr. 1/4. 129 Seiten. 1929.
Pro Band RM. 12.—

Zeitschrift für die gesamte Strafrechtswissenschaft. Gegründet von Fr. von **Liszt** und **A. Dochow.** Unter ständiger Mitarbeiterschaft hervorragender Fachmänner herausgegeben von Prof. Dr. **Ed. Kohlrausch,** Prof. Dr. **M. Grünhut** und Prof. Dr. **W. Gleispach.** Schriftleiter: Dr. **W. Gallas.** Der Jahrgang besteht aus 8—9 Heften. Quart.
Bd. 1—43. 1881—1922. Je RM. 15.—. Bd. 44. 1922. RM. 25.—. Bd. 45. 1924. RM. 21.—. Bd. 46—49. 1925—1929. Je RM. 30.—. Bd. 50. 1929/30. Bd. 51. 1931. Je RM. 36.—. Bd. 52. 1932. RM. 32.—.

Juristische Rundschau. Herausgegeben von Otto **Lindemann,** Ministerialdirektor, Geh. Oberjustizrat, Berlin, Dr. Friedrich **Flad,** Senatspräsident beim Reichsgericht, Leipzig, **Fritz Hartung,** Reichsgerichtsrat, Leipzig und
Höchstrichterliche Rechtsprechung. Herausgegeben von Eugen **Friedrichs,** Senatspräsident, Breslau, Dr. Albert **Feisenberger,** Reichsanwalt, Leipzig. — Erscheint am 1. und 15. jeden Monats.
Jahrgang 1932. Vierteljährlich RM. 7.50, Einzelheft RM. 1.50
Beilage „Höchstrichterliche Rechtsprechung" einzeln vierteljährlich 5.—

MIX

Papier | Fördert gute Waldnutzung

FSC® C083411

Kolibri 360 GmbH
Ferdinand-Jühlke-Straße 7
99095 Erfurt, Deutschland
produktsicherheit@kolibri360.de